老吕专硕系列

MBA/MPA/MPAcc

主编 ◎ 吕建刚

管理类联考
老·吕·写·作
—— 真题超精解 ——
（母题分类版）

北京理工大学出版社
BEIJING INSTITUTE OF TECHNOLOGY PRESS

版权专有　侵权必究

图书在版编目（CIP）数据

管理类联考·老吕写作真题超精解：母题分类版／吕建刚主编．—北京：北京理工大学出版社，2020.6

ISBN 978–7–5682–8628–2

Ⅰ．①管… Ⅱ．①吕… Ⅲ．①汉语-写作-研究生-入学考试-题解 Ⅳ．①H15–44

中国版本图书馆 CIP 数据核字（2020）第 112291 号

出版发行／北京理工大学出版社有限责任公司
社　　址／北京市海淀区中关村南大街 5 号
邮　　编／100081
电　　话／（010）68914775（总编室）
　　　　　（010）82562903（教材售后服务热线）
　　　　　（010）68948351（其他图书服务热线）
网　　址／http：//www.bitpress.com.cn
经　　销／全国各地新华书店
印　　刷／保定市中画美凯印刷有限公司
开　　本／787 毫米×1092 毫米　1/16
印　　张／19　　　　　　　　　　　　　　　　　责任编辑／王玲玲
字　　数／446 千字　　　　　　　　　　　　　　文案编辑／王玲玲
版　　次／2020 年 6 月第 1 版　2020 年 6 月第 1 次印刷　责任校对／刘亚男
定　　价／59.80 元　　　　　　　　　　　　　　责任印制／李志强

图书出现印装质量问题，请拨打售后服务热线，本社负责调换

如何高效使用真题？

所有同学都知道，真题是考研备考的重中之重，那么，如何高效使用真题呢？我认为，至少分为两个步骤。

第一步，当然是限时模考。《老吕综合真题超精解（试卷版）》提供了完整的真题套卷和标准答题卡，就是为了方便你模考。

老吕要求你严格按照3小时的做题时间，排除一切干扰，从写名字到做题、涂卡、写作文，进行限时模考。通过限时模考，我们能调整做题顺序、把握做题速度、测试自我水平、进行查缺补漏。

另外，老吕发现有很多同学在模考时懒得写作文，或者做题太慢，没时间写作文。你进了考场也懒得写作文吗？虽然模考没有人监督你，但请不要自欺欺人！

但使用真题的关键是第二步，就是模考后，使用《老吕综合真题超精解（母题分类版）》进行题型总结。为什么呢？理由如下。

数学的命题特点是重点题型反复考

来看一道 2019 年的真题：

设圆 C 与圆 $(x-5)^2+y^2=2$ 关于直线 $y=2x$ 对称，则圆 C 的方程为（　　）.

(A) $(x-3)^2+(y-4)^2=2$　　　　　　(B) $(x+4)^2+(y-3)^2=2$

(C) $(x-3)^2+(y+4)^2=2$　　　　　　(D) $(x+3)^2+(y+4)^2=2$

(E) $(x+3)^2+(y-4)^2=2$

这一道题曾在 2010 年考过近似题，如下：

圆 C_1 是圆 C_2：$x^2+y^2+2x-6y-14=0$ 关于直线 $y=x$ 的对称圆.

(1) 圆 C_1：$x^2+y^2-2x-6y-14=0$.

(2) 圆 C_2：$x^2+y^2+2y-6x-14=0$.

再看一道 2019 年的真题：

某单位要铺设草坪，若甲、乙两公司合作需要6天完成，工时费共计2.4万元；若甲公司单独做4天后由乙公司接着做9天完成，工时费共计2.35万元．若由甲公司单独完成该项目，则工时费共计（　　）万元．

(A) 2.25　　　(B) 2.35　　　(C) 2.4　　　(D) 2.45　　　(E) 2.5

这一道题曾在 2015 年考过近似题，如下：

一项工作，甲、乙合作需要2天，人工费2 900元；乙、丙合作需要4天，人工费2 600元；甲、丙合作 2 天完成了全部工作量的 $\dfrac{5}{6}$, 人工费 2 400 元. 甲单独做该工作需要的时间和人工费分别为 (   ).

(A) 3 天, 3 000 元 (B) 3 天, 2 850 元

(C) 3 天, 2 700 元 (D) 4 天, 3 000 元

(E) 4 天, 2 900 元

再看一道 2019 年的真题:

设数列 $\{a_n\}$ 满足 $a_1=0$, $a_{n+1}-2a_n=1$, 则 $a_{100}=$ (   ).

(A) $2^{99}-1$ (B) 2^{99} (C) $2^{99}+1$ (D) $2^{100}-1$ (E) $2^{100}+1$

这一道题在 2019 版《老吕数学要点精编》中有原题, 如下:

数列 $\{a_n\}$ 中, $a_1=1$, $a_{n+1}=3a_n+1$, 求数列的通项公式.

受篇幅所限, 老吕不再一一列举真题, 但老吕可以很负责任地和你说, 数学 90% 以上的题目是以前考过或者老吕的书上写过的题. 因此, 数学备考一定要总结题型, 也就是搞定母题.

逻辑的命题特点也是重点题型反复考

自 1997 年到现在, 仅管理类联考和管理类联考的前身 MBA 联考, 就考了 1 500 余道逻辑题, 而逻辑只有三四十个知识点, 这意味着什么? 就是所有题目, 都在以前考过十几二十次, "新瓶装旧酒"而已.

来看一道 2019 年的真题:

新常态下, 消费需求发生深刻变化, 消费拉开档次, 个性化、多样化消费渐成主流. 在相当一部分消费者那里, 对产品质量的追求压倒了对价格的考虑. 供给侧结构性改革, 说到底是满足需求. 低质量的产能必然会过剩, 而顺应市场需求不断更新换代的产能不会过剩.

根据以上陈述, 可以得出以下哪项?

(A) 只有质优价高的产品才能满足需求.

(B) 顺应市场需求不断更新换代的产能不是低质量的产能.

(C) 低质量的产能不能满足个性化需求.

(D) 只有不断更新换代的产品才能满足个性化、多样化消费的需求.

(E) 新常态下, 必须进行供给侧结构性改革.

此题考查的是箭头的串联, 你可以在近 12 年真题中找到 30 余道相似题 (受篇幅所限, 老吕不再一一列举).

再看一道 2018 年的真题:

唐代韩愈在《师说》中指出: "孔子曰: 三人行, 则必有我师. 是故弟子不必不如师, 师不必贤于弟子, 闻道有先后, 术业有专攻, 如是而已."

根据上述韩愈的观点, 可以得出以下哪项?

(A) 有的弟子必然不如师.

(B) 有的弟子可能不如师.

(C) 有的师不可能贤于弟子.

(D) 有的弟子可能不贤于师.

（E）有的师可能不贤于弟子。

此题考查的是简单命题的负命题，你可以在近 12 年真题中找到约 10 道相似题（受篇幅所限，老吕不再一一列举）。

再看一道 2016 年的真题：

近年来，越来越多的机器人被用于在战场上执行侦察、运输、拆弹等任务，甚至将来冲锋陷阵的都不再是人，而是形形色色的机器人。人类战争正在经历自核武器诞生以来最深刻的革命。有专家据此分析指出，机器人战争技术的出现可以使人类远离危险，更安全、更有效率地实现战争目标。

以下哪项如果为真，最能质疑上述专家的观点？

（A）现代人类掌控机器人，但未来机器人可能会掌控人类。
（B）因不同国家之间军事科技实力的差距，机器人战争技术只会让部分国家远离危险。
（C）机器人战争技术有助于摆脱以往大规模杀戮的血腥模式，从而让现代战争变得更为人道。
（D）掌握机器人战争技术的国家为数不多，将来战争的发生更为频繁也更为血腥。
（E）全球化时代的机器人战争技术要消耗更多资源，破坏生态环境。

此题考查的是对措施目的的削弱，你可以在近 12 年真题中找到 10 余道相似题（受篇幅所限，老吕不再一一列举）。

可见，逻辑备考的关键，也是题型总结，也就是搞定母题。

写作的命题大方向不变

首先，论证有效性分析是典型的套路化文章，常见的逻辑谬误都有固定的写作套路，而且，也都曾在真题里出现过。

常见的论证有效性分析母题如下：

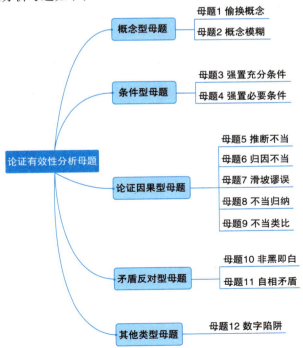

其次，论说文真题看起来变化多端，实际上考的都是管理者素养、企业管理、社会治理三个方向。本质上来说，都是对考生管理决策能力的考查，因此，论说文母题的思路如下：

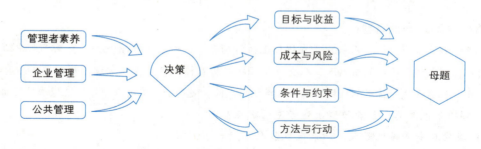

综上所述，我们把最新版的《老吕综合真题超精解》分为"试卷版"和"母题分类版"两个版本共 4 本书，就是为了满足大家的模考和总结需要。这套书的使用思路如下：

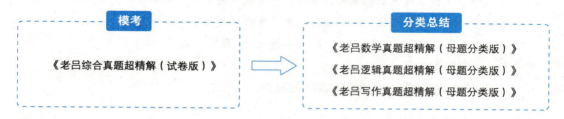

最后，真题是考研备考的重中之重，希望这套书能帮助大家考上梦想中的名校，实现你的人生理想。让我们一起努力，让我们一直努力！加油！

吕建刚

目 录
Contents

第一部分　论证有效性分析

论证有效性分析的母题——12大常见逻辑谬误 / 2

第1章　管理类联考论证有效性分析真题超精解

2009年管理类联考论证有效性分析母题思路详解 / 5
2010年管理类联考论证有效性分析母题思路详解 / 10
2011年管理类联考论证有效性分析母题思路详解 / 15
2012年管理类联考论证有效性分析母题思路详解 / 21
2013年管理类联考论证有效性分析母题思路详解 / 27
2014年管理类联考论证有效性分析母题思路详解 / 33
2015年管理类联考论证有效性分析母题思路详解 / 40
2016年管理类联考论证有效性分析母题思路详解 / 46
2017年管理类联考论证有效性分析母题思路详解 / 52
2018年管理类联考论证有效性分析母题思路详解 / 58
2019年管理类联考论证有效性分析母题思路详解 / 64
2020年管理类联考论证有效性分析母题思路详解 / 70

第2章　早年MBA联考论证有效性分析真题超精解

2004年MBA联考论证有效性分析母题思路详解 / 75
2005年MBA联考论证有效性分析母题思路详解 / 78
2006年MBA联考论证有效性分析母题思路详解 / 81
2007年MBA联考论证有效性分析母题思路详解 / 84
2008年MBA联考论证有效性分析母题思路详解 / 88

第3章 在职MBA联考论证有效性分析真题超精解

2004 年在职 MBA 联考论证有效性分析母题思路详解 / 92
2005 年在职 MBA 联考论证有效性分析母题思路详解 / 94
2006 年在职 MBA 联考论证有效性分析母题思路详解 / 98
2007 年在职 MBA 联考论证有效性分析母题思路详解 / 101
2008 年在职 MBA 联考论证有效性分析母题思路详解 / 104
2009 年在职 MBA 联考论证有效性分析母题思路详解 / 107
2010 年在职 MBA 联考论证有效性分析母题思路详解 / 110
2011 年在职 MBA 联考论证有效性分析母题思路详解 / 114
2012 年在职 MBA 联考论证有效性分析母题思路详解 / 118
2013 年在职 MBA 联考论证有效性分析母题思路详解 / 121

第二部分　论说文

论说文做题须知 / 128
16种经典通用母理总结 / 129

第4章 管理类联考论说文真题超精解

2009 年管理类联考论说文母题思路详解 / 134
2010 年管理类联考论说文母题思路详解 / 142
2011 年管理类联考论说文母题思路详解 / 151
2012 年管理类联考论说文母题思路详解 / 159
2013 年管理类联考论说文母题思路详解 / 168
2014 年管理类联考论说文母题思路详解 / 178
2015 年管理类联考论说文母题思路详解 / 187
2016 年管理类联考论说文母题思路详解 / 195
2017 年管理类联考论说文母题思路详解 / 202
2018 年管理类联考论说文母题思路详解 / 212
2019 年管理类联考论说文母题思路详解 / 223
2020 年管理类联考论说文母题思路详解 / 232

第5章 早年MBA联考论说文真题超精解

2004 年 MBA 联考论说文母题思路详解 / 248
2005 年 MBA 联考论说文母题思路详解 / 251

2006 年 MBA 联考论说文母题思路详解 / 255
2007 年 MBA 联考论说文母题思路详解 / 258
2008 年 MBA 联考论说文母题思路详解 / 261

第6章 在职MBA联考论说文真题超精解

2004 年在职 MBA 联考论说文母题思路详解 / 264
2005 年在职 MBA 联考论说文母题思路详解 / 267
2006 年在职 MBA 联考论说文母题思路详解 / 269
2007 年在职 MBA 联考论说文母题思路详解 / 273
2008 年在职 MBA 联考论说文母题思路详解 / 275
2009 年在职 MBA 联考论说文母题思路详解 / 279
2010 年在职 MBA 联考论说文母题思路详解 / 281
2011 年在职 MBA 联考论说文母题思路详解 / 284
2012 年在职 MBA 联考论说文母题思路详解 / 287
2013 年在职 MBA 联考论说文母题思路详解 / 291

第一部分

论证有效性分析

论证有效性分析的母题——12大常见逻辑谬误

> **注意：**
> 本书是以母题的思路解析真题，而论证有效性分析的母题就是常见逻辑谬误，故把论证有效性分析的母题——12大常见逻辑谬误整理如下，以供考生使用和学习。

谬误母题	定义	识别谬误	分析谬误
偷换概念	在论证过程中，将一些似乎一样的概念进行偷换，实际上改变了概念的修饰语、适用范围、所指对象等具体内涵。	材料中有相似概念。	从内涵或外延上解释两个相似概念的不同之处。
概念模糊	对于一个概念来说，其内涵和外延必须是明确的、确定的。如果在论证过程中，没有对核心概念进行适当的界定，其内涵和外延有让人费解之处，就称为概念模糊。	概念模糊这一谬误，只适合质疑核心概念，所以找核心概念。	材料的核心概念A存在含混之处。既可以理解为B，又可以理解为C，也可以理解为D。因此，材料基于此概念做的论证均难以成立。
强置充分条件	真题中常见把不充分的条件当作充分条件来使用的错误，认为只要有了A，一定会有B。在这类错误的句子中，常出现"一定""就""必然"等绝对化词句。	关键词：如果……那么（就）……、只要……就……、一……就……、必须……、所有……都……	前提A不一定能推出结论B，因为前提A只是条件之一，前提A再加上其他前提C、D等才能推出结论B。
强置必要条件	真题中常见把普通条件当作必要条件来使用的错误，认为只有有了A，才会有B；没有A，就一定没有B。这时，我们只需要用"没有A，也可以有B"来反驳即可。	关键词：只有……才……、……是……的前提、……是……的基础、……对于……不可或缺、除非……才……	A并不是B的必要条件，即使没有A，通过C、D等条件也能实现B。

论证有效性分析的母题——12大常见逻辑谬误

续表

谬误母题	定义	识别谬误	分析谬误
推断不当	论证就是通过一个或一些论据，来证明一个论点的真实性。如果其论据虚假、论据不充分或者论证存在不当假设，那么就不能推出论点，逻辑上称为犯了"推不出"的逻辑谬误。简单地说，可以称之为推断不当。 　　另外，在因果关系中，如果我们根据目前的情况，推断未来会出现某个结果（执因索果），但这一推断存在问题，可称之为"结果推断不当"。这种题目的写法与"推不出"相同，因此，我们统称为"推断不当"。 　　还有，措施目的型的题目从本质上来说，也是执因索果。因为"目的"就是我们想要的一个结果，而措施是我们实现这个结果的手段。所以，措施达不到目的，本就是对未来的推断过于乐观，我们的目的（想要的结果）未必能实现。但是，这一类型的题目多出现在逻辑题以及经济类联考的写作中，管理类联考的论证有效性分析中出现次数较少。	关键词：这说明……、……将（会）……、因此……、所以……	A并不能推出B：①前提A本身是虚假的，是不成立的。（论据虚假）②单独前提A推不出B，还依赖前提C、D等。（论据不充分）③结果B不一定会发生。（结果推断不当）
归因不当	在现实生活中，我们经常先观察到现象，然后再去寻找出现这种现象的原因，这种以现象（果）作为研究对象，寻找导致其产生的原因的过程，称为"归因"或者"溯因"。在探求原因时出错，就称之为归因不当。 　　另外，很多事情的发生，可能是多个原因共同起作用的结果。如果我们盲目地认为，这一事件的发生只有一个原因，就犯了单一归因（忽略他因）的逻辑错误。	关键词：因为……、由于……（注意：归因不当的关键词大多数时候是不明显的，要注意根据材料的论证内容去识别。）	未必是原因A导致结果B，可能是原因C、D等；A并非导致B的唯一原因，原因C、D都有可能导致结果B。

续表

谬误母题	定义	识别谬误	分析谬误
滑坡谬误	所谓滑坡谬误，就是论述者使用了一连串的因果推论，夸大了每个环节的因果关联程度，把不一定发生的事情说成一定发生的事情，最后往往得到不好的结果。	有两个或两个以上的因果推导，如：……，就……，就……，就……	A、B、C 之间并不具备必然的相关性，A 不一定导致 B，更不一定导致 C。
不当归纳	归纳型题目是通过调查统计、个人的所见所闻，而总结出一个针对全体或者某个群体的结论。其推理方法是不完全归纳法。因为结论中的对象范围比前提的对象范围要大，因此，很容易犯不当归纳（以偏概全）的逻辑错误。	前提的论证范围小，结论的论证范围大。	①样本选择不当，局部的样本情况和总体的情况不同。②局部具有的性质，整体不一定具有。
不当类比	类比是根据两个或两类相关对象具有某些相似或相同的属性，从而推断它们在另外的属性上也相同或者相似。	关键词：像……一样、同……一样、……也是一样。	指出不能把 A 和 B 类比的原因，如 A 和 B 本质属性不同。
非黑即白	非黑即白就是误把反对关系当作矛盾关系，误认为否定一方，就肯定了另外一方，也称为非此即彼。非黑即白也叫虚假二分，即错误地把一个事件误认为只有两种可能性。	关键词：不是……就是……	①A 和 B 不是矛盾关系，除了 A 和 B 外，还有其他选择。②A 和 B 可以共存。
自相矛盾	两个相互矛盾的命题必有一真一假。不能两个都肯定，也不能两个都否定，否则就犯了"自相矛盾"的逻辑错误。	前后论断不一致、冲突。	一方面肯定 A，一方面又否定 A，前后矛盾。
数字陷阱	平均值陷阱：一个样本的平均值，不能代表每个个体的情况。反之，个体的情况，也无法说明平均状况。 增长率陷阱：根据基数和增长率，才能计算现值。反之，只知道基数或增长率，无法计算现值。 比率陷阱：根据分子和分母，才能计算比率。反之，只知道分子或分母，无法计算比率。	如果材料中出现数字或数量关系，就要考虑此种谬误。	①个体的平均值不能代表整体的平均值。②忽略基数。

第 1 章 管理类联考论证有效性分析真题超精解

2009 年管理类联考论证有效性分析母题思路详解

真题原题

论证有效性分析：分析下述论证中存在的缺陷和漏洞，选择若干要点，写一篇 600 字左右的文章，对该论证的有效性进行分析和评论。（论证有效性分析的一般要点是：概念特别是核心概念的界定和使用是否准确并前后一致，有无各种明显的逻辑错误，论证的论据是否成立并支持结论，结论成立的条件是否充分等。）（30 分）

1 000 是 100 的十倍，但是当分母大到上百亿的时候，作为分子的这两个数的差别就失去了意义。在知识经济时代，任何人所掌握的知识，都只是沧海一粟。这使得在培养与选拔人才时，知识尺度已变得毫无意义。

现代网络技术可以使你在最短的时间内查到你所需要的任何知识信息，有的大学毕业生因此感叹何必要为学习各种知识数年寒窗，这不无道理。传授知识不应当继续成为教育，特别是高等教育的功能。学习知识需要记忆。记忆能力，是浅层次的大脑功能。人们在思维方面的差异，不在于能记住什么，而在于能提出什么。素质教育的真正目标，是培养批判性思维与创造性思维能力。知识与此种能力之间没有实质性的联系，否则就难以解释，具备与爱因斯坦相同知识背景的人多的是，为什么唯独他发现了相对论。硕士、博士这些知识头衔的实际价值一再受到有识之士的质疑，道理就在这里。

"知识就是力量"这一曾经激励了几代人的口号，正在成为空洞的历史回声，这其实是时代的进步。

论证结构概述

本材料的论证结构比较复杂，但整体来看还是"总—分—总"结构。第一段背景介绍并提出论点；第二段为本论部分；第三段总结段，再次点明核心论点——在培养与选拔人才时，知识尺度已变得毫无意义。所以，材料的论证结构如下：

论据：
（1）传授知识不应当继续成为教育，特别是高等教育的功能。
（2）素质教育的真正目标，是培养批判性思维与创造性思维能力。
论点：在培养与选拔人才时，知识尺度已变得毫无意义。

谬误精析

段落1	论证结构
①1 000是100的十倍，但是当分母大到上百亿的时候，作为分子的这两个数的差别就失去了意义。②在知识经济时代，任何人所掌握的知识，都只是沧海一粟。③这使得在培养与选拔人才时，知识尺度已变得毫无意义。	①→②→③点明论点

序号	质疑内容	谬误分析
1	质疑①	**虚假论据** "1 000是100的十倍，但是当分母大到上百亿的时候，作为分子的这两个数的差别就失去了意义"，这一论证并不妥当。这一论证仅仅做了数字上的比较，却忽略了数字使用的现实环境，因此，无法断定两个数字的差别没有意义。
2	质疑①→②→③	**不当类比** 由单纯的数量关系类比到"任何人所掌握的知识，都只是沧海一粟"，是不当类比。而且，人类也并不需要掌握全部或者是较大部分的知识，而是只要掌握某一领域的知识，就足以成为人才，因此，不能说"在培养与选拔人才时，知识尺度已变得毫无意义"。

段落2	论证结构
④现代网络技术可以使你在最短的时间内查询到你所需要的任何知识信息，有的大学毕业生因此感叹何必要为学习各种知识数年寒窗，这不无道理。⑤传授知识不应当继续成为教育，特别是高等教育的功能。⑥学习知识需要记忆。记忆能力，是浅层次的大脑功能。⑦人们在思维方面的差异，不在于能记住什么，而在于能提出什么。⑧素质教育的真正目标，是培养批判性思维与创造性思维能力。⑨知识与此种能力之间没有实质性的联系，否则就难以解释，具备与爱因斯坦相同知识背景的人多的是，为什么唯独他发现了相对论。⑩硕士、博士这些知识头衔的实际价值一再受到有识之士的质疑，道理就在这里。	④→⑤ ⑥⑧ ⑦⑩ ⑨

序号	质疑内容	谬误分析
3	质疑④	**推断不当** "通过现代网络技术可以查询到知识"，不代表大学生不必寒窗苦读、不必学习知识。因为，查询到知识不代表能够掌握、运用这些知识。
4	质疑⑥、⑦	**推断不当** 学习知识需要记忆，不等于只需要记忆。"记住什么"和"提出什么"也并不矛盾，完全可以共存。如果在学习知识的过程中既锻炼了"记住什么"的能力，又锻炼了"提出什么"的能力，岂不是一举两得，又怎么能得出知识无用论？

续表

序号	质疑内容	谬误分析
5	质疑⑨→⑩	**推断不当** "具备与爱因斯坦相同知识背景的人多的是,但唯独他发现了相对论",只能得出结论:知识不是发现相对论的充分条件,而不能得出知识是无用的。
6	质疑⑩	**归因不当** "硕士、博士受到质疑",是因为知识无用?还是因为这些硕士、博士没有掌握足够的知识?如果是后者,那么材料的论证不但不能说明知识无用,反而说明我们应该掌握更多的知识。

段落3	论证结构
⑪"知识就是力量"这一曾经激励了几代人的口号,正在成为空洞的历史回声,这其实是时代的进步。	⑪再次点明论点
总结段,无谬误。	

(说明:以上谬误分析引用和改编自教育部考试中心《管理类专业学位联考综合能力考试大纲》给出的参考答案。)

参考范文

知识不再是力量了吗?

材料通过一系列推理,得出了"知识不再是力量"的结论。论证过程中存在多处不当,分析如下:

首先,材料由"任何人所掌握的知识,都只是沧海一粟",推断出"知识尺度已变得毫无意义",存在不妥。尽管个人掌握的知识有限,但只要可以满足社会各领域进步的需要,知识就是有意义的。

其次,材料由"现代网络技术可以使你查询到任何知识信息",推断出"传授知识不应当继续成为教育,特别是高等教育的功能",存在不妥。网络只是一种新的知识载体,而不等同于知识,而且"查询到知识"也不等于"掌握了知识"。并且,网络上的知识是杂乱无章的,如何在海量的知识中获取、应用我们需要的知识,也需要以了解和掌握知识为前提。

再次,材料以爱因斯坦的例子佐证"知识"和"批判性思维与创造性思维能力"没有实质性的联系,存在不妥。爱因斯坦的例子只能说明,"知识"不是"爱因斯坦发现相对论"的充分条件,而并不能说明"知识对于他发现相对论来说是无用的",更无法推出"知识与此种能力之间没有实质性的联系"。

最后,材料通过"硕士、博士这些知识头衔受到质疑",推断出"知识无用",有以偏概全之嫌。能力平庸的硕士、博士确实存在,但同样不乏有创造性成果的硕士、博士,部分硕士、博士的情况并不能代表所有硕士、博士的情况。而且,"知识头衔"受到质疑,不等于"知识"受到质疑。可能这些人受质疑的原因,恰恰是他们没有掌握该"知识头衔"应该具备的"知识"。

综上所述，材料的论证存在多处逻辑漏洞，"知识就是力量，正在成为空洞的历史回声"这一结论难以令人信服。

（全文共 648 字）

学生习作展示及点评

1. 习作一

知识不再是力量了吗

老吕弟子班学员　孟令钊

材料试图说明"'知识就是力量'正在成为空洞的历史回声"，然而其论证过程中存在多处不当，分析如下：

首先，由"任何人所掌握的知识，都只是沧海一粟"得出"知识尺度在培养与选拔人才时已毫无意义"，有失妥当。因为人才并不需要掌握所有的知识，只需在某个或某几个领域有所专攻。此外，选拔和培养人才的标准也并不是能否掌握所有知识。

其次，"能通过现代网络技术迅速查询到所有知识"，并不能否定"为学习知识数年寒窗"的必要性。因为查询到知识并不意味着能掌握和运用知识，而这正是我们学习知识、学校传授知识的目标和意义。

再次，批判性思维与创造性思维等思维能力与记忆能力并不冲突，二者是可以共存的。如果一个人能做到思维能力与记忆能力兼优，不是更好吗？况且，有的思维能力的养成无法脱离记忆能力的辅助，肯定前者、贬低后者，并由此得出"知识无用"，有失偏颇。

又次，拥有与相对论相关的知识是发现相对论的必要条件而非充分条件。试想，若爱因斯坦不具备这些知识，又怎么可能凭空提出相对论呢？因此，由此例否定知识与思维能力间的联系，显然不妥。

最后，材料提及对"硕士、博士"的质疑，却未曾说明这种质疑是否源于知识无用，如果这些硕士、博士受到质疑是因其未能掌握足够的知识，那么材料不仅无法说明知识无用，反而说明我们应学习更多的知识。

综上所述，材料的论述存在多处漏洞，"'知识就是力量'正在成为空洞的历史回声"这一观点未必成立。

标题没有问题。

开头段很好。

找点正确，论证有力。

找点正确，论证有力。

找点正确，论证有力。

找点正确，论证有力。

找点正确，论证有力。

结尾没有问题。

> **总评**
>
> 本文找点准确，分析有力，完成度较高，可评为一类卷，分数区间为 25~27 分。

2. 习作二

知识不是力量吗

老吕弟子班学员　曾连清

上述材料试图论证<u>知识不是力量</u>，然而其论证存在多处逻辑漏洞，分析如下：

首先，从"分子与分母间的关系"得到"任何人所掌握的知识，都只是沧海一粟"，犯了不当类比的逻辑错误。因为人不需要掌握全部或大量知识，只要在一个领域掌握足够的知识即可成为人才。因此，"知识尺度已变得毫无意义"这一结论欠妥当。

其次，"用网络在短时间内查询到知识信息"不能推出"大学生不必寒窗苦读"。因为能查询到知识不代表能掌握、运用这些知识，难道每次要运用知识时就去查询吗？

再次，"记住什么"与"提出什么"之间并不矛盾，材料在此忽略了还有可能是"两者共存"的情况，故此处论证有效性存疑。

另外，"具备与爱因斯坦相同知识背景的人多的是，但唯独他发现了相对论"不能推出"知识与培养批判性思维、创造性思维之间没有实质性联系"。因为知识不是爱因斯坦发现相对论的充分条件，而可能是必要条件之一。

最后，材料认为"硕士、博士这些知识头衔的实际价值一再受到质疑"的原因是知识无用。实际上，受到质疑的原因有很多，可能是"不会运用知识"，也可能是"掌握的知识不够"，所以，未必是知识无用导致质疑的出现，材料的论证有待商榷。

综上所述，材料的论证存在多处逻辑漏洞，知识不是力量这一结论难以令人信服。

标题没有问题。

画线句子建议加引号。

找点正确，论证有力。

找点正确，论证有力。

找点正确，论证有力。

找点正确，论证有力。

找点正确，论证有力。

结尾没有问题。

> **总评**
>
> 本文找点基本准确，分析也有力度。文章可评为二类卷，分数区间为 20~23 分。

2010年管理类联考论证有效性分析母题思路详解

真题原题

论证有效性分析：分析下述论证中存在的缺陷和漏洞，选择若干要点，写一篇600字左右的文章，对该论证的有效性进行分析和评论。（论证有效性分析的一般要点是：概念特别是核心概念的界定和使用是否准确并前后一致，有无各种明显的逻辑错误，论证的论据是否成立并支持结论，结论成立的条件是否充分等。）（30分）

美国学者弗里德曼的《世界是平的》一书认为，全球化对当代人类社会的思想、经济、政治和文化等领域产生了深刻影响。全球化抹去了各国的疆界，使世界从立体变成了平面，也就是说，世界各国之间的社会发展差距正在日益缩小。

"世界是平的"这一观点，是基于近几十年信息传播技术迅速发展的状况而提出的。互联网的普及、软件的创新，使海量信息迅速扩散到世界各地。由于世界是平的，穷国可以和富国一样在同一平台上接收同样的最新信息，这样就大大促进了各国的经济发展，从而改善了它们的国际地位。

事实也是如此。所谓"金砖四国"国际声望的上升，无不得益于它们的经济成就，无不得益于互联网技术的发展。同时，也可作为"世界是平的"这一观点的有力佐证。

毋庸置疑，信息传播技术革命还远未结束，互联网技术将会有更大的发展，人类社会将会有更惊人的变化。可以预言，由于信息技术的迅猛发展，世界的经济格局与政治格局将会发生巨大的变化，世界最不发达国家和最发达国家之间再也不会让人有天壤之别的感觉，非洲大陆将会变成另一个北美。同样，也可以预言，由于中国的信息技术发展迅猛，中国和世界一样，也会从立体变为平面，中国东西部之间的经济鸿沟将被填平，中国西部的雄起指日可待。

论证结构概述

本材料是典型的总—分—总结构。第一段为背景介绍并提出论点；第二、三、四段为本论部分，列举了三个分论点作为主要论据来支持核心论点；第四段的后半部分为总结，再次点明核心论点——世界各国之间的社会发展差距正在日益缩小。所以，材料的论证结构如下：

论据：

（1）由于世界是平的，穷国可以和富国一样在同一平台上接收同样的最新信息，这样就大大促进了各国的经济发展，从而改善了它们的国际地位。

（2）所谓"金砖四国"国际声望的上升，得益于其经济成就、互联网技术的发展。

（3）世界最不发达国家和最发达国家之间，再也不会让人有天壤之别的感觉。

论点：世界从立体变成了平面，世界各国之间的社会发展差距正在日益缩小。

谬误精析

段落1	论证结构
①美国学者弗里德曼的《世界是平的》一书认为，全球化对当代人类社会的思想、经济、政治和文化等领域产生了深刻影响。②全球化抹去了各国的疆界，使世界从立体变成了平面，也就是说，世界各国之间的社会发展差距正在日益缩小。	①背景介绍 ②点明论点

序号	质疑内容	谬误分析
1	质疑①	**论据不充分** 上述论证的出发点是《世界是平的》一书。但该书的观点仅仅是美国学者弗里德曼的一家之言，而非被实践证实过的真理，将它作为论据缺乏充分的有效性。

段落2	论证结构
③"世界是平的"这一观点，是基于近几十年信息传播技术迅速发展的状况而提出的。④互联网的普及、软件的创新，使海量信息迅速扩散到世界各地。⑤由于世界是平的，穷国可以和富国一样在同一平台上接收同样的最新信息，这样就大大促进了各国的经济发展，从而改善了它们的国际地位。	③、④→⑤

序号	质疑内容	谬误分析
2	质疑③、④→⑤	**推断不当** 从"世界是平的"这一观点推出"穷国可以和富国一样在同一平台上接收同样的最新信息"，缺乏充分的论据。由于各国的资金、技术、语言等方面的不同，穷国和富国即使在同一平台上，也未必能接收到同样的信息。

段落3	论证结构
事实也是如此。⑥所谓"金砖四国"国际声望的上升，无不得益于它们的经济成就，无不得益于互联网技术的发展。⑦同时，也可作为"世界是平的"这一观点的有力佐证。	⑥→⑦

序号	质疑内容	谬误分析
3	质疑⑥	**归因不当** "金砖四国"的"经济成就"未必完全归因于"互联网技术的普及"，资源、气候、人才、教育、政策等都会影响经济发展。同样，世界经济格局与政治格局的变化也不仅仅取决于信息技术的发展。

续表

段落4	论证结构
⑧毋庸置疑，信息传播技术革命还远未结束，互联网技术将会有更大的发展，人类社会将会有更惊人的变化。⑨可以预言，由于信息技术的迅猛发展，世界的经济格局与政治格局将会发生巨大的变化，世界最不发达国家和最发达国家之间再也不会让人有天壤之别的感觉，非洲大陆将会变成另一个北美。⑩同样，也可以预言，由于中国的信息技术发展迅猛，中国和世界一样，也会从立体变为平面，中国东西部之间的经济鸿沟将被填平，中国西部的雄起指日可待。	⑧→⑨、⑩

序号	质疑内容	谬误分析
4	质疑⑧	推断不当 "互联网技术将会有更大的发展"仅仅是预测，尚未成为事实。要想支持这一预测，需要更充分的论证。
5	质疑⑧→⑩	推断不当 造成中国东西部差距的原因有很多，比如地理位置的差异、教育和人才的差距、科技水平的差距，等等。仅仅由信息技术的发展并不能完全解决这些问题。
6	质疑⑩	不当类比 中国的国情与世界上其他国家的情况不同，不能进行简单类比。

（说明：以上谬误分析引用和改编自教育部考试中心《管理类专业学位联考综合能力考试大纲》给出的参考答案。）

参考范文

世界是平的吗？

材料通过一系列推理，断定"世界从立体变成了平面"。然而其论证存在多处不当，分析如下：

首先，材料由"全球化对当代人类社会产生了深刻影响"，推出"全球化抹去了各国的疆界，各国之间的差距日益缩小"，存在不妥。事实上，全球化的进程可能会更方便和加剧发达国家对落后国家人力、自然资源的掠夺，从而拉大二者的发展差距。

其次，"穷国可以和富国一样在同一平台上接收同样的最新信息"，并不能推出"这会促进各国的经济发展，改善它们的国际地位"。由于各国经济基础不一样，接收、处理、运用信息的能力各不相同，利用信息发展经济的能力也不同。所以，"在同一平台上接收同样的信息"未必能改善穷国的经济情况和国际地位。

再次，材料把"'金砖四国'国际声望的上升"，完全归功于"经济成就和互联网技术的发展"，有失偏颇。事实上，"金砖四国"的"经济成就和互联网技术的发展"可能只是其国际声望上升的部分原因，也可能是由于军事力量的提高，科技、文化、卫生事业的发展等。认为"国际声望的上升，无不得益于经济成就和互联网技术的发展"，过于绝对。

最后，材料由"信息技术迅猛发展"，推出"国家之间再也不会让人有天壤之别的感觉"，存在不妥。经济的发展，除受信息因素的影响外，还受政治、地理、文化、历史、人口等种种因素的影响。由于非洲相对于北美、中国西部相对于中国东南沿海，在这些方面都存在着巨大差异，所以，"信息技术的迅猛发展"未必能解决"穷国与富国的差距问题"，也未必能解决"中国东西部的差距问题"。

综上所述，由于上文存在诸多逻辑错误，"世界将从立体变成平面、非洲和中国西部崛起指日可待"的结论也难免有草率、武断之嫌。

（全文共690字）

学生习作展示及点评

1. 习作一

世界未必是平的
老吕弟子班学员　WJY

材料旨在说明"信息技术的发展，使得世界各国的发展差距日益缩小"，然而其论证存在多处不当，现分析如下：	标题没有问题。 开头段很好。
首先，"穷国和富国可以在同一平台上接收同样的最新信息"推不出"就能促进各国的经济发展"。且不说信息存在不对称性，各国未必能接收到同样的最新信息。就算穷国能通过互联网接收到这些信息，但穷国的文化、思想等较为落后，不一定能有效利用这些信息，也就未必能促进其经济发展。	找点正确，论证有力。
其次，"'金砖四国'国际声望的上升，无不得益于经济成就和互联网技术的发展"，有失偏颇。金砖四国国际声望的上升受到多方面因素的影响，如文化教育、社会治安等，不能把经济成就和互联网技术的发展作为唯一原因。	找点正确，分析有力。
再次，"信息技术的发展会让世界的经济格局和政治格局发生巨变，各国间的差距将为缩小"，未必如此。信息技术可能没有如此大的影响力。世界各国之间的差距可能是历史、地理位置、气候等多方面因素造成的，信息技术的发展恐怕也不能改变这些客观因素。	找点正确，分析有力。
最后，材料认为"中国的信息技术的发展能填平中国东西部之间的经济鸿沟"，过于绝对。中国东部存在着天然的地理位置、地形地貌的优势，仅靠信息技术的发展无法弥补东西部之间的经济差距。	找点正确，分析有力。
综上所述，材料犯了诸多逻辑谬误，结论难以让人信服。	

> **总评**
>
> 找点准确，分析有力，可评为一类卷，分数区间为 24~27 分。

2. 习作二

世界是平的吗？

老吕弟子班学员　暴躁少女

上述材料试图论证"世界是平的"这一观点。然而，其论证过程存在多处不当，分析如下：

首先，材料由"弗里德曼的《世界是平的》一书"推出材料的观点，存在不妥。因为弗里德曼的书籍仅仅代表他自身的观点，尚未被实践所证实，也并非全人类都认同的观点，所以论据并不充分，缺乏有效性。

其次，"穷国和富国接收同样的信息"并不一定能"改善他们的国际地位"。因为即使他们接收到了相同的信息，处理信息的能力和利用信息的能力也不尽相同，也可能无法达到促进经济发展、改善国际地位的结果。

再次，"'金砖四国'国际声望的上升"仅仅是因为"经济成就"，过于绝对。实际上，影响"国际声望上升"的原因有很多，可能是军事水平的提高、文化实力的增强、医疗措施的完善等其他多种影响因素。<u>所以，未必仅仅是"经济成就"导致"国际声望上升"，材料的论证有待商榷。</u>

并且，材料认为"互联网技术将会有更大的发展"，这只是作为一个预测，缺乏事实论据，要想此预测成立，还需要更多有力的论据。那么，在此基础上所做的"人类社会将会有更惊人的变化"这一结论的成立也有待考量。

最后，材料认为"中国东西部的经济鸿沟将被填平"，过于绝对。事实上，经济的发展还受文化底蕴、地理位置、人才建设、地方政策、交通发达程度等多方面的因素影响，仅仅因为"信息技术发展迅猛"，也无法完全解决问题。

综上所述，材料存在多处逻辑漏洞，"世界是平的"这一观点令人难以信服。

旁批：
- 标题没有问题。
- 开头段很好。
- 找点正确，论证有力。
- 找点正确，论证有力。
- 找点正确，论证有力。
- 画线句子啰唆。
- 找点正确，论证有力。
- 找点正确，论证有力。
- 结尾没有问题。

> **总评**
>
> 找点准确，分析有力，一些小瑕疵不影响得分，可评为一类卷，分数区间为 24~27 分。

2011 年管理类联考论证有效性分析母题思路详解

真题原题

论证有效性分析：分析下述论证中存在的缺陷和漏洞，选择若干要点，写一篇 600 字左右的文章，对该论证的有效性进行分析和评论。（论证有效性分析的一般要点是：概念特别是核心概念的界定和使用是否准确并前后一致，有无各种明显的逻辑错误，论证的论据是否成立并支持结论，结论成立的条件是否充分等。）（30 分）

如果你要从股市中赚钱，就必须低价买进股票，高价卖出股票，这是人人都明白的基本道理。但是，问题的关键在于如何判断股价的高低。只有正确地判断股价的高低，上述的基本道理才有意义，否则，就毫无实用价值。

股价的高低是一个相对的概念，只有通过比较才能显现。一般来说，要正确判断某一股票的价格高低，唯一的途径就是看它的历史表现。但是，有人在判断当前某一股价的高低时，不注重股票的历史表现，而只注重股票今后的走势，这是一种危险的行为。因为股票的历史表现是一种客观事实，客观事实具有无可争辩的确定性；股票的今后走势只是一种主观预测，主观预测具有极大的不确定性，我们怎么可以只凭主观预测而不顾客观事实呢？

再说，股价的未来走势充满各种变数，它的涨和跌不是必然的，而是或然的。我们只能借助概率进行预测。假如宏观经济、市场态势和个股表现均好，它的上涨概率就大；假如宏观经济、市场态势和个股表现均不好，它的上涨概率就小；假如宏观经济、市场态势和个股表现不相一致，它的上涨概率就需要酌情而定。

由此可见，要从股市中获取利益，第一是要掌握股价涨跌的概率，第二还是要掌握股价涨跌的概率，第三也还是要掌握股价涨跌的概率。掌握了股价涨跌的概率，你就能赚钱；否则，你就会赔钱。

论证结构概述

本材料是典型的总—分—总结构。第一段为背景介绍并提出论点；第二、三段为本论部分，列举了两个分论点作为主要论据来支持核心论点；第四段的后半部分为总结句，再次指明核心论点——掌握了股价涨跌的概率，必然赚钱。所以，材料的论证结构如下：

论据：
（1）正确判断某一股票的价格高低，唯一的途径就是看它的历史表现。
（2）股价的未来走势充满各种变数，我们只能借助概率进行预测。
论点：掌握了股价涨跌的概率，必然赚钱。

谬误精析

段落1	论证结构
①如果你要从股市中赚钱，就必须低价买进股票，高价卖出股票，这是人人都明白的基本道理。但是，问题的关键在于如何判断股价的高低。②只有正确地判断股价的高低，上述的基本道理才有意义，否则，就毫无实用价值。	①→②点明论点

序号	质疑内容	谬误分析
1	质疑①	**强置必要条件** 要从股市中赚钱，不一定"必须低价买进股票，高价卖出股票"。券商可以通过为股民服务获利，股民也可以通过股票的分红、配股等方式获益。所以，低买高卖确实是从股市中赚钱的手段之一，但并不是唯一手段。

段落2	论证结构
③股价的高低是一个相对的概念，只有通过比较才能显现。④一般来说，要正确判断某一股票的价格高低，唯一的途径就是看它的历史表现。但是，有人在判断当前某一股价的高低时，不注重股票的历史表现，而只注重股票今后的走势，这是一种危险的行为。⑤因为股票的历史表现是一种客观事实，客观事实具有无可争辩的确定性；股票的今后走势只是一种主观预测，主观预测具有极大的不确定性，我们怎么可以只凭主观预测而不顾客观事实呢？	③引入句 ⑤→④

序号	质疑内容	谬误分析
2	质疑④	**绝对化** "要正确判断某一股票的价格高低，唯一的途径就是看它的历史表现"，显然是欠妥当的。股票价格的高低受多种因素影响，例如国家政策、宏观经济状况、国际金融市场变动、行业状况、企业状况，等等。
3	质疑⑤	**推断不当** 主观预测是根据历史表现的客观事实作出的，主观预测也可能和客观事实一致。因此，不能全然否认主观预测的合理性。

续表

段落3	论证结构
⑥再说，股价的未来走势充满各种变数，它的涨和跌不是必然的，而是或然的。我们只能借助概率进行预测。⑦假如宏观经济、市场态势和个股表现均好，它的上涨概率就大；假如宏观经济、市场态势和个股表现均不好，它的上涨概率就小；假如宏观经济、市场态势和个股表现不相一致，它的上涨概率就需要酌情而定。	⑥⑦ }⑧点明论点

序号	质疑内容	谬误分析
4	质疑⑥	**自相矛盾** 材料前文中提到判断某一股票的价格高低的唯一途径是"看它的历史表现"，后文中又提到"只能借助概率进行预测"，两处自相矛盾。
5	质疑⑦	**强置充分条件** "宏观经济、市场态势和个股表现"是股票价格的决定因素的部分因素，股票价格还受诸如国家政策、企业生产经营状况等多方面因素的影响。"宏观经济、市场态势和个股表现"均好，股票的上涨概率未必就大。

段落4	论证结构
⑧由此可见，要从股市中获取利益，第一是要掌握股价涨跌的概率，第二还是要掌握股价涨跌的概率，第三也还是要掌握股价涨跌的概率。掌握了股价涨跌的概率，你就能赚钱；否则，你就会赔钱。	⑧点明论点

序号	质疑内容	谬误分析
6	质疑⑧	**偷换概念** "股价的涨跌"与前文中"股价的高低"不是同一概念。涨跌是股价的动态变化，是现在价格与过去价格的差额，而股价的高低是对股价的静态判断。材料有偷换概念的嫌疑。
7	质疑⑧	**绝对化** 材料认为"掌握了股价涨跌的概率，你就能赚钱；否则，你就会赔钱"，这一判断过于绝对。掌握了股价涨跌的概率有可能赚钱，也有可能赔钱，因为小概率的暴跌所造成的损失，有可能抵消或超过大概率的微涨所带来的收益。

（说明：以上谬误分析引用和改编自教育部考试中心《管理类专业学位联考综合能力考试大纲》给出的参考答案。）

参考范文

如此炒股未必可行

上文认为要从股市中赚钱，必须判断股价的高低，掌握股价涨跌的概率，其论证存在多处漏洞，结论也不是必然成立的。

首先，要从股市中赚钱，不一定"必须低价买进股票，高价卖出股票"。券商可以通过为股民服务获利，股民也可以通过股票的分红、配股等方式获益。而且低买高卖的关键是判断"股价的高低"，这和"股价的涨跌"并不是相同的概念。

其次，"要正确判断某一股票的价格高低，唯一的途径就是看它的历史表现"，显然是欠妥当的。股票价格的高低受多种因素影响，如宏观经济走势、国家政策、行业发展情况、企业经营状况、股民的信心等，论证者显然忽略了其他因素的影响。

再次，"股票的历史表现是一种客观事实"，"股票的今后走势只是一种主观预测"，不能推出"历史表现"的正确性和"今后走势"的错误性。主观预测可以是根据历史表现的客观事实作出的，也可能和客观事实一致。因此，不能全然否认主观预测的合理性。

最后，"宏观经济、市场态势和个股表现"只是股票价格的决定因素的部分因素，未必能准确预计股价涨跌的概率。"掌握了股价涨跌的概率，你就能赚钱；否则，你就会赔钱"的论证也欠妥当。概率具有或然性，不具有必然性，因此得不出必然赚钱或赔钱的结论。

综上所述，上文中的论证存在多处逻辑错误，其结论值得商榷，掌握了股价涨跌的概率未必必然赚钱。

（全文共 551 字）

学生习作展示及点评

1. 习作一

掌握股价涨跌就能稳赚不赔了吗?

老吕弟子班学员　七七

材料通过一系列论证,认为"掌握股价涨跌的概率就能赚钱",然而论证过程中存在多处不当,故其结论有待商榷。 【开头段没有问题。】

首先,股价的高低与股价的涨跌并不是同一概念。 股价的高低,是与其他股票相比较之后得出的结果,而股价的涨跌是同一股票,现价相对于买价的差价。 【找点正确,质疑写得不错。】

其次,低价买进股票并高价将其卖出确实是从股市中赚钱的一种十分常见的投机方法,但这并不是唯一的途径。 因为,股票还会给投资者带来股息分红,或是公司价值增值带来的资本溢价等投资性收益。 【找点正确,质疑有力。】

再次,判断股价高低时,历史表现并不是其唯一途径。 因为,股票价格与公司经营情况密不可分,其变化受宏观经济形势、整体行业发展、国家政策扶持等多种因素的影响。 故如果只看历史表现,可能会在实际投资过程中出现相当大的纰漏,造成不可挽回的损失。 【分析得不错。】

最后,股民并非只能借助概率预测股价的未来走势。 即使市场态势、宏观经济和个股表现均好,<u>如果国家政策制裁某一行业</u>,那么该行业的企业股票上涨的概率未必就大,反而有可能下跌。 【画线句子中"制裁"用词不当。】

综上所述,材料的论证存在多处逻辑漏洞,"掌握股价涨跌的概率就能赚钱"的结论难以令人信服。 【结尾简洁有力。】

总评

找点准确,质疑有力。 可评为一类卷,分数区间为24~26分。

2. 习作二

掌握股价涨跌就能挣钱①？

老吕 80 天密训学员　小雅

材料通过一系列的论证，得出"掌握了股价涨跌的概率，你就能赚钱，否则你就会赔钱"的结论，然而其论证过程中存在多处逻辑漏洞，其结论难以成立，具体分析如下：

第一，材料开头称"要从股市中赚钱，就必须低价买进股票，高价卖出股票"有所不妥②，通过入股、分红等方式也能从股市中赚钱，低买高卖只是从股市中赚钱的途径之一，而并非唯一途径。

⊙问题②建议改为：材料认为"要从股市中赚钱，就必须低价买进股票，高价卖出股票"，存在不妥。

第二，材料认为"判断股价高低的唯一途径就是看它的历史表现"，过于绝对。对股价进行价格分析、价格预测等也可以判断股价的高低，历史表现只是判断股价高低的途径之一，而并非唯一途径③。

第三，作者认为"对于股价的走势，我们只能借助概率进行预测"，而前文中又称"股价今后的走势只是一种主观预测，主观预测具有极大的不确定性，因此不能只凭主观预测而不顾客观事实"④，两处自相矛盾。

第四，材料由"宏观经济、市场态势和个股表现"的好坏，并不能推出"要从股市中获取利益，就要掌握股价涨跌的概率"，诚然，我们可以根据"宏观经济、市场态势和个股表现"对股价涨跌的概率进行预测，然而这种预测未必是准确的，也就未必一定会从中获取利益。⑤

最后，材料中称"掌握了股价涨跌的概率，你就能赚钱"，然而前文中判断的是"股价的高低"，"股价的高低"和"股价的涨跌"二者是不同的概念⑥，前者是静态数值上的高低，而后者是动态的变化，此处有偷换概念之嫌。

⊙问题⑥建议改为：材料中称掌握了"股价涨跌"的概率，你就能赚钱，然而前文中判断的是"股价的高低"，这二者是不同的概念。

综上所述，材料中主张"掌握了股价涨跌的概率，你就能赚钱"，缺乏足够的论据支持，其论证结论难以令人信服。

---

①"挣钱"过于口语化，尽量和材料用词一致。

②标点符号使用不当。

③本段句式与上段完全相同，有重复之感，容易让阅卷人感觉考生文笔匮乏。

④引用啰唆。

⑤本段的逻辑层次太多，让阅卷人难以快速领会写作意图。而且，也缺少有效的分析：为什么未必准确？有哪些可能的影响因素？

⑥当句子中反复出现相同的内容时，可用代词来代替。

结尾不错。

> **总评**
>
> 本文逻辑谬误找点都比较准确，但由于作者文字驾驭能力有限，影响了文章的分析力度，可评为三类卷，分数区间为 16~18 分。

2012 年管理类联考论证有效性分析母题思路详解

真题原题

论证有效性分析：分析下述论证中存在的缺陷和漏洞，选择若干要点，写一篇 600 字左右的文章，对该论证的有效性进行分析和评论。（论证有效性分析的一般要点是：概念特别是核心概念的界定和使用是否准确并前后一致，有无各种明显的逻辑错误，论证的论据是否成立并支持结论，结论成立的条件是否充分等。）（30 分）

地球的气候变化已经成为当代世界关注的热点，这一问题看似复杂，其实简单，只要我们运用科学原理——如爱因斯坦的相对论——去对待，也许就会找到解决这一问题的方法。

众所周知，爱因斯坦提出的相对论颠覆了人类对于宇宙和自然的常识性观念，不管是狭义相对论还是广义相对论，都揭示了宇宙间事物运动中普遍存在的相对性。既然宇宙万物的运动都是相对的，那么，我们观察问题时，也应该采用相对的方法，如变换视角等。

假如我们变换视角去看一些问题，也许会得出和一般常识完全不同的观点。例如，我们称为灾害的那些自然现象，包括海啸、台风、暴雨，等等，其实也是大自然本身的一般现象而已，从大自然的视角来看，无所谓灾害不灾害，只是当它损害了人类利益、危及了人类生存的时候，从人类的视角来看，我们才称之为灾害。

再变换一下视角，从一个更广泛的范围来看，我们人类自己也是大自然的一部分。既然我们的祖先是类人猿，而类人猿正像大熊猫、华南虎、藏羚羊、扬子鳄乃至银杏、水杉等一样，是整个自然生态中的有机组成部分，那为什么我们自己就不是了呢？

由此可见，人类的问题就是大自然的问题，即使人类在某一时间部分地改变了气候，也还是整个大自然系统中的一个自然问题，自然问题自然会解决，人类不必过多干预。

论证结构概述

本材料是典型的分—总结构。第一段为背景介绍；第二、三、四段为本论部分，列举了三个分论点作为主要论据来支持核心论点；第五段为总结，依据之前的论证，得出了核心论点——自然问题自然会解决，人类不必过多干预。所以，材料的论证结构如下：

论据：

(1) 宇宙万物的运动都是相对的，我们观察问题时也应该采用相对的方法，如变换视角等。

(2) 变换视角去看一些问题，也许会得出和一般常识完全不同的观点。

(3) 我们人类自己也是大自然的一部分。

论点：自然问题自然会解决，人类不必过多干预。

谬误精析

段落1	论证结构
①地球的气候变化已经成为当代世界关注的热点，这一问题看似复杂，其实简单，只要我们运用科学原理——如爱因斯坦的相对论——去对待，也许就会找到解决这一问题的方法。	①背景介绍

本段为背景介绍段，无谬误。

段落2	论证结构
②众所周知，爱因斯坦提出的相对论颠覆了人类对于宇宙和自然的常识性观念，不管是狭义相对论还是广义相对论，都揭示了宇宙间事物运动中普遍存在的相对性。③既然宇宙万物的运动都是相对的，那么，我们观察问题时，也应该采用相对的方法，如变换视角等。	②→③

序号	质疑内容	谬误分析
1	质疑②	虚假论据 把爱因斯坦的相对论理解为宇宙间事物运动中普遍存在的相对性，是对相对论的误解，不能作为论据。
2	质疑②→③	不当类比 由"宇宙万物的运动都是相对的"得出"观察问题时也应该采用相对的方法，如变换视角等"，不能成立，类比不当。

段落3	论证结构
④假如我们变换视角去看一些问题，也许会得出和一般常识完全不同的观点。⑤例如，我们称为灾害的那些自然现象，包括海啸、台风、暴雨，等等，其实也是大自然本身的一般现象而已，从大自然的视角来看，无所谓灾害不灾害，只是当它损害了人类利益、危及了人类生存的时候，从人类的视角来看，我们才称之为灾害。	⑤→④

序号	质疑内容	谬误分析
3	质疑⑤	**虚假论据** 从大自然的视角否认自然灾害,与人类关注的气候问题不是同一个问题,偏离了论题,因此,无法作为文章的论据。

段落4	论证结构
⑥再变换一下视角,从一个更广泛的范围来看,我们人类自己也是大自然的一部分。⑦既然我们的祖先是类人猿,而类人猿正像大熊猫、华南虎、藏羚羊、扬子鳄乃至银杏、水杉等一样,是整个自然生态中的有机组成部分,那为什么我们自己就不是了呢?	⑦→⑥

序号	质疑内容	谬误分析
4	质疑⑦	**虚假论据** 通常所说的"人类"是相对于"自然"的一个概念,同理,我们所指的大自然是相对人类社会而言的,不能把二者混为一谈。
5	质疑⑦→⑥	**不当类比** 类人猿是整个大自然的一部分,并不必然推出由类人猿进化而来的人类也是大自然的一部分。因为"祖先"具有的性质,后代未必具有。

段落5	论证结构
⑧由此可见,人类的问题就是大自然的问题,即使人类在某一时间部分地改变了气候,也还是整个大自然系统中的一个自然问题,⑨自然问题自然会解决,⑩人类不必过多干预。	⑧⑨}⑩

序号	质疑内容	谬误分析
6	质疑⑦→⑥→⑧	**推断不当** 由人类是大自然的一部分,无法得出"人类的问题就是大自然的问题"的结论。因为部分具有的性质,整体未必具有。
7	质疑⑧→⑩	**自相矛盾** 材料认为"人类的问题就是大自然的问题",如果这样,那么人类的干预也是大自然自己的内部问题,这和"人类不必过多干预"自相矛盾。

(说明:以上谬误分析引用和改编自教育部考试中心《管理类专业学位联考综合能力考试大纲》给出的参考答案。)

参考范文

人类不必干预自然问题吗？

上述论证试图用爱因斯坦的相对论去解释地球的气候变化，从而得出"自然问题自然会解决，人类不必过多干预"的结论。看似有理，实则偏颇。

首先，爱因斯坦的相对论是物理领域的研究成果，用它解决所有宇宙和自然问题，未必适用。而"用相对的眼光看问题"，则是哲学领域的思维方法，与"相对论"不是同一概念。

其次，从大自然的角度去看待灾害问题，并没有解决灾害问题，只是回避了这个问题。虽然从大自然的角度来看，灾害只是自然现象的一种，但是，它对人类的伤害是客观存在的，这样的伤害不会因为我们观察视角的转换而消失。

再次，"我们的祖先是类人猿"，类人猿是大自然的一部分，并不必然推出由类人猿进化而来的人类也是大自然的一部分。类人猿和人类的概念并不等同，人类除了有自然属性外，还有社会属性。虽然客观地说，人类也是大自然的一部分，但是材料中提供的论证并不充分，有用事实代替论证的嫌疑。

最后，"人类的问题就是大自然的问题"，太过绝对。即使人类是大自然的一部分，也不能得出人类的问题都是大自然的问题的结论。比如人类的情感问题，就很难说是大自然的问题。退一步讲，如果"人类的问题就是大自然的问题"，那么人类对灾害的干预，不也就是大自然对自己的干预了吗？

所以，上述论证存在诸多逻辑问题，难以得出"自然问题自然会解决，人类不必过多干预"的结论。

（全文共 563 字）

学生习作展示及点评

1. 习作一

人类不必干预自然问题吗

老吕弟子班学员　王家豪

上述材料通过一系列论证，试图得出"自然问题自然会解决，人类不必过多干预"的结论。然而其论证过程中存在诸多逻辑漏洞，分析如下：

首先，爱因斯坦的相对论是关于时间和空间的理论，并不是材料中"宇宙间事物运动中普遍存在的相对性"，所以无法成为材料的论据。即便"宇宙万物的运动是相对的"，也无法将物理理论类比到"观察问题时，也应该采用相对的方法"，这里有不当类比的嫌疑。

其次，"变换视角去看一些问题"，未必"得出和一般常识完全不同的观点"。自然视角将灾害归纳为自然现象和人类视角的气候灾害并不是同一个问题，所以无法成为材料的论据。即便是一个问题的不同视角，也仅仅是提出问题，并不能改变现象的本质解决问题。

再次，"类人猿是整个自然生态的有机组成部分"，不代表"我们人类也是大自然的一部分"。因为经过长时间的生物进化，我们人类与类人猿有着巨大的差异，我们人类祖先所具有的特性现在的人类未必具有。仅仅是简单地将现代人类类比为类人猿，不够严谨。

最后，由人类是大自然的一部分，无法得出"人类的问题就是大自然的问题"这一结论。因为部分所具有的特点整体未必具有。如果这样，人类干预自然问题就属于"自然问题自然会解决"，与结论"人类不必过多干预"自相矛盾。

综上所述，材料的论证过程中存在着诸多的逻辑漏洞，因此无法得出"人类不必过多干预自然问题"的结论。

侧边批注：
- 标题不错。
- 开头没有问题。
- 找点正确，分析有力。
- 找点正确，分析有力。
- 找点正确，分析有力。
- 找点正确，分析有力。
- 结尾没有问题。

总评：这篇文章应该是看完参考答案以后写的，内容与参考答案相似度极高。如果能写成这样，当然能拿一类卷，分数区间为26~28分。

2. 习作二

人类不必干预自然问题吗

老吕弟子班学员　饺子

材料认为"人类不必过多干预自然问题",但其论证存在多处不当,分析如下:

首先,"只要运用爱因斯坦的相对论,就能解决地球的气候变化",有些武断。因为,爱因斯坦的相对论是研究物理的理论知识,无法解决地球的气候变化问题。即便可以解决,也并非充分条件①。

其次,"宇宙万物的运动都是相对的",不意味着"观察问题时应采用相对的方法"。因为,"相对"和"相对的方法"②是两个不同的概念。前者是指客观规律,后者是指用辩证的思想所采取的方法。

再次,"从大自然的视角来看,海啸、台风等自然现象不是灾害",难以让人信服。如果海啸、台风等自然现象足以毁坏大自然的调节系统,使得大自然无法恢复平衡状态,那还不能称之为灾害吗?

还有,"类人猿是大自然的一部分"不代表"人类也是大自然的一部分"。因为,人类是由类人猿进化而来,两者之间有明显的差异③。

⊙问题③建议改为:虽然人类是由类人猿进化而来的,但经过数千万年的演变,人类与类人猿之间已经具有非常明显的差异。因此,无法得出"人类也是大自然的一部分"。

最后,"人类的问题就是大自然的问题",这显然是荒谬的。因为,人类的问题不仅包括自然问题,还包括战争问题、情感问题、政治问题等,难道这些也是大自然的问题吗?

综上所述,由于材料的论证存在多处逻辑漏洞,因此,"人类不必干预自然问题"这一结论难以让人信服。

侧栏批注:

标题正确。

开头段正确。

①该同学在这一点上试图使用让步的手法,但实际上前后矛盾了。建议删除此句。

②应该是:"运动是相对的"与"相对的方法"是不同的概念。

③既然"人类由类人猿进化而来",那为什么"两者之间有明显的差异"呢?要清楚表达你的想法。

结尾没有问题。

> **总评**
> 本文逻辑谬误找得不够精确，影响了得分，可评为三类卷，分数区间为 16~18 分。

2013 年管理类联考论证有效性分析母题思路详解

真题原题

论证有效性分析：分析下述论证中存在的缺陷和漏洞，选择若干要点，写一篇 600 字左右的文章，对该论证的有效性进行分析和评论。（论证有效性分析的一般要点是：概念特别是核心概念的界定和使用是否准确并前后一致，有无各种明显的逻辑错误，论证的论据是否成立并支持结论，结论成立的条件是否充分等。）（30 分）

一个国家的文化在国际上的影响力是该国软实力的重要组成部分。由于软实力是评判一个国家国际地位的要素之一，所以，如何增强软实力就成了各国政府高度关注的重大问题。

其实，这一问题不难解决。既然一个国家的文化在国际上的影响力是该国软实力的重要组成部分，那么，要增强软实力，只需搞好本国的文化建设并向世人展示就可以了。

文化有两个特性：一个是普同性，一个是特异性。所谓普同性，是指不同背景的文化具有相似的伦理道德和价值观念，如东方文化和西方文化都肯定善行、否定恶行；所谓特异性，是指不同背景的文化具有不同的思想意识和行为方式，如西方文化崇尚个人价值，东方文化固守集体意识。正因为文化具有普同性，所以，一国文化就一定会被他国所接受；正因为文化具有特异性，所以一国文化就一定会被他国所关注。无论是接受还是关注，都体现了该国文化影响力的扩大，也即表明了该国软实力的增强。

文艺作品当然也具有文化的本质属性。一篇小说、一出歌剧、一部电影，等等，虽然一般以故事情节、人物形象、语言特色等艺术要素取胜，但在这些作品中，也往往肯定了一种生活方式，宣扬了一种价值观念。由此可见，只要创作更多的具有本国文化特色的文艺作品，那么文化影响力的扩大就是毫无疑义的，而国家的软实力也必将同步增强。

论证结构概述

本材料是典型的总—分—总结构。第一段为背景介绍；第二段提出论点；第三、四段为本论部分，列举了两个分论点作为主要论据来支持核心论点；第四段的后半部分为总结，依据之前的论证，得出了核心论点——只要创作更多的具有本国文化特色的文艺作品，国家的软实力必将同步增强。所以，材料的论证结构如下：

论据：
(1) 文化有两个特性：普同性和特异性，会被他国所接受或关注，即表明了该国软实力的增强。

(2) 文艺作品具有文化的本质属性。

论点：创作更多的具有本国文化特色的文艺作品，国家的软实力也必将同步增强。

谬误精析

段落1	论证结构
①一个国家的文化在国际上的影响力是该国软实力的重要组成部分。由于软实力是评判一个国家国际地位的要素之一，所以，如何增强软实力就成了各国政府高度关注的重大问题。	①背景介绍
本段为背景介绍段，无谬误。	

段落2	论证结构
②其实，这一问题不难解决。③既然一个国家的文化在国际上的影响力是该国软实力的重要组成部分，④那么，要增强软实力，只需搞好本国的文化建设并向世人展示就可以了。	③→④→②

序号	质疑内容	谬误分析
1	质疑④	强置充分条件 材料认为"要增强软实力，只需搞好本国的文化建设并向世人展示就可以了"。但是，仅仅"向世人展示"可能产生影响力，也可能不会产生影响力。
2	质疑③→④	强置充分条件 "一个国家的文化在国际上的影响力"仅仅是"软实力"的重要组成部分，而不是全部。一个国家的软实力还包括教育、科技、卫生等各方面。所以，仅"搞好本国的文化建设并向世人展示"，未必能增强国家的软实力。

段落3	论证结构
⑤文化有两个特性：一个是普同性，一个是特异性。⑥所谓普同性，是指不同背景的文化具有相似的伦理道德和价值观念，如东方文化和西方文化都肯定善行，否定恶行；所谓特异性，是指不同背景的文化具有不同的思想意识和行为方式，如西方文化崇尚个人价值，东方文化固守集体意识。⑦正因为文化具有普同性，所以，一国文化就一定会被他国所接受；正因为文化具有特异性，所以一国文化就一定会被他国所关注。⑧无论是接受还是关注，都体现了该国文化影响力的扩大，也即表明了该国软实力的增强。	⑤、⑥→⑦→⑧

续表

序号	质疑内容	谬误分析
3	质疑⑤、⑥→⑦	**强置充分条件** "文化具有普同性",不必然"一国文化就一定会被他国所接受",因为一国文化已经具备了类似的伦理道德和价值观念,为什么还要去接受他国的文化呢?"文化具有特异性",也不必然"一国文化就一定会被他国所关注"。如果两种文化的特性形成对立的话,可能吸引来的不是关注,反而是排斥。
4	质疑⑦→⑧	**推断不当** 一国文化被"接受和关注",不见得体现了"该国文化影响力的扩大",更不意味着"该国软实力的增强"。因为"接受"和"关注"并不意味着受其影响;而且,影响力有可能是正面的,也有可能是负面的。正面的影响力可以增强国家的软实力,但负面的影响力则会减弱国家的软实力。

段落 4	论证结构
⑨文艺作品当然也具有文化的本质属性。⑩一篇小说、一出歌剧、一部电影,等等,虽然一般以故事情节、人物形象、语言特色等艺术要素取胜,但在这些作品中,也往往肯定了一种生活方式,宣扬了一种价值观念。⑪由此可见,只要创作更多的具有本国文化特色的文艺作品,那么文化影响力的扩大就是毫无疑义的,而国家的软实力也必将同步增强。	⑨、⑩→⑪再次点明主题

序号	质疑内容	谬误分析
5	质疑⑨、⑩→⑪	**强置充分条件** 文艺作品要被他国接受和关注,隐含一个假设,即这一作品会被翻译并传播到其他国家。如果这一作品不能被翻译,或者传播媒介有限,那么很难对其他国家产生影响力。另外,文艺作品的影响力还取决于受众的价值观念和接受能力。假如受众对作品中的价值观念无法认同或缺乏接受能力,那么文艺作品就很难"产生文化影响力"。
6	质疑⑪	**强置充分条件** "创作更多的具有本国文化特色的文艺作品",仅仅是提高本国文化影响力的因素之一,不是充分条件;而提高本国文化影响力也仅仅是提高国家软实力的因素之一,也不是充分条件。所以,"创作更多的文艺作品"不必然带来"国家软实力的同步增强"。

(说明:以上谬误分析引用和改编自教育部考试中心《管理类专业学位联考综合能力考试大纲》给出的参考答案。)

参考范文

如此提高软实力未必可行

材料认为只要搞好本国的文化建设，就能提高国家的软实力。其论证存在多处不当，让人难以信服。

第一，"一个国家的文化在国际上的影响力"仅仅是"软实力"的重要组成部分，而不是全部。软实力还包括教育、科技、卫生、体育等多个方面。所以，仅"搞好本国的文化建设并向世人展示"，未必能增强国家的软实力。

第二，"文化具有普同性"，不必然"一国文化就一定会被他国所接受"，因为一国文化已经具备了类似的伦理道德和价值观念，为什么还要去接受他国的文化呢？"文化具有特异性"，也不必然"一国文化就一定会被他国所关注"。如果两种文化的特性形成对立的话，可能吸引来的不是关注，反而是排斥。

第三，"接受还是关注"不必然"体现了该国文化影响力的扩大"，更不意味着"该国软实力的增强"，因为"接受"和"关注"并不意味着受其影响。就算受其影响，这种影响有可能是正面的，也有可能是负面的。正面的影响可以增强国家的软实力，但负面的影响则会减弱国家的软实力。

第四，文艺作品虽然"肯定了一种生活方式，宣扬了一种价值观念"，但其影响力还取决于受众的价值观念和接受能力。假如受众对作品中的价值观念无法认同或缺乏接受能力，那么文艺作品所蕴含的生活方式和价值观念就未必会被接受或关注，也不一定"能产生文化影响力"。

综上所述，仅仅创作一些文艺作品，就想搞好本国文化建设，从而就提高了本国的软实力的论断显然过于乐观，难以成立。

（全文共 595 字）

学生习作展示及点评

1. 习作一

软实力增强仅靠文化建设么?

老吕弟子班学员　孟令钊

上述材料旨在说明,增强软实力,只需将本国文化建设好就可以了。然而其论证存在多处逻辑漏洞,所以,其论证让人难以信服。 <!-- 标题没有问题。 开头段很好。 -->

首先,"一个国家的文化在国际上的影响力"确实是该国软实力的重要组成部分,但软实力还包括人民的素质教养、经济水平以及文化程度等其他内容。因此,仅"搞好本国的文化建设并向世人展示"不代表软实力就能提高,可能还需要其他方面的发展。 <!-- 找点正确,论证有力。 -->

其次,文化具有"普同性",但并不一定会被他国所"接受";文化具有"特异性",也并不一定就能被他国所"关注"。因为,可能虽然两国有着相似的价值观念和伦理道德,但由于存在着生活习俗或者环境发展的差异,两国文化会产生"排斥"而并不会被接受。 <!-- 找点正确,论证有力。 -->

再次,文化被"接受"或是"关注",并不意味着文化影响力的"扩大"。因为接受和关注并不代表会影响他国的文化,可能仅仅表示认同。而且,如果被他国排斥,产生的文化影响力是负面的,更不能增强该国的软实力,而是减弱国家的软实力。 <!-- 找点正确,论证有力。 -->

又次,本国的文艺作品宣扬的"价值观念"和肯定的"生活方式",可能会因为两国的差异导致被他国"排斥"或者"无法理解",而不是被他国"接受"或"关注",因此并不能产生"文化影响力"。 <!-- 质疑力度很强。 -->

最后,创作更多"具有本国文化特色的文艺作品"并不能推出"文化影响力的扩大"。因为有可能本国的文艺作品无法传播到其他国家或者他国并不接受和认同,也就无法增强本国的软实力。 <!-- 找点正确,论证有力。 -->

综上所述,由于材料在论证过程中存在多处不当,因此仅靠文化建设增强软实力的建议未必可行。 <!-- 结尾没有问题。 -->

> **总评**
>
> 通篇完成度很高,谬误找寻正确,且分析有力。在考场上,此篇文章可评为一类卷,分数区间为24~28分。

2. 习作二

增强软实力只需搞好本国的文化建设吗？①

老吕弟子班学员　王鹏程

⊙问题①建议改为：如此提高软实力未必可行

上述材料通过种种分析，试图论证只需搞好本国的文化建设并向世人展示，就可以增强软实力。然而其论证存在多处不当，分析如下：

首先，文章指出"要增强软实力，只需搞好本国的文化建设并向世人展示就可以了"，值得商榷，因为一个国家软实力的体现不只包括文化建设，还包括科学、教育、卫生、体育等多方面建设。

其次，"文化具有普同性，所以一国文化就一定会被他国所接受"，未必如此，如果一个国家所形成的伦理道德和价值观念不被他国认同，那么该国的文化非但不会被接受，反而会被排斥。

再次，"文化具有特异性，一国文化就一定会被他国所关注"，不敢苟同，即使一国文化被他国关注，也不能体现该国文化影响力的扩大，更不能表明该国软实力的增强。②

最后，"文艺作品中宣扬的生活方式和价值观念，都会被他国接受或关注"并不必然成立。因为各国文化背景不同，人民的思想意识、价值观念不同，对其他国家的文艺作品不一定认同或接受，也有可能反对或排斥，所以非但不能产生文化影响力，还可能会对文化影响力产生负面的影响。

通过以上分析可知，材料存在多处逻辑错误，只需搞好本国的文化建设并向世人展示就可以增强软实力的观点难以必然成立。

左侧批注：

①标题字数过多，建议不超过14字。

开头段没有问题。

找点正确，质疑有力。

②这两段可合并为一段。
注：一个段落里面如果涉及两个相关谬误A和B，应该表达对A的质疑，对A分析；之后过渡到B，表达对B的质疑，对B分析。
修改方式可参考范文。

找点正确，分析合理。

结尾没有问题。

总评

本文找点正确，质疑也算有力，可评为二类卷，分数区间为21~24分。

2014年管理类联考论证有效性分析母题思路详解

真题原题

论证有效性分析：分析下述论证中存在的缺陷和漏洞，选择若干要点，写一篇600字左右的文章，对该论证的有效性进行分析和评论。（论证有效性分析的一般要点是：概念特别是核心概念的界定和使用是否准确并前后一致，有无各种明显的逻辑错误，论证的论据是否成立并支持结论，结论成立的条件是否充分等。）（30分）

现代企业管理制度的设计所要遵循的重要原则是权力的制衡与监督。只要有了制衡与监督，企业的成功就有了保证。

所谓制衡，指对企业的管理权进行分解，然后使被分解的权力相互制约，以达到平衡，它可以使任何人不能滥用权力；至于监督，指对企业管理进行严密观察，使企业运营处于可控范围之内。既然任何人都不能滥用权力，而且所有环节都在可控范围之内，那么企业的运营就不可能产生失误。

同时，以制衡与监督为原则所设计的企业管理制度还有一个固有的特点，即能保证其实施的有效性，因为环环相扣的监督机制能确保企业内部各级管理者无法敷衍塞责。万一有人敷衍塞责，也会受到这一机制的制约而得到纠正。

再者，由于制衡原则的核心是权力的平衡，而企业管理的权力又是企业运营的动力与起点，因此，权力的平衡就可以使整个企业运营保持平衡。

另外，从本质上来说，权力平衡就是权力平等，因此这一制度本身蕴含着平等观念。平等观念一旦成为企业的管理理念，必将促成企业内部的和谐与稳定。

由此可见，如果权力的制衡与监督这一管理原则付诸实践，就可以使企业的运营避免失误，确保其管理制度的有效性、日常运营的平衡以及内部的和谐与稳定，这样的企业一定能够成功。

论证结构概述

本材料是典型的总—分—总结构。第一段为背景介绍，并提出论点——只要有了制衡与监督，企业的成功就有了保证；第二、三、四、五段为本论部分，作为主要论据来支持核心论点；第六段为总结段，再次点明核心论点。所以，材料的论证结构如下：

论据：

（1）制衡与监督将所有环节都纳入可控范围之内，企业运营不可能产生失误。

（2）以制衡与监督为原则所设计的企业管理制度，能保证其实施的有效性。

（3）权力的平衡，可以使整个企业运营保持平衡。

(4) 权力平衡蕴含着平等观念。平等观念会促成企业内部的和谐与稳定。

论点：权力的制衡与监督这一管理原则付诸实践，企业一定能够成功。

谬误精析

段落1	论证结构
①现代企业管理制度的设计所要遵循的重要原则是权力的制衡与监督。②只要有了制衡与监督，企业的成功就有了保证。	①背景介绍 ②点明论点

序号	质疑内容	谬误分析
1	质疑②	**强置充分条件** "只要有了制衡与监督，企业的成功就有了保证"未必成立。制衡与监督只是企业内部控制的一部分，有了制衡与监督，企业的内部控制具备有效的可能性，但不是一定有效。而且，内部控制仅仅是企业成功的一方面因素，企业成功还受很多宏观、微观环境的影响。

段落2	论证结构
③所谓制衡，指对企业的管理权进行分解，然后使被分解的权力相互制约，以达到平衡，它可以使任何人不能滥用权力；至于监督，指对企业管理进行严密观察，使企业运营处于可控范围之内。④既然任何人都不能滥用权力，而且所有环节都在可控范围之内，那么企业的运营就不可能产生失误。	③→④

序号	质疑内容	谬误分析
2	质疑③→④	**强置充分条件** "任何人都不能滥用权力"和"所有环节都在可控范围之内"只是制衡与监督的目标，不代表一定可以实现。即使这一目标达成，也无法得出"企业的运营就不可能产生失误"的结论。比如，企业竞争状况的变化、宏观经济的变化、国家政策的调整等都可能影响企业的运营并导致其产生失误。

段落3	论证结构
⑤同时，以制衡与监督为原则所设计的企业管理制度还有一个固有的特点，即能保证其实施的有效性。⑥因为环环相扣的监督机制能确保企业内部各级管理者无法敷衍塞责。⑦万一有人敷衍塞责，也会受到这一机制的制约而得到纠正。	⑥⑦ }⑤

序号	质疑内容	谬误分析
3	质疑⑥→⑤	**强置充分条件** 材料认为"环环相扣的监督机制能确保企业内部各级管理者无法敷衍塞责",事实上,即使有了监督机制,也不能确保所有管理者不敷衍塞责,也无法证明以此原则设计的企业管理制度能保证其实施的有效性。
4	质疑⑦	**自相矛盾** "环环相扣的监督机制能确保企业内部各级管理者无法敷衍塞责"与"万一有人敷衍塞责"自相矛盾。

段落 4		论证结构
⑧再者,由于制衡原则的核心是权力的平衡,而企业管理的权力又是企业运营的动力与起点,⑨因此权力的平衡就可以使整个企业运营保持平衡。		⑧→⑨

序号	质疑内容	谬误分析
5	质疑⑧→⑨	**推断不当** 权力的平衡未必能使整个企业运营平衡。因为,企业运营的平衡,除了管理权力的平衡外,还取决于其他条件。

段落 5		论证结构
另外,⑩从本质上来说,权力平衡就是权力平等,⑪因此这一制度本身蕴含着平等的观念。⑫平等观念一旦成为企业的管理理念,必将促成企业内部的和谐与稳定。		⑩→⑪→⑫

序号	质疑内容	谬误分析
6	质疑⑩	**偷换概念** 材料认为"权力平衡就是权力平等",但二者显然不是相同的概念。"权力平衡"是指权力的动态制约关系,而"权力平等"则是指权力的平均分配。不能因为权力平衡这一制度中蕴含着平等的观念,就认为二者是等同的。
7	质疑⑩→⑪→⑫	**推断不当** 平等观念未必能促进企业内部的和谐与稳定。如果这种平等的观念是指"权力平等",希望权力在不同的人之间平均分配,那恐怕不仅不能促进企业的和谐稳定,反而使得管理者无法顺利地管理其下属而导致企业混乱。

段落6	论证结构
⑬由此可见，如果权力的制衡与监督这一管理原则付诸实践，就可以使企业的运营避免失误，确保其管理制度的有效性、日常运营的平衡以及内部的和谐与稳定，这样的企业一定能够成功。	⑬再次点明主题

序号	质疑内容	谬误分析
8	质疑⑬	强置充分条件 企业运营不失误、管理制度有效、日常运营平衡以及内部和谐稳定，这些还不足以保证企业一定成功，因为，企业的成功不仅取决于企业的内部因素，还取决于市场环境、国家政策等外部因素。

（说明：以上谬误分析引用和改编自教育部考试中心《管理类专业学位联考综合能力考试大纲》给出的参考答案。）

参考范文

权力的制衡与监督真的有效吗？

材料认为，建立了以权力的制衡与监督为核心的现代企业管理制度，就可以保证企业成功。然而"权力的制衡与监督"真的有效吗？

首先，"只要有了制衡与监督，企业的成功就有了保证"未必成立。制衡与监督只是企业内部控制的一部分，有了制衡与监督，企业的内部控制具备有效的可能性，但不是一定有效。而且，内部控制仅仅是企业成功的一方面因素，企业成功还受很多宏观、微观环境的影响。

其次，"任何人都不能滥用权力"和"所有环节都在可控范围之内"只是制衡与监督的可能结果，不是必然结果。把可能论据当作事实论据，有失妥当。就算"任何人都不能滥用权力"和"所有环节都在可控范围之内"，也难以保证"企业的运营就不可能产生失误"，因为企业的运营还受各种偶然因素的影响。

再次，即使有了权力的制衡与监督，也很难保证"企业内部各级管理者无法敷衍塞责"，也未必能保证这一制度"实施的有效性"。有制度是一回事，制度执行到位又是一回事。诸如管理者的能力、普通员工的素质、企业内外部环境的变化等因素都会影响制度执行的有效性。

最后，材料认为"权力平衡就是权力平等"，但二者显然不是相同的概念。"权力平衡"是指权力的动态制约关系，而"权力平等"则是指权力的平均分配。不能因为权力平衡这一制度中蕴含着平等的观念，就认为二者是等同的。

总之，权力的制衡与监督只是企业成功的因素之一，而不是全部，即使做到了这一点，也难以保证企业必然成功。

（全文共601字）

学生习作展示及点评

1. 习作一

权力的制衡与监督可以保证企业成功吗？

老吕弟子班学员　圆圆

材料的作者认为，"只要有了制衡与监督，企业的成功就有了保证"，然而其论证存在多处逻辑漏洞，所以①，其结论让人难以信服。具体分析如下：

首先，"任何人都不能滥用权力，而且所有环节都在可控范围之内"是一种理想化的条件，在现实情况下很难实现，现实总有各种预料不及的环节出现问题，完全可控需要长久努力②。即使实现了这一目标，也不能说明"企业的运营就不可能产生失误"，还需要在发展机遇等方面给予配合，因此，认为企业运营不可能产生失误，过于绝对。

其次，"环环相扣的监督机制不能确保企业内部各级管理者无法敷衍塞责"，因为监督机制需要各级管理者进行配合，如果其中几个管理者互相串通，监督机制并不能很好地发挥作用。并且，"无法敷衍塞责"与"万一有人敷衍塞责"这一观点自相矛盾。

再次，"权力平衡"不等于"权力平等"。权力平衡，是一个动态的制约平衡，是一种相互制约关系；权力平等，指的是每个人权力相等，没有大小之分，人人在权力方面完全一样。在公司不可能每个人都有决策权，不能因为权力平衡中也有平等观念，就把权力平衡与权力平等画等号。

最后，材料认为"只要实现了权力制衡与监管，就可以避免运营失误，企业就一定能成功"，这一观点忽视了企业成功的外部条件和运营方向的关键性。

总之，材料存在多处逻辑漏洞，"有制衡与监督，企业就能成功"这一结论让人难以信服。

标题字数过长。

① "所以"可以删掉。

② 此句删除。

找点正确，质疑有力，层次清楚。

找点正确，质疑有力。

找点正确，质疑有力。

结尾没有问题。

总评

文章层次清楚，谬误点找得准确，质疑有力，可评为一类卷，分数区间为25~27分。

> **考场小贴士**
>
> 作文纸的一行中只有 20 个格子，因此，作文标题不宜超过 14 字，否则就会影响美观，甚至是一行写不开。

2. 习作二

只要有了制衡与监督，企业就一定能成功吗？①

老吕弟子班学员　王逸雯

①标题过长。

⊙问题①建议改为：权力的制衡与监督真的有效吗？

文中提出"只要有了制衡与监督，企业就一定能成功"这一观点。但其论证过程有问题，所以我认为文中结论并不妥当，值得商榷②。

②第一，文中不要出现"我认为"这类主观性词汇；第二，"有问题""不妥当""值得商榷"重复。

⊙问题②建议改为：但其论证存在多处逻辑漏洞，结论让人难以信服。

③建议加引号突出。

首先，只遵循制衡与监督不一定能使企业成功③。制衡与监督只是企业成功的因素之一，还有其他的因素，比如市场行业环境、内部控制等多重因素影响企业的成功。

其次，只保证不能滥用权力是不妥当的，因为还有不行使权力这样的情况，如果权力行使不充分，有可能会使工作完成也不充分。况且监督只能监控已设置好的环节，对未知的部分并不能进行监督④。

④这一段质疑的谬误点不清楚。

⊙问题④建议改为："任何人都不能滥用权力"和"所有环节都在可控范围之内"只是制衡与监督的目标，不代表一定可以实现。即使这一目标达成，也无法得出"企业的运营就不可能产生失误"的结论。因为企业的运营是否失误还取决于管理团队的管理水平等其他条件。

再次，文中提到"制衡原则的核心是权力平衡，权力是企业运营的动力和起点，所以权力平衡即可使企业运营平衡"⑤，制衡原则与企业运营的平衡和起点两个没有因果关系，权力平衡也不一定能做到企业运营平衡⑥。

⑤引用过长。
⑥此句并没有做具体的分析，只是又重复进行了两次质疑而已。

⊙问题⑤建议改为："权力的平衡"未必"能使整个企业运营平衡"。

⊙问题⑥建议改为：企业运营的平衡，除了权力的平衡外，还取决于很多其他条件，比如管理者的管理能力、企业内外部环境等。

最后，权力平衡不是权力平等，概念不同⑦，而且即使平等观念成为企业的管理理念，也不一定能促成企业内部的和谐和稳定⑧。权力平等要求企业高层和普通工人权力相同，这显然不可能，而权力平衡是高层之间不存在一方弱势、一方强势的情况，所以文中结论"平等观念一旦成为企业的管理理念，必将促成企业内部的和谐与稳定"也是不成立的⑨。

⑦第一，建议在关键概念上加引号；第二，为什么这两个概念不同呢？没做解释。此处可参考范文。
⑧这个谬误点和上面的偷换概念混在一起写，效果不好。
⑨两个点一起分析，逻辑混乱。

⊙本段建议改为：

平等观念未必能"促进企业内部的和谐与稳定"。因为，如果这种平等的观念是指"权力平等"，企业管理者与普通员工的权力相同，那么恐怕不仅不能促进企业的和谐与稳定，反而使管理者无法顺利地管理其下属而导致企业混乱。

综上所述，文中结论难以成立，只有制衡与监督，企业不能得到成功⑩。

⑩结尾不当。论证有效性分析是仅仅分析材料中的逻辑漏洞，而不是用自己的观点来反驳材料的观点。

⊙问题⑩建议改为：

综上所述，文中"只要有了制衡与监督，企业就一定能成功"的结论难以成立。

> **总评**
>
> 论证有效性分析是质疑作者的观点，只是质疑，但不建议提出个人见解。质疑部分、分析部分需进一步加强。在考场上，此篇文章可评为四类卷，分数区间为9~13分。

> **考场小贴士**
>
> 论证有效性分析不是驳论文，我们仅仅是站在客观的立场上分析材料的漏洞，我们并不持任何主观态度，也不能提出新的观点。

2015年管理类联考论证有效性分析母题思路详解

真题原题

论证有效性分析：分析下述论证中存在的缺陷和漏洞，选择若干要点，写一篇600字左右的文章，对该论证的有效性进行分析和评论。（论证有效性分析的一般要点是：概念特别是核心概念的界定和使用是否准确并前后一致，有无各种明显的逻辑错误，论证的论据是否成立并支持结论，结论成立的条件是否充分等。）（30分）

有一段时期，我国部分行业出现了生产过剩现象。一些经济学家对此忧心忡忡，建议政府采取措施加以应对，以免造成资源浪费，影响国民经济正常运行。这种建议看似有理，其实未必正确。

首先，我国部分行业出现的生产过剩并不是真正的生产过剩。道理很简单，在市场经济条件下，生产过剩实际上只是一种假象。只要生产企业开拓市场、刺激需求，就能扩大销售，生产过剩马上就可以化解。退一步说，即使出现了真正的生产过剩，市场本身也会进行自动调节。

其次，经济运行是一个动态变化的过程，产品的供求不可能达到绝对的平衡状态，因而生产过剩是市场经济的常见现象。既然如此，那么生产过剩也就是经济运行的客观规律。因此，如果让政府采取措施进行干预，那就违背了经济运行的客观规律。

再次，生产过剩总比生产不足好。如果政府的干预使生产过剩变成了生产不足，问题就会更大。因为生产过剩未必会造成浪费，反而可以因此增加物资储备，以应对不时之需。如果生产不足，就势必造成供不应求的现象，让人们重新去过缺衣少食的日子，那就会影响社会的和谐与稳定。

总之，我们应该合理定位政府在经济运行中的作用。政府要有所为，有所不为。政府应该管好民生问题。至于生产过剩或生产不足，应该让市场自动调节，政府不必干预。

论证结构概述

本材料是典型的总—分—总结构。第一段为背景介绍，并提出论点——生产过剩应该让市场自动调节，政府不必干预；第二、三、四段为本论部分，列举了三个分论点作为主要论据来支持核心论点；第五段为总结段，再次点明核心论点。所以，材料的论证结构如下：

论据：

（1）我国部分行业出现的生产过剩并不是真正的生产过剩。

（2）如果政府采取措施对生产过剩进行干预，那就违背了经济运行的客观规律。

（3）生产过剩总比生产不足好。

论点：生产过剩或生产不足，应该让市场自动调节，政府不必干预。

谬误精析

段落1	论证结构
①有一段时期，我国部分行业出现了生产过剩现象。一些经济学家对此忧心忡忡，建议政府采取措施加以应对，以免造成资源浪费，影响国民经济正常运行。②这种建议看似有理，其实未必正确。	①基于生活现象 ②引出论点

本段为背景介绍和论点段，无谬误。

段落2	论证结构
③首先，我国部分行业出现的生产过剩并不是真正的生产过剩。④道理很简单，在市场经济条件下，生产过剩实际上只是一种假象。⑤只要生产企业开拓市场、刺激需求，就能扩大销售，生产过剩马上就可以化解。⑥退一步说，即使出现了真正的生产过剩，市场本身也会进行自动调节。	⑤→④ ⑥ }③

序号	质疑内容	谬误分析
1	质疑⑥→③	**自相矛盾** 材料既说生产过剩"不是真正的生产过剩"，又说"出现了真正的生产过剩"；既说"生产过剩实际上是一种假象"，又说"生产过剩是市场经济的常见现象"，存在自相矛盾。
2	质疑⑤	**绝对化** "只要生产企业开拓市场、刺激需求，就能扩大销售，生产过剩马上就可以化解"，过于绝对化。生产企业开拓市场、刺激需求并不是扩大销售的充分条件，因为销售还取决于市场饱和度、社会购买力、社会消费心理等其他因素。
3	质疑⑥	**推断不当** 市场对于生产过剩的自动调节，可能是无序的，也可能是低效率的，因此，无法因为市场会自动调节就断定政府不必对生产过剩现象进行干预。

段落3	论证结构
⑦其次，经济运行是一个动态变化的过程，产品的供求不可能达到绝对的平衡状态，⑧因而生产过剩是市场经济的常见现象。⑨既然如此，那么生产过剩也就是经济运行的客观规律。⑩因此，如果让政府采取措施进行干预，那就违背了经济运行的客观规律。	⑦→⑧→⑨→⑩

续表

序号	质疑内容	谬误分析
4	质疑⑦→⑧	**推断不当** 产品的供求关系是动态的,"不可能达到绝对的平衡",无法说明"生产过剩是市场经济的常见现象"。因为供求关系的不平衡,产生的结果也可能是供不应求。
5	质疑⑧→⑨	**概念混淆** 生产过剩是市场经济的"常见现象",不代表生产过剩也就是经济运行的"客观规律"。"常见现象"与"客观规律"是不同的两个概念。常见现象是事物的外在表现,客观规律是事物的本质属性,二者不能混淆。
6	质疑⑦→⑧→⑨→⑩	**推断不当** 既然生产过剩不等同于"客观规律",那就不能推出政府对生产过剩的干预就是违背了经济运行的客观规律。

段落 4	论证结构
⑪再次,生产过剩总比生产不足好。⑫如果政府的干预使生产过剩变成了生产不足,问题就会更大。⑬因为生产过剩未必会造成浪费,反而可以因此增加物资储备,以应对不时之需。⑭如果生产不足,就势必造成供不应求的现象,让人们重新去过缺衣少食的日子,那就会影响社会的和谐与稳定。	⑬⑭}⑪→⑫

序号	质疑内容	谬误分析
7	质疑⑬	**概念混淆** 生产过剩是指某些商品的生产超过了社会总需求,即其产品已经超过了正常的消费需求和物资储备。因此,不能说生产过剩会"增加物资储备以应对不时之需"。

段落 5	论证结构
⑮总之,我们应该合理定位政府在经济运行中的作用,政府要有所为,有所不为。⑯政府应该管好民生问题,至于生产过剩或生产不足,应该让市场自动调节,政府不必干预。	⑮→⑯ ⑯再次点明主题

序号	质疑内容	谬误分析
8	质疑⑯	**自相矛盾** "政府应该管好民生问题。至于生产过剩或生产不足,应该让市场自动调节,政府不必干预。"市场调节和政府干预并不矛盾。而且,生产过剩或生产不足都会影响民生,也是民生问题。

(说明:以上谬误分析引用和改编自教育部考试中心《管理类专业学位联考综合能力考试大纲》给出的参考答案。)

参考范文

政府不必干预生产过剩吗？

上述材料认为政府不必干预生产过剩，然而，其论证过程存在多处不当，分析如下：

首先，材料既说生产过剩"不是真正的生产过剩"，又说"出现了真正的生产过剩"；既说"生产过剩实际上是一种假象"，又说"生产过剩是市场经济的常见现象"，存在自相矛盾。

其次，"只要生产企业开拓市场、刺激需求，就能扩大销售，生产过剩马上就可以化解"，过于绝对化。生产企业开拓市场、刺激需求并不是扩大销售的充分条件，因为销售还取决于市场饱和度、社会购买力、社会消费心理等其他因素。

再次，生产过剩是市场经济的"常见现象"，不代表生产过剩也就是经济运行的"客观规律"。"常见现象"与"客观规律"是不同的两个概念。常见现象是事物的外在表现，客观规律是事物的本质属性，二者不能混淆。

而且，生产过剩是指某些商品的生产超过了社会总需求，即其产品已经超过了正常的消费需求和物资储备。因此，不能说生产过剩会"增加物资储备，以应对不时之需"。另外，物资储备也是按需储备，而不是剩下什么就储备什么。

最后，材料认为"政府应该管好民生问题。至于生产过剩或生产不足，应该让市场自动调节，政府不必干预"。实际上，市场调节和政府干预并不矛盾。而且，生产过剩或生产不足也会影响民生，也是民生问题。

综上所述，材料的论证存在多处逻辑漏洞，政府不必干预生产过剩的结论令人难以信服。

（全文共565字）

学生习作展示及点评

1. 习作一

政府不应干预生产过剩吗

老吕弟子班学员　杨浚艺

上述论证通过一系列分析，认为<u>政府不必干预生产过剩①</u>，其论证过程存在多处不妥，现分析如下：

首先，作者认为只要"扩大销售"，就能化解"生产过剩"，存在不妥。如果企业扩大销售的能力不足以抵挡生产过剩带来的危机，那么，"生产过剩是假象"的说法就有待考证。

其次，"市场"调节真的可以有效调节生产过剩吗？市场调节具有滞后性，完全依赖于市场调节很多时候会"失灵"，此时就需要"政府"这只"有形的手"加以干预。

再次，"非绝对平衡状态"不仅有"生产过剩"，还有"生产不足"。<u>作者先说生产过剩是一种"假象""常见现象"，又说生产过剩是"客观规律"，前后矛盾，不足以支持观点②</u>。

另外，政府干预就一定违背"客观规律"吗？政府调节<u>正是③</u>运用客观规律，达到使经济平稳运行的效果。人们虽然不能改造规律，却可以把握规律，让其为我所用。

还有，"生产过剩"未必比"生产不足"好。生产过剩和生产不足一样，都是供求关系失衡的结果，程度过大都会导致社会的不稳定。作者认为"政府应该管好民生问题"，殊不知，经济平稳运行就是最大的国计民生。市场调节的缺陷需要政府加以引导，这才是对政府作用的合理定位。

综上所述，作者认为的"政府不应干预生产过剩"，在论证中存在多处不当，有待商榷。

点评（左栏）：

标题正确。

①论点建议加引号以突出，便于阅卷老师批阅。

找点正确，分析有力。

找点正确，分析有力。

②这一段质疑了两个点，但是这两个点的层次没有表述清楚。

③"正是"改为"也可以"更为严谨。

找点正确，分析有力。

结尾没有问题。

总评

文章找点正确，质疑有力，表达完整，语句通顺。一些小瑕疵不影响此文评为一类卷，分数区间为25~28分。

2. 习作二

政府不能①干涉生产过剩吗？

老吕弟子班学员　魏翔

上述材料试图论证生产过剩问题政府不能干涉②，然而其论据有若干不妥之处，因此，其结论值得商榷。

首先，材料认为"只要生产企业开拓市场、刺激需求，就能扩大销售，生产过剩马上就可以化解"，未免过于绝对。因为，就算企业做了开拓市场的努力，可是③消费者对此产品没有需求，也没有用。另外，就算企业努力扩大了需求，但还不足以解决供大于求的问题，那么还是无法解决生产过剩的问题。

其次，材料认为"经济运行是一个动态变化的过程，产品的供求不可能达到绝对的平衡状态"，不敢苟同④。因为"不可能达到绝对的平衡状态"不意味着就会出现"生产过剩"，还有可能出现供不应求的情况。

⊙问题④建议改为："产品供求不能达到绝对的平衡"，不意味着"生产过剩是常见现象"。

再次，"常见现象"与"客观规律"并不属于同一概念。前者常指事物发展的外在表现，后者常指事物发展的内在逻辑。材料这里犯了偷换概念的嫌疑⑤。

最后，材料说"生产过剩总比生产不足好"，观点并不妥当⑥。生产应该按需生产⑦。另外，如果生产的是不易贮存的产品，就会造成浪费。材料还认为"如果生产不足就势必会造成供不应求的现象"，有些武断，这只是一种可能而不是必然发生的结果，材料有强置因果的嫌疑。

⊙问题⑥建议改为：材料认为"生产过剩总比生产不足好"，并不妥当。

综上所述，由于材料的论证存在多处不当，以至于国民经济的正常运行只需要市场自我调节不需要政府干涉生产过剩让人难以信服，论证过程也不严密，存在诸多逻辑漏洞，当然，得出的结论也未必成立⑧。

⊙问题⑧建议改为："政府不必干预生产过剩"的结论值得商榷。

---

①表达不够准确。"不必"和"不能"在语义上还是有一些差别的，最好改为"不必"。
②建议加引号。

③建议将"可是"改为"如果"。

④找点错误。这句话是下文中"生产过剩是常见现象"这一结论的论据，而本段接下来的内容是在质疑结论而不是论据。另外，不要使用"不敢苟同"这样的主观化词汇。
⑤"犯了……的嫌疑"是病句，应改为"有……的嫌疑"或"犯了……的逻辑错误"。
⑥标点符号使用不当。
⑦此句质疑无效。

⑧结尾啰唆。

> **总评**
>
> 文章结构完整，逻辑漏洞大部分找对，但分析较弱，语言啰唆。可评为三类卷，分数区间为 15~18 分。

2016 年管理类联考论证有效性分析母题思路详解

真题原题

论证有效性分析：分析下述论证中存在的缺陷和漏洞，选择若干要点，写一篇 600 字左右的文章，对该论证的有效性进行分析和评论。（论证有效性分析的一般要点是：概念特别是核心概念的界定和使用是否准确并前后一致，有无各种明显的逻辑错误，论证的论据是否成立并支持结论，结论成立的条件是否充分等。）（30 分）

现在人们常在谈论大学毕业生就业难的问题，其实大学生的就业并不难。

据国家统计局数据，2012 年我国劳动年龄人口比 2011 年减少了 345 万，这说明我国劳动力的供应从过剩变成了短缺。据报道，近年长三角等地区频频出现"用工荒"现象，2015 年第二季度我国岗位空缺与求职人数的比率约为 1.06，表明劳动力市场需求大于供给。因此，我国的大学毕业生其实是供不应求的。

还有，一个人受教育程度越高，他的整体素质也就越高，适应能力就越强，当然，也就越容易就业。大学生显然比其他社会群体更容易就业，再说大学生就业难就没有道理了。

实际上，一部分大学生就业难，是因为其所学专业与市场需求不相适应，或对就业岗位的要求过高。因此，只要根据市场需求调整高校专业设置，对大学生进行就业教育，以改变他们的就业观念，鼓励大学生自主创业，那么大学生就业难问题将不复存在。

总之，大学生的就业并不是问题，我们大可不必为此顾虑重重。

论证结构概述

本材料是典型的总—分—总结构。第一段为背景介绍，并提出论点——其实大学生的就业并不难；第二、三、四段为本论部分，列举了一些调查数据、两个分论点作为主要论据来支持核心论点；第五段为总结段，依据之前的论证，得出了核心论点。所以，材料的论证结构如下：

论据：

（1）2012 年我国劳动年龄人口比 2011 年减少了 345 万；

长三角等地区频频出现"用工荒"现象；

2015 年第二季度我国岗位空缺与求职人数的比率约为 1.06。

以上数据表明，我国的大学毕业生是供不应求的。
（2）受教育程度越高，越容易就业，大学生比其他社会群体更容易就业。
（3）根据市场需求调整高校专业设置，大学生就业难问题将不复存在。
论点：大学生的就业并不是问题，我们大可不必为此顾虑重重。

谬误精析

段落1	论证结构
①现在人们常在谈论大学毕业生就业难的问题，其实大学生的就业并不难。	①基于生活现象，引出论点
本段为论点段，无谬误。	

段落2	论证结构
②据国家统计局数据，2012年我国劳动年龄人口比2011年减少了345万，这说明我国劳动力的供应从过剩变成了短缺。③据报道，近年长三角等地区频频出现"用工荒"现象，2015年第二季度我国岗位空缺与求职人数的比率约为1.06，表明劳动力市场需求大于供给。④因此，我国的大学毕业生其实是供不应求的。	②③→④→①

序号	质疑内容	谬误分析
1	质疑②→④	**推断不当** 由"2012年我国劳动年龄人口比2011年减少了345万"，无法说明"我国劳动力的供应从过剩变成了短缺"。因为，劳动力市场不仅仅由供给决定，还取决于需求情况。虽然劳动力相比之前变少，可能仍然是供过于求的。劳动力也不是仅仅由大学生构成，即使"劳动力"变成了短缺，也不代表"大学生"是供不应求的。而且，2012年的情况也难以说明现在的情况怎样。
2	质疑③→④	**不当归纳** 长三角地区出现的"用工荒"，未必是缺少大学生，也可能是缺少技术工人等其他人才。这种"用工荒"也可能仅为地域性现象，不具有全国普遍代表性。2015年第二季度的情况，可能仅是一年中的阶段性现象，难以说明2015年的整体情况，而且这个"岗位空缺"缺的也未必是针对大学生的岗位。

段落3	论证结构
⑤还有，一个人受教育程度越高，他的整体素质也就越高，适应能力就越强，当然，也就越容易就业。⑥大学生显然比其他社会群体更容易就业，再说大学生就业难就没有道理了。	⑤→⑥

序号	质疑内容	谬误分析
3	质疑⑤	**推断不当** 受教育程度仅仅是影响其整体素质、适应能力的一种因素，未必受教育程度高的人整体素质就高、适应能力就强。同样，整体素质和适应能力也仅仅是影响就业的部分因素，如果用人单位没有需求，你的能力再高也无济于事。
4	质疑⑤→⑥	**推断不当** 其他社会群体中也有比大学生容易就业的群体，所以不能推断大学生比其他社会群体更容易就业。即使大学生比某些社会群体容易就业，也不能得出大学生就业不难的结论。

段落 4		论证结构
⑦实际上，一部分大学生就业难，是因为其所学专业与市场需求不相适应，或对就业岗位的要求过高。⑧因此，只要根据市场需求调整高校专业设置，对大学生进行就业教育，以改变他们的就业观念，鼓励大学生自主创业，那么大学生就业难问题将不复存在。		⑦→⑧

序号	质疑内容	谬误分析
5	质疑⑦→⑧→①	**自相矛盾** "实际上，一部分大学生就业难""大学生的就业难问题将不复存在"，表明当今存在大学生就业难问题，这与"大学生就业并不难"的论点自相矛盾。
6	质疑⑦→⑧	**归因不当** 专业设置不佳和就业观念问题仅仅是导致大学生就业难的原因之一，仅仅解决这两个问题未必能解决大学生就业难的问题。
7	质疑⑧	**推断不当** 就业市场需求也在随时变化，即便根据当前需求调整专业设置，也未必可以适应未来变化。作者还妄图通过大学生自主创业作为途径来解决就业难问题，这并未考虑到创业风险以及会有多大比例的大学生有能力创业等问题。

段落 5	论证结构
⑨总之，大学生的就业并不是问题，我们大可不必为此顾虑重重。	⑨再次点明主题

（说明：以上谬误分析引用和改编自教育部考试中心《管理类专业学位联考综合能力考试大纲》给出的参考答案。）

参考范文

大学生就业不难吗？

材料认为"大学生的就业不是什么问题，我们大可不必为此顾虑重重"，然而其论证存在多处问题，分析如下：

首先，仅由"2012年我国劳动年龄人口比2011年减少了345万"，无法得出"我国劳动力的供应从过剩变成了短缺"的结论。第一，此处"劳动年龄人口"与"劳动供应人口"之间存在概念混淆；第二，劳动力是否供过于求，不仅受劳动力供给的影响，还受劳动力需求的影响。在不了解2012年劳动力需求的情况下，无法得出我国大学毕业生供不应求的结论。

其次，材料由"今年长三角地区频频出现用工荒现象，2015年第二季度我国岗位空缺与求职人数的比率约为1.06"，得出"劳动力市场需求大于供给"的结论，这是欠妥当的。长三角地区出现的"用工荒"，未必是缺少大学生，可能是缺少技术工人等其他人才。而且，长三角地区出现的"用工荒"可能仅为地域性现象，不具有全国普遍代表性。2015年第二季度的情况也难以说明整个2015年的情况。

再次，受教育程度仅仅是影响人整体素质、适应能力的一种因素，未必受教育程度高的人整体素质就高、适应能力就强。同样，整体素质和适应能力也仅仅是影响就业的部分因素，如果用人单位没有需求，你的能力再高，也无济于事。

最后，专业设置不佳和就业观念问题仅仅是导致就业难的原因之一，可能还有其他更重要的因素，在其他因素没有解决的情况下，仅仅解决这两个问题未必能解决大学生就业难的问题。就业市场需求也在随时变化，即便根据当前需求调整专业设置，也未必可以适应未来的变化。

综上所述，材料得出的"大学生的就业不是什么问题，我们大可不必为此顾虑重重"这一结论值得商榷。

（全文共655字）

学生习作展示及点评

1. 习作一

大学生就业难吗①

老吕弟子班学员　孙晓艺

材料旨在说明大学生就业不难②，然而其论证过程中存在多处逻辑谬误，分析如下：

首先，由我国劳动年龄人口的减少，不能简单得出"我国劳动力的供应从过剩变为短缺"。劳动力市场的供应是否过剩、短缺，还取决于市场的需求。若是2012年需求相较2011年也减少了，劳动力供应量就不必然短缺。

其次，由"长三角地区出现'用工荒'现象"与"劳动力市场需求大于供给"，不能推出"大学毕业生供不应求"这一结论。第一，长三角地区并不能代表全国地区，不是所有大学生都去长三角地区工作③。第二，劳动力并不只包括大学生，还有工人、高端技术人才、研究生等。④而且"用工荒"大多针对的是技术工人。

再次，一个人的受教育程度、整体素质、适应能力之间，并不存在必然的共变联系。而就业的成功与否也不局限于这些因素，还要看招聘企业对人才的具体要求与招聘人数。若企业需要技术娴熟且有工作经验的人员，大学生也并不必然比其他人员好就业。

最后，"只要根据市场需求调整专业设置，那么大学生就业难的问题将不复存在"，这一结论过于绝对。因为市场需求在不断变化，即使大学入学时这一专业符合需求，也不能确保毕业时仍旧如此。

综上所述，由于材料在论证过程中存在多处不当，因此，大学生就业并不难⑤这一结论难以令人信服。

① 标题应改为"大学生就业不难吗"。

② 建议加引号。

找点正确，分析合理。

找点正确，分析合理。

③ 此句可删除。句号建议改为分号。
④ 句号改为逗号。

找点正确，分析合理。

找点正确，分析合理。

⑤ 论点要用引号。

总评

文章虽有些小问题，但找点正确且质疑得很好，语句流畅，表达完整，完成度很好，可评为一类卷，分数区间为24~27分。

2. 习作二

大学生就业真的不难吗

老吕弟子班学员　王誉燃

上述文中，作者运用了诸多的推理论证方式试图证明"大学生就业并不难"，但在其推理过程中存在诸多不妥处，有失妥当①，分析如下：

首先，根据数据 2012 年与 2011 年相比"劳动年龄人口减少了 345 万"，不足以推出"劳动力从过剩变成了短缺"。由于缺乏过去的劳动年龄人口的数据，所以不能确定是否会造成"短缺"现象，因为减少一定数量的劳动年龄人口后，可能仍然会出现过剩、略微过剩以及略微短缺等现象。所以，条件不充分，不能完全推出"短缺"的结论②。

⊙问题②建议改为：劳动力市场不仅仅由供给决定，还取决于需求情况。虽然劳动力相比之前变少了，但可能仍然是供过于求的。

其次，通过报道提供的"岗位空缺与求职人数的比率"数据，就认为"劳动力的需求大于供给"，进而推出"大学毕业生是供不应求的"，这是不准确的③。因为，岗位空缺的原因有很多种，其中包括衡量应聘者的资质、工作能力、办事效率以及专业背景是否符合岗位需求。岗位空缺不代表求职人数少，更不能代表劳动需求大于供给④，因此得出"大学毕业生是供不应求的"结论是欠妥当的⑤。

再次，不恰当地认为"一个人受教育程度越高""他的整体素质也就越高""适应能力就越强"也就"更容易就业"，从而推出"大学生相比其他社会群体更容易就业"。因为，衡量整体素质不仅仅依靠教育程度高低，还包括言语表达、处事作风，等等。而适应能力强也不仅仅是由整体素质决定的，它与生活的环境、沟通能力等都有直接的联系。退一步说，即使上述推理过程无误，大学生也未必比其他社会群体更容易就业，因为他们的校园生活可能会导致其缺乏社会经验、工作能力，等等。因此"大学生就业比其他社会群体更容易"的结论是不妥当的⑥。

最后，"根据市场需求调整专业设置""通过就业教育改变就业观念""鼓励大学生自主创业"不一定能缓解大学生就业难的现象，更不能使得这种现象不复存在⑦。由于上述调整是需要一定的周期和时间去做改变，短期内是难以实现的。即使可以实现，也不能完全达到"不复存在"的地步。因此，此推论并不严谨。

⊙问题⑦建议改为：调整专业设置及改变就业观念，未必能缓解大学生就业难的现象。

综上所述，作者在试图论证其观点的过程中存在诸多的推理漏洞，使得结论难以成立，该论证结果是待商榷的⑧。

标题正确。

①语义重复，去掉"有失妥当"。

②表达啰唆。

③啰唆，可直接指出：即使"劳动力"变成了短缺，也不代表"大学生"是供不应求的。
④可以明确指出，劳动力也不是仅仅由大学生构成。
⑤与开头重复。

⑥质疑点过多，表达烦琐。此处可参考上篇学生习作进行修改。

⑦质疑的点过多。

⑧"难以成立、待商榷"语义重复，删减。

总评

（1）本文篇幅过长，超过了800字，而答题卡上的空格只有700格。
（2）总想在同一段中质疑多个谬误，导致引用啰唆，条理不清。
（3）可评为四类卷，分数区间为8~13分。

> **考场小贴士**
>
> 平时进行写作训练时，建议使用20格每行的作文纸，这样能有效控制文章篇幅。

2017年管理类联考论证有效性分析母题思路详解

真题原题

论证有效性分析：分析下述论证中存在的缺陷和漏洞，选择若干要点，写一篇600字左右的文章，对该论证的有效性进行分析和评论。（论证有效性分析的一般要点是：概念特别是核心概念的界定和使用是否准确并前后一致，有无各种明显的逻辑错误，论证的论据是否成立并支持结论，结论成立的条件是否充分等。）（30分）

如果我们把古代荀子、商鞅、韩非等人的一些主张归纳起来，可以得出如下一套理论：

人的本性是"好荣恶辱，好利恶害"的，所以人们都会追求奖赏、逃避刑罚。因此，拥有足够权力的国君只要利用赏罚，就可以把臣民治理好了。

既然人的本性是好利恶害的，那么，在选拔官员时，既没有可能也没有必要去寻求那些不求私利的廉洁之士，因为世界上根本不存在这样的人。廉政建设的关键，其实只在于任用官员之后有效地防止他们以权谋私。

怎样防止官员以权谋私呢？国君通常依靠设置监察官的方法。这种方法其实是不合理的。因为监察官也是人，也是好利恶害的，所以依靠监察官去制止其他官吏以权谋私，就是让一部分以权谋私者去制止另一部分人以权谋私，结果只能使他们共谋私利。

既然依靠设置监察官的方法不合理，那么依靠什么呢？可以利用赏罚的方法来促使臣民去监督。谁揭发官员的以权谋私就奖赏谁，谁不揭发官员的以权谋私就惩罚谁，臣民出于好利恶害的本性就会揭发官员的以权谋私。这样，以权谋私的罪恶行为就无法藏身，就是最贪婪的人也不敢以权谋私了。

论证结构概述

本材料是典型的总—分—总结构。第一段为背景介绍；第二段提出论点——拥有足够权力的国君只要利用赏罚，就可以把臣民治理好了；第三、四段为本论部分，列举了一个分论点、一种做法作为主要论据来支持核心论点；第五段为总结段，依据之前的论证，再次重申核心论点。所以，材料的论证结构如下：

论据：

（1）人的本性是"好荣恶辱，好利恶害"的，所以人们都会追求奖赏、逃避刑罚。

（2）在选拔官员时，没有必要去寻求那些不求私利的廉洁之士。

（3）监察官也是好利恶害的，因此设置监察官的方法不合理。

论点：可以利用赏罚的方法来促使臣民去监督。

谬误精析

段落1	论证结构
①如果我们把古代荀子、商鞅、韩非等人的一些主张归纳起来，可以得出如下一套理论：	①背景介绍
本段为背景介绍段，无谬误。	

段落2	论证结构
②人的本性是"好荣恶辱，好利恶害"的，所以人们都会追求奖赏、逃避刑罚。③因此，拥有足够权力的国君只要利用赏罚，就可以把臣民治理好了。	②→③提出论点

序号	质疑内容	谬误分析
1	质疑②	**诉诸权威** "人的本性是好利恶害的"是荀子、商鞅、韩非等人的主张，而未必是事实。如果此观点不成立的话，后文基于此观点的一系列论证皆不成立。
2	质疑②→③	**强置充分条件** "赏罚"确实是治理臣民的手段之一，但认为只要有赏罚就够了，则过于绝对。臣民治理还受到政治、经济、文化、军事等方面的因素的影响。试想，即使赏罚分明，若连年灾荒、穷兵黩武，百姓自然要揭竿而起，又何谈治理好臣民呢？

段落3	论证结构
④既然人的本性是好利恶害的，⑤那么，在选拔官员时，既没有可能也没有必要去寻求那些不求私利的廉洁之士，⑥因为世界上根本不存在这样的人。⑦廉政建设的关键，其实只在于任用官员之后有效地防止他们以权谋私。	④⑥}⑤→⑦

序号	质疑内容	谬误分析
3	质疑④、⑥→⑤	**虚假论据** "人的本性是好利恶害的"，就说明"世界上不存在廉洁之士"吗？未必如此。因为可以通过后天教育等手段，使为官者达到为官清廉、克己奉公的道德水平。从古至今，清廉的为官者如海瑞、焦裕禄等，不一而足，正是最好的例证。

序号	质疑内容	谬误分析
4	质疑⑦	**绝对化** "防止官员以权谋私"确实是廉政建设的关键作用之一，但把它当作唯一的作用，则有失妥当。比如，让官员勤于政事也是廉政建设的重要作用。

段落 4		论证结构
怎样防止官员以权谋私呢？⑧国君通常依靠设置监察官的方法。这种方法其实是不合理的。⑨因为监察官也是人，也是好利恶害的，⑩所以依靠监察官去制止其他官吏以权谋私，就是让一部分以权谋私者去制止另一部分人以权谋私，结果只能使他们共谋私利。		⑨→⑩→⑧

序号	质疑内容	谬误分析
5	质疑⑨→⑩	**结果推断不当** 监察官是好利恶害的，不代表他们是"以权谋私"的，更无法得出"他们只能共谋私利"的结论。因为不同人的利益未必是一致的，除了共谋私利外，他们也可能会产生互相制衡、监督的作用。

段落 5		论证结构
⑪既然依靠设置监察官的方法不合理，那么依靠什么呢？⑫可以利用赏罚的方法来促使臣民去监督。⑬谁揭发官员的以权谋私就奖赏谁，谁不揭发官员的以权谋私就惩罚谁，臣民出于好利恶害的本性就会揭发官员的以权谋私。⑭这样，以权谋私的罪恶行为就无法藏身，就是最贪婪的人也不敢以权谋私了。		⑪→⑫、⑬→⑭ ⑫再次点明论点

序号	质疑内容	谬误分析
6	质疑⑪→⑫	**非黑即白** 即使设置监察官的方法不合理，也不能由此论证"用赏罚的方法来促使臣民去监督"是合理的，二者并不是非此即彼的关系。
7	质疑⑫、⑬	**不当假设** "用赏罚的方法来促使臣民去监督"的方法未必可行。"谁揭发就奖赏，谁不揭发就惩罚"的前提是臣民对于官员的以权谋私是知情有据的，实则未必如此。而且，了解官员以权谋私事实的人也未必因为有奖赏而去揭发，还可能会因为具有共同的利益而有意隐瞒。

续表

序号	质疑内容	谬误分析
8	质疑⑬	**自相矛盾** 按照材料的观点，所有人都是好利恶害的，那么臣民当然也是好利恶害的。让臣民揭发官员，同样是用一群"好利恶害"的人，去监督另外一群"好利恶害"的人。如果官员治理官员无效，那么材料建议的方法当然也无效，因此，材料自相矛盾。
9	质疑⑭	**推断不当** 即使官员以权谋私的罪恶行为无法藏身，但如果这种行为不会受到严厉的惩罚或者犯罪成本很低，贪婪的人还是会以权谋私，因此，不能得出"最贪婪的人也不敢以权谋私"的结论。

（说明：以上谬误分析引用和改编自教育部考试中心《管理类专业学位联考综合能力考试大纲》给出的参考答案。）

参考范文

如此赏罚可行吗

材料认为"治理臣民，只要利用赏罚就可以了"，但其论证存在多处不当，分析如下：

首先，材料的立论基础是"人的本性是好利恶害的"，但这仅仅是荀子、商鞅、韩非等人的主张，未必是事实。如果此观点不成立的话，后文基于此观点的一系列论证皆不成立。

其次，"赏罚"确实是治理臣民的手段之一，但认为只要有赏罚就够了，则绝对化。臣民治理还受到政治、经济、文化、军事等方面的因素的影响。试想，即使赏罚分明，若连年灾荒、穷兵黩武，百姓自然要揭竿而起，又何谈治理好臣民呢？

再次，监察官是好利恶害的，不代表他们是"以权谋私"的，更无法得出"他们只能共谋私利"的结论。因为不同人的利益未必是一致的，除了共谋私利外，他们也可能会产生互相制衡、监督的作用。

又次，即使设置监察官的方法不合理，也不能由此论证"用赏罚的方法来促使臣民去监督"是合理的，二者并不是非此即彼的关系。而且，"用赏罚的方法来促使臣民去监督"的方法也未必可行。"谁揭发就奖赏，谁不揭发就惩罚"的前提是臣民对于官员的以权谋私是知情有据的，实则未必如此。

最后，按照材料的观点，所有人都是好利恶害的，那么臣民当然也是好利恶害的。让臣民揭发官员，同样是用一群"好利恶害"的人，去监督另外一群"好利恶害"的人。如果官员治理官员无效，那么材料建议的方法当然也无效，因此，材料自相矛盾。

综上所述，材料存在诸多逻辑错误，利用赏罚就可防止官员以权谋私的观点若想成立，还需更多强有力的论据支持。

（全文共610字）

学生习作展示及点评

1. 习作一

利用赏罚治理臣民可行吗？

老吕弟子班学员　吴海溟

> 标题正确。

上述材料试图论证："只要利用赏罚，就可以把臣民治理好。"然而，材料在论证过程中存在诸多逻辑漏洞，分析如下：

> 开头段没有问题。

首先，材料仅仅将荀子、商鞅、韩非等人的主张归纳起来得出结论，存在不妥。因为他们的观点并不一定是事实或并不具有代表性，如果其主张不正确，那么后续基于此的论证均未必有效。

> 找点正确，质疑有力。

其次，从"好荣恶辱,好利恶害"难以得出人们都会追求奖赏、逃避刑罚。因为有些"好利"的人会追求其他利益而非奖赏，同时有些"恶害"的人也未必逃避刑罚，所以无法必然得出利用赏罚就可以把臣民治理好了。

> 找点正确，质疑有力。

再次，即使人的本性是"好利恶害"的，也不代表着世上没有正义廉洁之士。因为通过后天的学习、教育以及道德的约束等是可以使得不求私利的廉洁之士存在的。

> 找点正确，质疑有力。

而且，材料认为"依靠设置监察官"的方法并不合理，原因是监察官也是人，也好利恶害，会和官员共谋私利，但未必如此。因为监察官和官员也许不具有一致的利益目标，倘若利益目标不同，那么就不会共谋私利。此外，监察官还具有制约、监管官员的作用，不可片面地认为只存在弊端。

> 递进论述，思路清晰，很好。

最后，即使设立监察官的方法不合理，也不能说明"促使臣民去监督"的方法就合理，因为没有充分的论据去支持此观点。而且臣民揭发官员的前提是能够掌握其充分的谋私利的证据，然而这一前提对于臣民来说很难做到。

> 论述写得不错。

综上所述，其论证中存在多处不当，"只要利用赏罚，就可以治理好臣民"这一观点未必成立。

> 结尾段没有问题。

总评

找点准确，分析有力，语言简练通顺。可评为一类卷，分数区间为 25~28 分。

2. 习作二

仅赏罚分明可治国？

老吕弟子班学员　宋奇志

材料以人的本性是"好荣恶辱，好利恶害"为依据①进而得出"国君只要利用赏罚就可以把臣民治理好"的结论有失妥当，分析如下：

首先，人的本性是"好荣恶辱，好利恶害"不一定能得出"人们都会追求奖赏、逃避刑罚"的结论。人的本性是可以改变的，它还受后天的教育、个人价值观的影响。因此，得出"拥有足够权力的国君只要利用好赏罚就可以治理好臣民"的结论也不成立②。

其次，世界上存在廉洁之士，古往今来众多廉洁之士备受称赞，难道他们都是杜撰出来的吗？所以，"选拔官员时没可能也没必要去寻求不求私利的廉洁之士"的说法也不成立③。再者，廉政建设的关键并不只在于任用官员后有效防止他们以权谋私，还在于社会风气、任人唯贤、国家制度等方面。

再者，即使监察官好利恶害，监察官的利益点并不一定和其他官吏的利益点相同，也无法推断出监察官会和其他官吏一同以权谋私。因此，材料得出的"监察官和其他官吏共谋私利"的结论也难以让人信服④。

最后，材料认为利用赏罚的方式可以促使臣民去监督官吏与上段的论证前后矛盾。监察官好利恶害，最终会和其他官吏共谋私利，那么臣民也好利恶害的话，为什么不和官吏共谋私利呢？材料自相矛盾⑤。况且，从材料"好利恶害"的角度来看，也不能确定共谋私利的利益和揭发得来的奖赏孰多孰少，因此无从判断。

综上所述，材料得出"国君只要利用赏罚就能治理好臣民"的结论难以令人信服。

---

① 材料的论证关系简单时，首段也可以像此篇这样简要概括材料的论证。

② 本段分析的话只有中间那一句，其余的地方其实都是在引用题干。而且，人的本性是可以改变的吗？教育等因素改变的是人的后天的行为，而不是本性。

③ 把质疑点放在句首，对阅卷老师定位得分点有帮助，放在后边容易被误判。

④ 问题与上段相同。

⑤ 语义重复。

结尾没有问题。

总评

本文找的逻辑谬误其实没有什么问题，但行文脉络不清晰，文中的谬误点需要阅卷人仔细阅读才能找到，如果遇到不负责任的阅卷人，很容易造成误判。另外，引用材料过长，没有做合理的概括，使得全文看起来比较啰唆。文章可评为三类卷，分数区间为 16~18 分。

> **考场小贴士**
>
> 论证有效性分析是按点给分的。因此，你质疑的是文中的哪个点一定要清晰明了，而且要用引号标注出来，这样更有利于阅卷。

2018年管理类联考论证有效性分析母题思路详解

真题原题

论证有效性分析：分析下述论证中存在的缺陷和漏洞，选择若干要点，写一篇600字左右的文章，对该论证的有效性进行分析和评论。（论证有效性分析的一般要点是：概念特别是核心概念的界定和使用是否准确并前后一致，有无各种明显的逻辑错误，论证的论据是否成立并支持结论，结论成立的条件是否充分等。）（30分）

哈佛大学教授本杰明·史华慈（Benjamin I. Schwartz）在20世纪末指出，开始席卷一切的物质主义潮流将极大地冲击人类社会固有的价值观念，造成人类精神世界的空虚。这一论点值得商榷。

首先，按照唯物主义物质决定精神的基本原理，精神是物质在人类头脑中的反映。因此，物质丰富只会充实精神世界，物质主义潮流不可能造成人类精神世界的空虚。

其次，后物质主义理论认为：个人基本的物质生活条件一旦得到满足，就会把注意点转移到非物质方面。物质生活丰裕的人，往往会更注重精神生活，追求社会公平、个人尊严，等等。

还有，最近一项对某高校大学生的抽样调查表明，有69%的人认为物质生活丰富可以丰富人的精神生活，有22%的人认为物质生活和精神生活没有什么关系，只有9%的人认为物质生活丰富反而会降低人的精神追求。

总之，物质决定精神，社会物质生活水平的提高会促进人类精神世界的发展。担心物质生活的丰富会冲击人类的精神世界，只是杞人忧天罢了。

论证结构概述

本材料是典型的总—分—总结构。第一段为背景介绍，并提出论点——物质主义潮流不会对精神世界造成冲击；第二、三、四段为本论部分，列举了两个分论点、一项调查作为主要论据来支持核心论点；第五段为总结段，总结了核心论点。所以，材料的论证结构如下：

论据：
（1）物质丰富只会充实精神世界，物质主义潮流不可能造成人类精神世界的空虚。
（2）物质生活丰裕的人，往往会更注重精神生活。
（3）高校学生抽样调查显示：大多数学生认为，物质生活丰富可以丰富人的精神生活。
论点：担心物质生活丰富会冲击人类的精神世界，只是杞人忧天罢了。

谬误精析

段落 1	论证结构
①哈佛大学教授本杰明·史华慈（Benjamin I. Schwartz）在 20 世纪末指出，开始席卷一切的物质主义潮流将极大地冲击人类社会固有的价值观念，造成人类精神世界的空虚。②这一论点值得商榷。	①背景介绍 ②提出论点

本段为背景介绍和论点段，无谬误。

段落 2	论证结构
③首先，按照唯物主义物质决定精神的基本原理，精神是物质在人类头脑中的反映。④因此，物质丰富只会充实精神世界，物质主义潮流不可能造成人类精神世界的空虚。	③→④

序号	质疑内容	谬误分析
1	质疑③	**概念混淆** 哲学上的"物质主义"与物质生活的"物质"不是同一个概念，此处存在概念混淆。
2	质疑④	**概念混淆** "物质生活的丰富"与"物质主义潮流"是不同的概念。物质生活的丰富即使不会冲击人类的精神世界，也不能用来否定"物质主义潮流将极大地冲击人类社会固有的价值观念"这一命题。
3	质疑③→④	**绝对化** 物质生活与精神生活之间不存在简单的正比关系。因此，认为物质丰富"只会"充实精神世界，过于绝对。物质主义潮流也有可能造成人类精神世界的空虚。

段落 3	论证结构
⑤其次，后物质主义理论认为：个人基本的物质生活条件一旦得到满足，就会把注意点转移到非物质方面。⑥物质生活丰裕的人，往往会更注重精神生活，追求社会公平、个人尊严，等等。	⑥是对⑤的解释说明

序号	质疑内容	谬误分析
4	质疑⑤	**以偏概全** "后物质主义理论"仅仅是国外某个学派所提出的观点，这一观点是否可以普遍地说明社会问题，还需要实践的检验和学术界的认同。

续表

序号	质疑内容	谬误分析
5	质疑⑥	**以偏概全** "物质生活丰裕的人,往往会更注重精神生活"并不能否定一些人会沉溺于物质享受而忽略精神追求的事实。

段落 4		论证结构
⑦还有,最近一项对某高校大学生的抽样调查表明,有69%的人认为物质生活丰富可以丰富人的精神生活,有22%的人认为物质生活和精神生活没有什么关系,只有9%的人认为物质生活丰富反而会降低人的精神追求。		⑦→⑨

序号	质疑内容	谬误分析
6	质疑⑦	**以偏概全** 对高校大学生的调查有以偏概全的嫌疑。首先,其抽样范围、抽样方式、样本数量等关键信息不明确;其次,仅由高校大学生的情况也难以确定其他人群的情况。

段落 5		论证结构
⑧总之,物质决定精神,社会物质生活水平的提高会促进人类精神世界的发展。⑨担心物质生活的丰富会冲击人类的精神世界,只是杞人忧天罢了。		⑧→⑨ ⑨再次点明论点
本段为论点总结段,无谬误。		

(说明:以上谬误分析引用和改编自教育部考试中心《管理类专业学位联考综合能力考试大纲》给出的参考答案。)

参考范文

物质生活不会冲击精神世界吗?

上述材料通过种种论证,试图说明物质生活的丰富不会冲击人类的精神世界,然而其论证存在多处不当,分析如下:

首先,"物质丰富"与"物质主义潮流"不是相同的概念。因为,"物质丰富"指的是社会生产、生活要素的日益丰盈,而"物质主义潮流"则是指一种思想的流行。而且,材料中多次提及"物质主义""后物质主义"等概念,但并未对这些核心概念进行解释,影响了材料论证的有效性。

其次,物质生活与精神生活之间不存在简单的正比关系。因此,认为物质丰富"只会"充实精神世界，过于绝对。如果一个人沉迷于追求物质的需求与欲望，可能会导致忽视精神生活，造成人类精神世界的空虚。

再次，"后物质主义理论"仅仅是国外某个学派所提出的观点，这一观点是否可以普遍地说明社会问题，还需要实践的检验和学术界的认同。

而且，"物质生活丰裕的人，往往会更注重精神生活"并不能否定一些人会沉溺于物质享受而忽略精神追求的事实。

最后，以高校大学生的调查作为论据，并没有太大的说服力。第一，这个调查的抽样范围、调查方式、样本数量等关键信息不明确，无法判断该调查的有效性；第二，仅由高校大学生的情况也难以确定其他人群的情况，材料以偏概全；第三，大学生的观点未必是事实，他们的观点可能是错误的，用作论据说服力有限。

综上所述，材料的论证存在种种逻辑谬误，物质生活不会冲击精神世界的观点难以成立。

（全文共577字）

学生习作展示及点评

1. 习作一

物质生活会冲击精神世界吗①

老吕弟子班学员　张曼

⊙标题建议改为：物质生活不会冲击精神世界吗？

上述材料试图论证"物质生活不会冲击精神世界"，然而其论证过程中存在多处逻辑漏洞，分析如下：

首先，材料认为"物质丰富只会充实精神世界，物质主义不会造成人类精神世界的空虚"，未必如此。物质丰富，从某些方面来讲确实会给人类精神世界带来满足感，但它也极有可能②会让人追求更加物质的生活，从而导致人们的精神世界变得空虚。

其次，材料还提到"一旦个人物质条件得到满足，便会转向非物质生活，比如追求社会公平、个人尊严，等等"，存在不妥。其一，个人生活条件得到

①拟题错误。疑问式标题格式为：材料中的论点+吗？

首段不错。

②"极有可能"建议改为"有可能"。

③"沉迷网络"与"物质生活"无关，不能作为质疑材料的论据。	满足，不代表就一定会注重非物质生活，也许他解决了基本的温饱问题，还想着追求更好的生活条件；其二，即便如此，也未必会追求社会公平等，<u>也许会沉迷于网络不可自拔③</u>。
	⊙问题③建议改为：也许会沉迷于物质生活的享受而难以自拔。
找点正确，质疑有力。	再次，对某高校大学生进行抽样调查得出的结论并不一定准确。第一，样本的数量、随机性以及调查方式等关键信息并不明确；第二，抽取的某高校的大学生的情况并不一定能代表其他人群的情况，材料有以偏概全之嫌。所以，"物质生活丰富精神世界"这一结论还有待商榷。
④此处表达过于啰唆。	<u>最后材料中多次提到"物质生活""物质主义潮流"等词语，并不恰当地认为二者相同。其实二者并不是同一概念④。</u>前者是指社会生产、生活要素的日益丰盈；后者是指一种思想的流行，不能将其一概而论。
	⊙问题④建议改为：最后，材料中多次提到的"物质生活"与"物质主义潮流"这两个概念并不等同。
结尾没有问题。	总之，由于上述材料在论证中存在多处不当，"物质生活不会冲击精神世界"这一结论让人难以信服。

总评

　　找点正确，并且绝大部分段落的质疑都比较有力，语句流畅，表达完整。但文章出现了拟题错误这样的低级失误，影响了得分。此文可评为二类卷，分数区间为20～24分。

考场小贴士

疑问式标题的格式为："材料中的论点+吗"。

2. 习作二

物质生活不会冲击精神世界吗

老吕弟子班学员　洪嘉丽

上述材料试图证明"物质生活的丰富不会造成人类精神世界的空虚",然而其论证过程存在多处逻辑漏洞,分析如下:

首先,由"精神是物质在头脑中的反映"不必然推出"物质丰富只会充实精神世界"。<u>因为物质的丰富而精神作为其反映,这只能保证数量而难以保证质量,缺乏高思想作为桥梁来反映,一个低质量的精神甚至会侵害精神世界,就更谈不上充实了,这同时也就不能说明"物质主义不会造成人类精神世界的空虚"了①</u>。

⊙问题①建议改为:物质生活与精神生活之间不存在简单的正比关系。物质主义潮流也有可能造成人类精神世界的空虚。

其次,"后物质主义理论"是否可普遍说明社会的现实状况,这一点仍有待商榷,所以它难以作为"物质生活丰富就更注重精神生活"这一观点的佐证。况且,即使人们的物质生活丰富了,没有要提高精神生活水平的意识,也同样不会有精神追求,这两者并不存在正比关系。

再次,由一份对高校大学生的<u>"抽样调查"②</u>得出"物质生活水平的提高会促进精神世界的发展"的普遍规律,未免过于片面。因为大学生群体只是社会群体的一小部分,并不能代表大部分人的观点。<u>而且③</u>,"物质主义潮流"与"社会物质生活"两者是不同的概念,前者是指以注重物质的思想去看待世界,而后者是指人们的衣食住行等方面的有形事物的呈现。

最后,<u>即使"人类物质生活丰富不会冲击其精神世界",也不代表它不会"冲击人类社会的价值观念",人类社会的价值观念会随着人们的生活方式、生活追求等不同而发生变化④</u>。

综上所述,该论证存在多处不妥,"物质不会冲击精神世界"这一论点也就难以必然成立了。

点评栏:

标题正确。

开头段没有问题。

①此处啰唆,且写得难以让人理解。

找点正确,分析也有道理,但这种句式不利于阅卷人迅速把握你的得分点。

②"抽样调查"无须加引号。
③一个段落可以质疑一个谬误,或者质疑两个有关联的谬误。但本段中质疑的两个谬误没什么关联,建议分成两段。
④"人类物质生活丰富不会冲击其精神世界"是材料的论点。而论证有效性分析主要是分析材料中的论据和论证过程是否足以证明其论点,而不是质疑论点本身。
结尾没有问题。

总评

本文可评为三类卷,分数区间为16~18分。

> **考场小贴士**
>
> 论证有效性分析主要是分析材料的论据能支持论点吗？能充分地证明论点吗？有没有什么逻辑错误？等等。而不是我们不同意对方的论点，于是去反驳对方的论点。

2019 年管理类联考论证有效性分析母题思路详解

真题原题

论证有效性分析：分析下述论证中存在的缺陷和漏洞，选择若干要点，写一篇 600 字左右的文章，对该论证的有效性进行分析和评论。（论证有效性分析的一般要点是：概念特别是核心概念的界定和使用是否准确并前后一致，有无各种明显的逻辑错误，论证的论据是否成立并支持结论，结论成立的条件是否充分等。）（30 分）

有人认为选择越多越快乐，其理由是：人的选择越多就越自由，其自主性就越高，就越感到幸福和满足，所以就越快乐。其实，选择越多，可能会越痛苦。

常言道："知足常乐。"一个人知足了，才会感到快乐，世界上的事物是无穷的，所以选择也是无穷的。所谓"选择越多越快乐"，意味着只有无穷的选择才能使人感到最快乐。而追求无穷的选择就是不知足，不知足者就不会感到快乐，那就只会感到痛苦。

再说，在做出每一个选择时，首先需要我们对各个选项进行考察分析，然后再进行判断决策。选择越多，我们在考察分析选项时势必付出更多的精力，也就势必带来更多的烦恼和痛苦。事实也正是如此，我们在做考试中的选择题时，选项越多选择起来就越麻烦，也就越感到痛苦。

还有，选择越多，选择时产生失误的概率就越高，由于选择失误而产生的后悔就越多，因而产生的痛苦也就越多。有人因为飞机晚点而后悔没选坐高铁，就是因为可选交通工具多样而造成的。如果没有高铁可选，就不会有这种后悔和痛苦。

退一步说，即使其选择没有绝对的对错之分，也肯定有优劣之分。人们做出某一选择后，可能会觉得自己的选择并非最优而产生懊悔，从这种意义上说，选择越多，懊悔的概率就越大，也就越痛苦。很多股民懊悔自己没有选好股票而未赚到更多的钱，从而痛苦不已，无疑是因为可选购的股票太多造成的。

论证结构概述

2019 年的材料是典型的总—分—总结构。第一段为背景介绍，并提出论点——选择越多，可能会越痛苦；第二、三、四段为本论部分，列举了三个分论点作为主要论据来支持核心论点；第五段为总结段，并且在本段中提出了一个新的论据——选择越多，懊悔的概率就越大。所以，材料的论证结构如下：

论据：
（1）追求无穷的选择是不知足，不知足者只会感到痛苦。
（2）选择越多，付出精力越多，势必带来更多的烦恼和痛苦。
（3）选择越多，失误的概率越高，因而产生的痛苦也就越多。
（4）选择越多，选到非最优项，懊悔的概率就越大。
论点：选择越多，可能会越痛苦。

谬误精析

段落1	论证结构
①有人认为选择越多越快乐，其理由是：人的选择越多就越自由，其自主性就越高，就越感到幸福和满足，所以就越快乐。②其实，选择越多，可能会越痛苦。	①背景介绍 ②提出论点

本段为背景介绍和论点段，无谬误。

段落2	论证结构
③常言道："知足常乐。"④一个人知足了，才会感到快乐，世界上的事物是无穷的，所以选择也是无穷的。⑤所谓"选择越多越快乐"，意味着只有无穷的选择才能使人感到最快乐。⑥而追求无穷的选择就是不知足，不知足者就不会感到快乐，那就只会感到痛苦。	③→④→⑤→⑥

序号	质疑内容	谬误分析
1	质疑④	偷换概念 "世界上的事物是无穷的"，并不意味着"选择也是无穷的"。因为事物是客观存在的，而选择则受多种条件的制约。因此，选择再多，也是有限的，人们不可能追求"无穷的选择"，也就无所谓"不知足"。
2	质疑③→④→⑤→⑥	强置必要条件 由"知足常乐"无法推出"不知足者就不会感到快乐"，"只会感到痛苦"。

段落3	论证结构
⑦再说，在做出每一个选择时，首先需要我们对各个选项进行考察分析，然后再进行判断决策。⑧选择越多，我们在考察分析选项时势必付出更多的精力，也就势必带来更多的烦恼和痛苦。⑨事实也正是如此，我们在做考试中的选择题时，选项越多选择起来就越麻烦，也就越感到痛苦。	⑦ ⑧ ⑨

续表

序号	质疑内容	谬误分析
3	质疑⑦→⑧	**推断不当** 选择多，虽然会在判断决策时带来额外的负担，但同时也意味着我们有可能做出更好的决策，从而获取更大的收益。因此，认为选择多就"势必带来更多的烦恼和痛苦"，并不妥当。
4	质疑⑨	**不当类比** 由考试中的"选择题"类比生活中的决策，存在不当类比之嫌。考试中的选择题带给我们的痛苦，多数不是因为选项太多，而是因为题目不会。

段落 4	论证结构
⑩还有，选择越多，选择时产生失误的概率就越高，由于选择失误而产生的后悔就越多，因而产生的痛苦也就越多。⑪有人因为飞机晚点而后悔没选坐高铁，就是因为可选交通工具多样而造成的。⑫如果没有高铁可选，就不会有这种后悔和痛苦。	⑪⑫ } ⑩

序号	质疑内容	谬误分析
5	质疑⑩	**推断不当** "选择越多，选择时产生失误的概率就越高"并不妥当，二者未必存在正比关系。人的很多选择可能都是合适的选择，而且，也许正是因为选择多，我们才能做出更好的决策方案。
6	质疑⑪、⑫	**归因不当** "有人因为飞机晚点而后悔没选坐高铁"，这一痛苦的真正原因是"飞机晚点"，而不是"选择多"，此处存在归因谬误。"如果没有高铁可选，就不会有这种后悔和痛苦"也不成立，因为如果没有高铁可选，"飞机晚点"的痛苦依然存在。

段落 5	论证结构
⑬退一步说，即使其选择没有绝对的对错之分，也肯定有优劣之分。⑭人们做出某一选择后，可能会觉得自己的选择并非最优而产生懊悔，从这种意义上说，选择越多，懊悔的概率就越大，也就越痛苦。⑮很多股民懊悔自己没有选好股票而未赚到更多的钱，从而痛苦不已，无疑是因为可选购的股票太多造成的。	⑬ } ⑭ ⑮ ⑭再次点明核心论点

续表

序号	质疑内容	谬误分析
7	质疑⑮	归因不当 "很多股民懊悔自己没有选好股票而未赚到更多的钱"与"可选购的股票太多"没有直接的因果关系。股民懊悔的原因可能是买入、卖出的时机不对。

（说明：以上谬误分析引用和改编自教育部考试中心《管理类专业学位联考综合能力考试大纲》给出的参考答案。）

参考范文

选择越多越痛苦吗？

材料认为"选择越多，可能会越痛苦"，但其论证存在多处逻辑漏洞，分析如下：

第一，"世界上的事物是无穷的"，并不意味着"选择也是无穷的"。因为事物是客观存在的，而选择则受多种条件的制约。因此，选择再多也是有限的，人们不可能追求"无穷的选择"，也就无所谓"不知足"。

第二，由"知足常乐"无法推出"不知足者就不会感到快乐"而"只会感到痛苦"。而且"知足常乐"只是一句俗语，其本身的成立性也值得质疑。

第三，选择多，虽然会在判断决策时带来额外的负担，但同时也意味着我们有可能做出更好的决策，从而获取更大的收益。因此，认为选择多就"势必带来更多的烦恼和痛苦"，并不妥当。

第四，"选择越多，选择时产生失误的概率就越高"并不妥当，二者未必存在正比关系。人的很多选择可能都是合适的选择，而且，也许正是因为选择多，我们才能做出更好的决策方案。

第五，"有人因为飞机晚点而后悔没选坐高铁"，这一痛苦的真正原因是"飞机晚点"，而不是"选择多"，此处存在归因谬误。"如果没有高铁可选，就不会有这种后悔和痛苦"也不成立，因为如果没有高铁可选，"飞机晚点"的痛苦依然存在。

第六，"很多股民懊悔自己没有选好股票而未赚到更多的钱"与"可选购的股票太多"没有直接的因果关系。股民懊悔的原因可能是买入、卖出的时机不对。

综上所述，材料的论证存在多处逻辑漏洞，选择越多，未必越痛苦。

（全文共577字）

学生习作展示及点评

1. 习作一

选择越多越痛苦吗

老吕弟子班学员　刘玮

标题正确。

　　上述材料试图论证"选择越多会越痛苦",然而其论证过程存在多处逻辑漏洞。因此,其结论值得商榷。

开头段简明扼要。

　　首先,"常言道:'知足常乐。'",此说法并不妥当。常言仅是大多数人经常在口头所表达的一句俗语,其真实性并未得到证实和认可。而且"事物是无穷的"并不能推出"选择是无穷的",两者所属概念不同,事物是不受条件制约客观存在的,而选择是受到多种条件和要求所约束的,因此选择再多也是有限度的。

找点正确,质疑准确。

　　其次,材料提到"选择越多,就势必带来更多的烦恼和痛苦",说法过于绝对。更多的选项选择会带来更多的可能性,我们可以通过选择最优选项来实现自身的利益最大化。并且,之后材料中对于"考试中选择题"的举例并不恰当,因为考试带来的痛苦并不是由选项多造成的,而是在于题目的困难程度。

找点正确,质疑有力。

　　再次,"选择越多,失误越多"的说法不当。多种选择可能会使我们做出更好的决策,从而使最终所获的益处越大。因此,这一论断的描述并不充分,自然无法推出之后的"后悔、痛苦越多"。

找点正确,质疑有力。

　　而且,材料对于"飞机和高铁"的举例也不恰当。因为感到后悔与痛苦是由飞机晚点所导致的,是偶然现象,与选择过多并无直接关系,更何况正是由于交通工具的多样性选择才为我们的出行带来了更多的便利。

找点正确,质疑有力。

　　最后,"股民"懊悔可能是由于股票买入和抛出的时机不当,与选购股票的种类过多并无直接关系。

找点正确,质疑有力。

　　综上所述,由于材料的论证存在多处逻辑错误,因而难以推出选择越多越痛苦这一结论。

结尾简洁有力。

总评

　　文章完成度很高,找点正确且质疑得很好,语句流畅,表达完整。可评为一类卷,分数区间为24~28分。

2. 习作二

选择越多越痛苦？

老吕弟子班学员　静

上述材料试图论证"选择越多会越痛苦"。然而，该论证存在多处逻辑漏洞，其结论未必妥当。分析如下：

首先，由"常言道：'知足常乐。'"来推出一个人知足了才会感到快乐，有待商榷。因为，常言未必是真理，还有待验证其准确性。因此，也无法据此来推出知足才会感到快乐。而且，"世界上的事物是无穷的"推不出"选择也是无穷的"，因为两者并不存在必然联系，无法由世界上的事物的数量来推出选择的数量。

其次，"选择越多，在考察分析时就会付出更多的精力，也势必会带来更多的烦恼"，<u>不敢苟同①</u>。因为，选择越多，在考察分析时所付出的精力越多，可能其所获得的收益也越多。而且，做考试的选择题时，倘若我们算对了题目的答案，那么选项即使再多，也未必就感到越痛苦。因此，选择越多，烦恼未必会更多。

再次，"选择越多，产生失误的概率更高，后悔也就越多"，不是必然成立。<u>因为，选择越多，其所得到的收益可能也更多。而且，有人因为飞机晚点而后悔没坐高铁，未必就是因为可选交通工具多样，因为即使没有高铁，他还是会因飞机晚点而感到痛苦。因此，选择越多，后悔和痛苦未必也越多②</u>。

⊙问题②建议改为：因为，选择越多，其所得到的收益可能也更大。而且，有人因为飞机晚点而后悔没坐高铁的真正原因是"飞机晚点"，而不是可选交通工具多样，即使没有高铁，他还是会因飞机晚点而感到痛苦。

最后，"选择越多，懊悔的概率越大，就越痛苦"，有待验证。<u>因为，最佳选项只有一个，选项越多，那么其懊悔的概率应该越小③</u>。而且，很多股民懊悔没选好股票而痛苦未必是选购的股票太多造成的，可能是他们对股票方面的知识了解得还不够透彻或者是其他因素造成的。

综上所述，该论证存在多处不当，选择越多未必会越痛苦。

总评

本文逻辑谬误找得都是准确的，最后一点的分析出现了错误，其他的都是小问题。可评为二类卷，分数区间为22~24分。

标题正确。

开头段简明扼要。

找点正确，质疑准确。

①"不敢苟同"的意思是"我不能认同"。论证有效性分析是站在客观的立场上分析逻辑问题，与"我"的观点无关，可改为"未必妥当"。

②本段中连词使用过多。

③最佳选项只有一个，选项又很多，不是就很难选到正确选项了吗？故，此处自相矛盾。

结尾简洁有力。

> **考场小贴士**
>
> 论证有效性分析中，尽量避免使用"我不认同""不敢苟同"等表达个人观点的语句。

2020 年管理类联考论证有效性分析母题思路详解

真题原题

论证有效性分析：分析下述论证中存在的缺陷和漏洞，选择若干要点，写一篇 600 字左右的文章，对该论证的有效性进行分析和评论。（论证有效性分析的一般要点是：概念特别是核心概念的界定和使用是否准确并前后一致，有无各种明显的逻辑错误，论证的论据是否成立并支持结论，结论成立的条件是否充分等。）（30 分）

北京将联手张家口共同举办 2022 年冬季奥运会，中国南方的一家公司决定在本地投资建立一家商业性的冰雪运动中心。这家公司认为，该公司一旦投入运营，将获得可观的经济收益，这是因为：

北京与张家口共同举办冬奥会，必然会在中国掀起一股冰雪运动热潮。中国南方许多人从未有过冰雪运动的经历，会出于好奇心而投身于冰雪运动，这正是一个千载难逢的绝好商机，不能轻易错过。

而且，冰雪运动与广场舞、跑步等不一样，需要一定的运动用品，例如冰鞋、滑雪板与运动服，等等。这些运动用品价格不菲而具有较高的商业利润，如果在开展商业性冰雪运动的同时，也经营冬季运动用品，则公司可以获得更多的利润。

另外，目前中国网络购物已经成为人们的生活习惯，但相对于网络商业，人们更青睐直接体验式的商业模态，而商业性冰雪运动正是直接体验式的商业模态，无疑具有光明的前景。

论证结构概述

材料是总—分—总结构。第一段为背景介绍，并提出论点——冰雪运动中心一旦投入运营，将获得可观的经济收益；第二、三、四段为本论部分，列举了三个分论点作为主要论据来支持核心论点；第四段后半部分为总结段，总结了核心论点。所以，材料的论证结构如下：

论据：
（1）北京与张家口共同举办冬奥会，必然会在中国掀起一股冰雪运动热潮。
（2）开展商业性冰雪运动的同时，也经营冬季运动用品，则公司可以获得更多的利润。
（3）人们更青睐直接体验式的商业模态。
论点：商业性冰雪运动，无疑具有光明的前景。

谬误精析

段落1	论证结构
①北京将联手张家口共同举办2022年冬季奥运会，中国南方的一家公司决定在本地投资建立一家商业性的冰雪运动中心。②这家公司认为，该公司一旦投入运营，将获得可观的经济收益，这是因为：	①背景介绍 ②提出论点

本段为背景介绍和论点段，无谬误。

段落2	论证结构
③北京与张家口共同举办冬奥会，必然会在中国掀起一股冰雪运动热潮。④中国南方许多人从未有过冰雪运动的经历，会出于好奇心而投身于冰雪运动，⑤这正是一个千载难逢的绝好商机，不能轻易错过。	③ ④ }⑤

序号	质疑内容	谬误分析
1	质疑③	**推断不当** "北京与张家口共同举办冬奥会"未必"会在中国掀起一股冰雪运动热潮"。冰雪运动与夏季运动不同，它需要一定的气候和场地条件才能进行，仅靠冬奥会的带动就能掀起冰雪运动热潮未免过于乐观。
2	质疑④	**推断不当** 仅仅因为"好奇心"未必能使南方人投身于冰雪运动。一方面，如前文所述，冰雪运动需要气候和场地条件；另一方面，"好奇心"驱使行为，是否具备可持续性存在疑问。

段落3	论证结构
⑥而且，冰雪运动与广场舞、跑步等不一样，需要一定的运动用品，例如冰鞋、滑雪板与运动服，等等。⑦这些运动用品价格不菲而具有较高的商业利润，如果在开展商业性冰雪运动的同时，也经营冬季运动用品，⑧则公司可以获得更多的利润。	⑥ ⑦ }⑧

序号	质疑内容	谬误分析
3	质疑⑥、⑦→⑧	**推断不当** 冰雪运动需要"价格不菲的运动用品"，不意味着"开展商业性冰雪运动的同时，也经营冬季运动用品"就有利可图。既然这些运动用品价格不菲，那么它就可能让人望而却步，成为大家参与冰雪运动的阻力。如果没有人或很少人参加冰雪运动，从事此类商业活动如何营利呢？

续表

段落 4	论证结构
⑨另外，目前中国网络购物已经成为人们的生活习惯，但相对于网络商业，人们更青睐直接体验式的商业模态，⑩而商业性冰雪运动正是直接体验式的商业模态，无疑具有光明的前景。	⑨→⑩再次点明核心论点

序号	质疑内容	谬误分析
4	质疑⑨→⑩	**不当类比** 人们青睐直接体验式的购物行为，不代表一定青睐冰雪运动，这是两种不同的行为，此处存在不当类比。
5	质疑②	**以偏概全** 上述材料仅仅讨论了在南方建立冰雪运动中心的"可能"收入，但是，未考虑诸如气候条件、消费习惯、消费水平、经营成本等诸多影响这一投资是否能够赢利的因素，因此，其投资结论过于乐观。

参考范文

投资商业性冰雪运动真能获利吗？

材料认为"投资商业性冰雪运动，能获得可观的经济收益"，但其论证存在多处逻辑漏洞，分析如下：

第一，"北京与张家口共同举办冬奥会"未必"会在中国掀起一股冰雪运动热潮"。冰雪运动与夏季运动不同，它要求一定的气候和场地条件才能进行，仅靠冬奥会的带动就能掀起冰雪运动热潮未免过于乐观。

第二，仅仅因为"好奇心"未必能使南方人投身于冰雪运动。一方面，如前文所述冰雪运动需要气候和场地条件；另一方面，"好奇心"驱使行为，是否具备可持续性存在疑问。

第三，冰雪运动需要"价格不菲的运动用品"，不意味着"开展商业性冰雪运动的同时，也经营冬季运动用品"就有利可图。既然这些运动用品价格不菲，那么它就可能让人望而却步，成为大家参与冰雪运动的阻力。如果没有人或很少人参加冰雪运动，从事此类商业活动如何营利呢？

第四，材料将"体验式的商业模态"和"冰雪运动"进行类比，存在不当。因为，"冰雪运动"和"网络购物"与实体体验的对比，主要指的是同类商品的线上、线下对比，线下模式有其在购物体验上的优势，而冰雪运动是一种运动体验而非购物体验。

第五，材料仅讨论了在南方开设冰雪运动中心的"可能"收入。但是，未考虑诸如气候条件、消费习惯、消费水平、经营成本等诸多影响这一投资是否能够赢利的因素。

综上所述，材料的论证存在多处漏洞，"投资商业性冰雪运动能获利"的投资结论过于乐观。

(全文582字)

学生习作展示及点评

1. 习作一

商业性冰雪运动一定能赚钱吗？

老吕弟子班学员　嫣然

材料通过一系列分析，认为"冰雪运动中心一旦投入运营，将获得可观的经济收益"。其看似有理，实则漏洞百出，分析如下：

首先，北京和张家口共同举办冬奥会，不一定会在中国掀起一股冰雪运动热潮。因为，中国南北气候差异巨大，由此生成的各地运动习惯也都不一样，北京冬奥会可能只会带动北方地区的冰雪运动热潮。并且，就算冬奥会影响巨大，在全中国掀起了冰雪运动的热潮，不一定这种商业性的冰雪运动中心就会盈利。

其次，由"南方许多人从未有过冰雪运动的经历"得出"会出于好奇心而投身于冰雪运动"，并不恰当。因为可能有些南方人早已去过日本、韩国等其他滑雪圣地满足自己的冰雪梦①。况且，新成立的冰雪运动中心设备和环境如何、活动定价的高低、能否吸引多少南方人投身于冰雪运动等，都不得而知。

再次，冰雪运动用品价格不菲而且利润较高，也不一定代表公司可以获得更多的利润。运动用品价格过高，很可能让很多客户转而在其他地方购买，更有可能让客户望而生畏，直接放弃这项运动，导致运动中心客户不够，难以为继。

最后，"网购已成为人们的生活习惯"不能得出"人们更青睐于直接体验式的商业模态"。网购已成为人们的生活习惯，依然排除不了人们对网购的热情②。退一步说，就算人们更青睐于直接体验式的商业模态，而冰雪运动也属于这种直接体验式的模态，并不一定冰雪运动中心就有光明前景③。

总之，材料的论证存在多处漏洞，"冰雪运动中心一旦投入运营，将获得可观的经济收益"的结论不是必然成立。

> 标题正确。
>
> 开头段简明扼要，很好。
>
> 找点正确，质疑准确。
>
> 找点正确。
> ①质疑牵强。
>
> 找点正确，质疑有力。
>
> 找点正确。
> ②此处让人费解。
> ③此处并没有说明"不一定冰雪运动中心就有光明前景"的理由。
>
> 结尾简洁有力。

总评

除三处小问题外，本文语言精练，逻辑清晰，表达完整，论证和反驳也比较有力，可获得二类卷偏上的分数，分数区间为24~26分。

2. 习作二

冰雪运动中心一定赚钱吗？

老吕弟子班学员　清欢

标题正确。

开头段简明扼要。

　　材料通过一系列的分析，认为在南方设立一家商业性冰雪运动中心，一定会获得可观的经济效益。论证看似有理，实则漏洞百出，分析如下：

找点正确，质疑准确。

　　首先，"北京和张家口共同举办冬奥会，将会在中国掀起一股冰雪运动热潮"，过于绝对。一届冬奥会是否有这么大的影响力？而且中国南北气候差异巨大，由此产生的各地运动习惯也都不一样，北京冬奥会可能只会带动北方地区的冰雪运动热潮。

①在每段的开头，最好不要直接论述，先提出对材料某处的质疑。

　　其次，就算很多南方人出于好奇会投身于冰雪运动，但是这类人群数量有多少？这类人群是否具有一定的消费能力？这股好奇心能持续多久？这些都不得而知。很可能具有消费能力和消费意愿的人群并不多，并不足以支撑一家冰雪运动中心的运营①。

　　⊙问题①建议改为：

　　其次，由许多南方人从未有过冰雪运动的经历，就推出他们会出于好奇心投身于冰雪运动，是不严密的。这类人群数量有多少？是否具有一定的消费能力？好奇心能持续多久？这些都不得而知。如果具有消费能力和消费意愿的人群并不多，则无法支撑一家冰雪运动中心的日常运营。

找点正确，质疑有力。

　　再次，冰雪运动用品价格不菲而且利润较高，无法推出公司可以获得更多的利润。因为消费者很可能会因为冰雪运动用品价格高昂，而选择在其他地方购买，甚至直接放弃这项运动。因为人们通常在满足自身爱好的同时，也会考虑为此所承担的成本。

②论证有效性分析，不可简单地去质疑材料中的某一句话。

　　最后，"人们更青睐直接体验式的商业模态"，并没有足够的数据支撑②。另外，就算人们更青睐直接体验式的商业模态，而冰雪运动也属于这种直接体验式的商业模态，并不一定冰雪运动中心就有光明的前景。

结尾简洁有力。

　　综上所述，材料分析不够严谨，"商业性冰雪运动中心一旦投入运营，一定会获得可观的经济效益"的结论是无法必然成立的。

> **总评**
> 　　本文层次清晰，表达完整，语言精干，论证说服力很强，除细节地方需要注意以外，都完成得较好。整体可评为二类卷，分数区间为24~26分。

第 2 章 早年MBA联考论证有效性分析真题超精解

2004 年 MBA 联考论证有效性分析母题思路详解

真题原题

论证有效性分析：分析下述论证中存在的缺陷和漏洞，选择若干要点，写一篇 600 字左右的文章，对该论证的有效性进行分析和评论。（论证有效性分析的一般要点是：概念特别是核心概念的界定和使用是否准确并前后一致，有无各种明显的逻辑错误，论证的论据是否成立并支持结论，结论成立的条件是否充分等。）（30 分）

目前，国内约有 1 000 余家专业公关公司。去年，规模最大的 10 家本土公关公司的年营业收入平均增长 30%，而规模最大的 10 家外资公关公司的年营业收入平均增长 15%；本土公关公司的利润率平均为 20%，外资公司为 15%。十大本土公关公司的平均雇员人数是十大外资公关公司的 10%。可见，本土公关公司利润水平高、收益能力强；员工的工作效率高，具有明显的优势。

中国公关协会最近的调查显示，去年，中国公关市场营业额比前年增长 25%，达到了 25 亿元人民币；而日本约为 5 亿美元，人均公关费用是中国的十多倍。由此推算，在不远的将来，若中国的人均公关费用达到日本的水平，中国公关市场的营业额将从 25 亿元增长到 300 亿元，平均每家公关公司就有 3 000 万元左右的营业收入。这意味着一大批本土公关公司将胜过外资公司，成为世界级的公关公司。

论证结构分析

2004 年 MBA 联考论证有效性分析	论证图示
①目前，国内约有 1 000 余家专业公关公司。②去年，规模最大的 10 家本土公关公司的年营业收入平均增长 30%，而规模最大的 10 家外资公关公司的年营业收入平均增长 15%；本土公关公司的利润率平均为 20%，外资公司为 15%。十大本土公关公司的平均雇员人数是十大外资公关公司的 10%。③可见，本土公关公司利润水平高、收益能力强；员工的工作效率高，具有明显的优势。	①背景介绍 ②→③

2004 年 MBA 联考论证有效性分析	论证图示
④中国公关协会最近的调查显示，去年，中国公关市场营业额比前年增长 25%，达到了 25 亿元人民币；而日本约为 5 亿美元，人均公关费用是中国的十多倍。⑤由此推算，在不远的将来，若中国的人均公关费用达到日本的水平，中国公关市场的营业额将从 25 亿元增长到 300 亿元，平均每家公关公司就有 3 000 万元左右的营业收入。⑥这意味着一大批本土公关公司将胜过外资公司，成为世界级的公关公司。	④→⑤→⑥

总析

本材料是分—总结构。第一段列举了一个分论点作为论据；第二段再次列举了一个分论点作为论据，并且在结尾处点明核心论点——我国一大批本土公关公司将胜过外资公司，成为世界级的公关公司。所以，材料的论证结构如下：

论据：

（1）我国本土公关公司利润水平高、收益能力强；员工的工作效率高，具有明显的优势。

（2）如果我国人均公关费用达到日本的水平，我国公关市场营业额将达 300 亿元，平均每家公关公司将有 3 000 万元左右的营业收入。

论点：我国一大批本土公关公司将胜过外资公司，成为世界级的公关公司。

谬误分析

谬误 1　以偏概全

"规模最大的 10 家本土公关公司"的发展情况，未必能代表"1 000 余家本土公关公司"的发展情况。

谬误 2　推断不当

本土公关公司的年营业收入平均增长率为 30%，大于外资公关公司的 15%，不代表本土公关公司发展更好。因为，增长率只有在知道基数的情况下才有意义。

谬误 3　不当归纳

本土公关公司的利润率平均为 20%，外资公司为 15%，不能说明本土公关公司收益能力强。因为收益能力不仅与利润率有关，还与营业总收入有关。

谬误 4　归因不当

员工的工作效率取决于两个因素：员工的数量和员工在单位时间所完成的总有效工作量。因此，"十大本土公关公司的平均雇员人数是十大外资公关公司的 10%"，只能说明本土公关公司的规模小，不能说明员工的工作效率高。

谬误5　不当类比

中国与日本的人口结构、市场状况存在着相当大的差异，不能简单地将日本的人均公关费用推广到中国，这是错误的类比。

谬误6　不当假设

即使"中国公关市场的营业额增长到300亿元"，也不意味着"平均每家公关公司就有3 000万元左右的营业收入"。因为这假定了中国的公关公司始终保持1 000家左右不变。但是，公关市场营业额的增长，极有可能伴随着公关公司数量的增加或减少，这个假设是很难成立的。

谬误7　推断不当

中国公关市场营业额的增长，受益的不仅有本土公关公司，还有外资公关公司。无法仅仅依据中国公关市场营业额的增长，就认为本土公关公司必将胜过外资公司。

谬误8　推断不当/概念模糊

无法仅仅由"平均每家公关公司就有3 000万元左右的营业收入"，就断定中国将产生"一大批"世界级的公关公司。因为，可能极少数几家公司占有了绝大部分市场，获得了绝大部分收入。另外，什么是"世界级"的公关公司也界定不清。

参考范文

本土公关公司前景看好？

上述材料通过一系列中外公关公司的运营数据比较，得出一个结论：一大批本土公关公司将胜过外资公司，成为世界级的公关公司。其论证存在多处漏洞，分析如下：

首先，仅仅由"规模最大的10家本土公关公司"的发展情况，来预测"1 000余家本土公关公司"的发展情况，很难有说服力。也许其他公司的增长率呈下滑趋势，利润率很低甚至是亏损的。

其次，本土公关公司的利润率平均为20%，外资公司为15%，不能说明本土公关公司收益能力强。因为收益能力不仅与利润率有关，还与营业总收入有关。如果外资公关公司的营业收入是本土公关公司的十倍甚至百倍，那么其利润总额也是远远超过本土公关公司的。

再次，即使"中国公关市场的营业额增长到300亿元"，也不意味着"平均每家公关公司就有3 000万元左右的营业收入"。因为这假定了中国的公关公司始终保持1 000家左右不变。但是，公关市场营业额的增长，极有可能伴随着公关公司数量的增长，这个假设是很难成立的。

最后，中国公关市场营业额的增长，受益的不仅有本土公关公司，还有外资公关公司。无法仅仅依据中国公关市场营业额的增长，就认为本土公关公司必将胜过外资公司。即使受益更大的是本土公关公司，也可能仅仅是少数本土公关公司受益，无法得出本土公关公司中将产生"一大批"世界级的公关公司的结论。

总之，上述材料所引用的数据，是基于错误的计算基础上的，是否会有世界级的本土公关公司出现，还需要更多论证。

（全文共589字）

2005年MBA联考论证有效性分析母题思路详解

真题原题

论证有效性分析：分析下述论证中存在的缺陷和漏洞，选择若干要点，写一篇600字左右的文章，对该论证的有效性进行分析和评论。（论证有效性分析的一般要点是：概念特别是核心概念的界定和使用是否准确并前后一致，有无各种明显的逻辑错误，论证的论据是否成立并支持结论，结论成立的条件是否充分等。）（30分）

没有天生的外科医生，也没有天生的会计师。这都是专业化的工作，需要经过正规的培训，而这种培训最开始是在教室里进行的。当然，学生们必须具备使用手术刀或是操作键盘的能力，但是他们首先得接受专门的教育。领导者则不一样，天生的领导者是存在的。事实上，任何一个社会中的领导者都只能是天生的。领导和管理本身就是生活，而不是某个人能够从教室中学来的技术。教育可以帮助一个具有领导经验和生活经验的人提高到较高的层次，但是，即使一个人具有管理天赋和领导潜质，教育也无法将经验灌入他的头脑。换句话说，试图向某个从未从事过管理工作的人传授管理学，不啻试图向一个从来没见过其他人类的人传授哲学。组织是一种复杂的有机体，对它们的管理是一种困难的、微妙的工作，需要的是各种各样只有在身临其境时才能得到的经验。总之，MBA教育试图把管理传授给某个毫无实际经验的人不仅仅是浪费时间，更糟糕的是，它是对管理的一种贬低。

第 2 章　早年 MBA 联考论证有效性分析真题超精解

论证结构分析

2005 年 MBA 联考论证有效性分析	论证图示
①没有天生的外科医生，也没有天生的会计师。这都是专业化的工作，需要经过正规的培训，而这种培训最开始是在教室里进行的。②当然，学生们必须具备使用手术刀或是操作键盘的能力，但是他们首先得接受专门的教育。③领导者则不一样，天生的领导者是存在的。④事实上，任何一个社会中的领导者都只能是天生的。⑤领导和管理本身就是生活，而不是某个人能够从教室中学来的技术。⑥教育可以帮助一个具有领导经验和生活经验的人提高到较高的层次，但是，即使一个人具有管理天赋和领导潜质，教育也无法将经验灌入他的头脑。⑦换句话说，试图向某个从未从事过管理工作的人传授管理学，不啻试图向一个从来没见过其他人类的人传授哲学。⑧组织是一种复杂的有机体，对它们的管理是一种困难的、微妙的工作，需要的是各种各样只有在身临其境时才能得到的经验。⑨总之，MBA 教育试图把管理传授给某个毫无实际经验的人不仅仅是浪费时间，更糟糕的是，它是对管理的一种贬低。	①、②、③ ⑤、⑥、⑦、⑧ } ④→⑨

总析

本材料只有一段，试图通过几个论据证明"任何一个社会中的领导者都只能是天生的"，从而说明"MBA 教育试图把管理传授给某个毫无实际经验的人不仅仅是浪费时间，更糟糕的是，它是对管理的一种贬低"。

主要论据：

（1）天生的领导者是存在的，任何一个社会中的领导者都只能是天生的。

（2）领导和管理本身就是生活，而不是某个人能够从教室中学来的技术。

（3）组织管理需要的是各种各样只有在身临其境时才能得到的经验。

论点：MBA 教育试图把管理传授给某个毫无实际经验的人不仅仅是浪费时间，更糟糕的是，它是对管理的一种贬低。

谬误分析

谬误 1　虚假论据

"天生的领导者是存在的"这一前提值得商榷。人们从小到大，通过学校、家庭、社会的学习，一般会学到或多或少的管理知识，因此，"领导者是天生的"难以成立。

谬误 2　推断不当

即使"天生的领导者是存在的",也不能由此推出"任何一个社会中的领导者都只能是天生的"。

谬误 3　推断不当

"领导和管理本身就是生活,而不是某个人能够从教室中学来的技术",有失妥当。管理有其艺术性的一面,也有其科学性的一面,从生活中学习和从教室中学习并不矛盾。

谬误 4　自相矛盾

材料中一方面认为管理"不是从教室中学来的技术",另一方面又认为"教育可以帮助一个具有领导经验和生活经验的人提高到较高的层次",这说明管理可以从教室中学到,前后矛盾。

谬误 5　推断不当

材料认为"即使一个人具有管理天赋和领导潜质,教育也无法将经验灌入他的头脑"。实际上,经验既包括自身实践的经验,也包括对前人经验的总结,而后者显然是可以通过学习习得的。

谬误 6　不当类比

因为即使是一个从未从事过管理工作的人,也会在学校、企业等地方有过管理或者被管理的体验,也会遇到管理中的基本问题,如沟通、协调、组织、决策等。这与从未见过其他人类的人学习哲学有着本质区别。

谬误 7　推断不当

"管理是一种困难的、微妙的工作,需要的是各种各样只有在身临其境时才能得到的经验。"如前文所述,管理经验未必只能通过身临其境时才能得到,也可以总结他人的经验教训。

谬误 8　虚假论据

MBA 教育并非"把管理传授给某个毫无实际经验的人"。MBA 考试要求至少有三年工作经验,况且除了在工作岗位上,也可以在其他场合获得管理经验。

参考范文

MBA 教育是对管理的贬低吗?

上文通过一系列成问题的论证,得出 MBA 教育是无效的,是对管理的贬低。其论证是经不起推敲的,存在以下问题:

其一,"管理者是天生的"这一前提值得商榷。教育并不仅仅是学校教育,一个人从出生就开始接受家庭和社会的教育,这些教育对于一个管理者的思维方式的养成和管理素质的提高都会有重要的影响。所以，管理者并非一出生就是管理者，而是后天逐渐培养的，否则，婴儿就可以做企业总裁了。

其二，文中先提到"领导和管理本身就是生活，而不是某个人能够从教室中学来的技术"，这说明教育对管理没有帮助；又主张"教育可以帮助一个具有领导经验和生活经验的人提高到较高的层次"，这说明教育对管理有帮助。论述者的论述前后矛盾。

其三，"试图向某个从未从事过管理工作的人传授管理学，不啻试图向一个从来没见过其他人类的人传授哲学"，此处类比不当。因为即使是一个从未从事过管理工作的人，也会在学校、企业等地方有过管理或者被管理的体验，也会遇到管理中的基本问题，如沟通、协调、组织、决策等。这与从未见过其他人类的人学习哲学有着本质区别。

最后，MBA教育并非"把管理传授给某个毫无实际经验的人"。MBA考试要求至少有三年工作经验，况且除了在工作岗位上，也可以在其他场合获得管理经验。

综上所述，材料中的论证犯了多种逻辑谬误，其论证难以让人信服，其"MBA是对管理的贬低"这一结论也是有失妥当的。

（全文共576字）

2006年MBA联考论证有效性分析母题思路详解

真题原题

论证有效性分析：分析下述论证中存在的缺陷和漏洞，选择若干要点，写一篇600字左右的文章，对该论证的有效性进行分析和评论。（论证有效性分析的一般要点是：概念特别是核心概念的界定和使用是否准确并前后一致，有无各种明显的逻辑错误，论证的论据是否成立并支持结论，结论成立的条件是否充分等。）（30分）

在全球9家航空公司的140份订单得到确认后，世界最大的民用飞机制造商之一——空中客车公司2005年10月6日宣布，将在全球正式启动其全新的A350远程客机项目。中国、俄罗斯等国作为合作伙伴，也被邀请参与A350飞机的研发与生产过程，其中，中国将承担A350飞机5%的设计和制造工作。

这意味着未来空中客车公司每销售100架A350飞机，就将有5架由中国制造。这表明中国经过多年艰苦的努力，民用飞机研发与制造能力得到了系统的提升，获得了国际同行的认可；这也标志着中国已经可以在航空器设计与制造领域参与全球竞争，并占有一席之地。

由此可以看出，在经济全球化的时代，参与国际合作将带来双赢的结果，这也是提高我国技术水平和产业国际竞争力的必由之路。

论证结构分析

2006 年 MBA 联考论证有效性分析	论证图示
①在全球9家航空公司的140份订单得到确认后，世界最大的民用飞机制造商之一——空中客车公司2005年10月6日宣布，将在全球正式启动其全新的A350远程客机项目。②中国、俄罗斯等国作为合作伙伴，也被邀请参与A350飞机的研发与生产过程，其中，中国将承担A350飞机5%的设计和制造工作。	①、②背景介绍
③这意味着未来空中客车公司每销售100架A350飞机，就将有5架由中国制造。④这表明中国经过多年艰苦的努力，民用飞机研发与制造能力得到了系统的提升，获得了国际同行的认可；⑤这也标志着中国已经可以在航空器设计与制造领域参与全球竞争，并占有一席之地。	②→③→④、⑤
⑥由此可以看出，在经济全球化的时代，参与国际合作将带来双赢的结果，这也是提高我国技术水平和产业国际竞争力的必由之路。	②→⑥

总析

本材料结构简单，由"中国将承担A350飞机5%的设计和制造工作"推出了一系列结论，即材料中的③、④、⑤、⑥句。

谬误分析

谬误1 概念模糊

文中指出"中国将承担A350飞机5%的设计和制造工作"，这里的5%概念界定不清，到底是飞机部件数量的5%，还是飞机价值的5%，又或是有其他衡量标准？

谬误2 推断不当/偷换概念

由"中国将承担A350飞机5%的设计和制造工作"，不能得出"未来空中客车公司每销售100架A350飞机，就将有5架由中国制造"的结论。"5%的设计和制造工作"，与制造5架完整的飞机是不同的概念。

谬误3 归因不当

中国"承担A350飞机5%的设计和制造工作"，是飞机核心部分的研发，还是诸如桌椅、手推车等辅助性设备的设计和制造？如果是后者，则无法说明中国的"民用飞机研发与制造能力得到了系统的提升"，也不能得出"中国已经可以在航空器设计与制造领域参与全球竞争"的结论。

谬误 4　归因不当

空中客车公司邀请中国参与"A350 飞机 5%的设计和制造工作",可能意在获得中国市场,或者是中国的制造成本更低等其他原因,未必是因为对中国飞机设计和制造能力的认可。

谬误 5　主观臆断

"参与国际合作将带来双赢的结果",属于主观臆断,参与国际合作未必带来双赢的结果。失败的合作不计其数。在合作中损失了市场、资源的,也不在少数。

谬误 6　强置必要条件

提高我国技术水平和产业国际竞争力,有多种途径可供选择,参与国际合作,可能只是其中一条可供选择的道路,而不一定是"必由之路"。

参考范文

国际合作必会双赢吗?

上述材料通过一系列推理和论证,得出"参与国际合作将带来双赢的结果"的结论,然而其论证存在多处不当,分析如下:

第一,文中由"中国将承担 A350 飞机 5%的设计和制造工作",推断出"空客公司每销售 100 架 A350 飞机,就将有 5 架由中国制造",存在不妥。文中的 5%概念模糊,未表明到底是飞机部件或价值的 5%,还是整机数量的 5%,又或是有其他衡量标准,所以推理方式存在漏洞。

第二,材料由"中国将承担 A350 飞机 5%的设计和制造工作",推出"中国民用飞机研发与制造能力得到了系统的提升",存在不妥。因为,中国可能仅参与了少部分、非关键的零配件制造,如座椅、救生衣等,而未参与到飞机核心部分的研发中。如果是这样,就无法得出上述结论,更不能得出"中国已经可以在航空器设计与制造的国际领域占有一席之地"的结论。

第三,空中客车公司邀请中国参与"A350 飞机 5%的设计和制造工作",可能意在获得中国市场,或者是中国的制造成本更低等其他原因,而非认可中国的飞机设计和制造能力,所以"获得了国际同行认可"的看法存在偏差。

第四,材料中"参与国际合作将带来双赢的结果"的观点属于主观臆断,未必成立。合作失败的案例不计其数,在合作中损失了市场、资源的,也不胜枚举。此外,在参与国际合作后,中国可能会减少自主研发,不一定会产生双赢效果。

综上所述,材料的论证存在多处逻辑漏洞,"参与国际合作将带来双赢的结果"这一结论让人难以信服。

(全文共 590 字)

2007年MBA联考论证有效性分析母题思路详解

真题原题

论证有效性分析：分析下述论证中存在的缺陷和漏洞，选择若干要点，写一篇600字左右的文章，对该论证的有效性进行分析和评论。（论证有效性分析的一般要点是：概念特别是核心概念的界定和使用是否准确并前后一致，有无各种明显的逻辑错误，论证的论据是否成立并支持结论，结论成立的条件是否充分等。）（30分）

每年的诺贝尔奖，特别是诺贝尔经济学奖公布后，都会在中国引起很大反响。诺贝尔经济学奖的得主是当之无愧的真正的经济学家。他们的研究成果都经过了实践的检验，为人类社会发展，特别是经济发展做出了杰出的贡献。每当看到诺贝尔经济学奖被西方人包揽，很多国人在羡慕之余，更期盼中国人有朝一日能够得到这一奖项。

然而，我们不得不面对的现状却是，中国的经济学还远远没有走到经济科学的门口，中国真正意义上的经济学家，最多不超过5个。

真正的经济学家需要坚持理性的精神。马克思·韦伯说："现代化的核心精神就是理性化，没有理性主义就不可能有现代化。"中国的经济学要向现代科学方向发展，必须把理性主义作为基本的框架。而中国经济学界太热闹了，什么人都可以说自己是个经济学家，什么问题他们都敢谈。有的经济学家今天评股市，明天讲汇率，争论不休，莫衷一是。有的经济学家热衷于担任一些大型公司的董事，或在电视上频频上镜，怎么可能做严肃的经济学研究？

经济学和物理学、数学一样，所讨论的都是非常专业的问题。只有远离现实的诱惑，潜心于书斋，认真钻研学问，才可能成为真正意义上的经济学家，中国经济学家离这个境界太远了。在中国的经济学家中，你能找到为不同产业代言的人，而西方从事经济学研究最优秀的人不是这样的，这样的人在西方只能受投资银行的雇用，从事产业经济学的研究。

一个真正的经济学家，首先要把经济学当作一门科学来对待，必须保证学术研究的独立性和严肃性，必须保持与"官场"和"商场"的距离，否则，不可能在经济学领域做出独立的研究成果。

说"中国真正意义上的经济学家，最多不超过5个"，听起来刻薄，但只要去看一看国际上经济学界那些最重要的学术刊物，有多少文章是来自中国国内的经济学家，就会知道这还是比较客观和宽容的一种评价。

第 2 章 早年 MBA 联考论证有效性分析真题超精解

论证结构分析

2007 年 MBA 联考论证有效性分析	论证图示
①每年的诺贝尔奖，特别是诺贝尔经济学奖公布后，都会在中国引起很大反响。诺贝尔经济学奖的得主是当之无愧的真正的经济学家。他们的研究成果都经过了实践的检验，为人类社会发展，特别是经济发展做出了杰出的贡献。每当看到诺贝尔经济学奖被西方人包揽，很多国人在羡慕之余，更期盼中国人有朝一日能够得到这一奖项。	①背景介绍
②然而，我们不得不面对的现状却是，中国的经济学还远远没有走到经济科学的门口，中国真正意义上的经济学家，最多不超过5个。	②点明论点
③真正的经济学家需要坚持理性的精神。④马克思·韦伯说："现代化的核心精神就是理性化，没有理性主义就不可能有现代化。"中国的经济学要向现代科学方向发展，必须把理性主义作为基本的框架。⑤而中国经济学界太热闹了，什么人都可以说自己是个经济学家，什么问题他们都敢谈。有的经济学家今天评股市，明天讲汇率，争论不休，莫衷一是。有的经济学家热衷于担任一些大型公司的董事，或在电视上频频上镜，怎么可能做严肃的经济学研究？	③ ④ }→② ⑤
⑥经济学和物理学、数学一样，所讨论的都是非常专业的问题。⑦只有远离现实的诱惑，潜心于书斋，认真钻研学问，才可能成为真正意义上的经济学家，中国经济学家离这个境界太远了。⑧在中国的经济学家中，你能找到为不同产业代言的人，而西方从事经济学研究最优秀的人不是这样的，这样的人在西方只能受投资银行的雇用，从事产业经济学的研究。	⑥ ⑦ }→② ⑧
⑨一个真正的经济学家，首先要把经济学当作一门科学来对待，必须保证学术研究的独立性和严肃性，必须保持与"官场"和"商场"的距离，否则，不可能在经济学领域做出独立的研究成果。	⑨→②
⑩说"中国真正意义上的经济学家，最多不超过5个"，听起来刻薄，⑪但只要去看一看国际上经济学界那些最重要的学术刊物，有多少文章是来自中国国内的经济学家，就会知道这还是比较客观和宽容的一种评价。	⑪→⑩ 再次点明论点

总析

本材料是典型的总—分—总结构。第一段背景介绍；第二段提出论点；第三、四、五段为本论部分，作为主要论据来支持核心论点；第六段总结段，再次点明核心论点——中国真正意义上的经济学家，最多不超过5个。 所以，材料的论证结构如下：

论据：
（1）中国经济学界太热闹了，缺乏理性精神。
（2）只有远离现实的诱惑，潜心于书斋，认真钻研学问，才可能成为真正意义上的经济学家，中国经济学家离这个境界太远了。
（3）真正的经济学家要把经济学当作一门科学来对待，要与"官场"和"商场"保持距离。
（4）国际上经济学界重要的学术刊物，只有很少量文章是来自中国国内的经济学家。
论点：中国真正意义上的经济学家，最多不超过5个。

谬误分析

谬误1　概念模糊
"真正意义上的经济学家"概念界定模糊。是否只有诺贝尔经济学奖得主才是真正的经济学家？还是发表文章数量多就是真正的经济学家？

谬误2　推断不当
评股市、讲汇率等"热闹"的行为，与"理性精神"并不矛盾。对股市、汇率的分析也需要理性精神。

谬误3　推断不当
评股市、讲汇率、做董事等行为，与做"严肃的经济学研究"之间，并不存在矛盾。经济学本来就是研究社会经济现象的学科，它离不开股市、汇率、企业管理等实践问题。

谬误4　不当类比
经济学和物理学、数学虽然讨论的都是专业化问题，但二者之间也存在巨大差异。物理学、数学是自然科学，可以远离人群做实验、算数据；而经济学是社会科学，研究的是社会经济的发展，它离不开实践检验。离开了现实，潜心书斋，可能恰恰背离了经济学的本质。

谬误5　推断不当
"产业经济学"也是经济学的组成部分，不能认为从事产业经济学研究的人一定是"产业代言人"，也不能认为他们不能"保证学术研究的独立性和严肃性"。

谬误6　强置必要条件
材料认为，保证学术研究的独立性和严肃性，就必须保持与"官场"和"商场"的距离，未必妥当。因为，经济学研究的方向既包括宏观上经济政策的制定，也包括微观上各企业的行为，而这些恰恰脱离不了"官场"和"商场"。

谬误7　概念模糊
假如在"国际重要期刊发表文章的数量"是衡量经济学家的重要标准，那么，是哪些期刊？

需要发表多少篇文章？文章质量怎么衡量？这些标准不确定，就无法推出"中国真正意义上的经济学家不超过5个"。

参考范文

中国真正的经济学家不超过5个吗？

上述材料通过一系列推理和论证，推断出"中国真正意义上的经济学家，最多不超过5个"。这样的推理有失偏颇，论证如下：

首先，材料中的核心概念"真正意义上的经济学家"界定模糊。"真正意义上的经济学家"是指有理性精神的学者？还是指在国际期刊上发表了文章的作者？又或是指诺贝尔经济学奖获得者？在此概念模糊的情况下，难以得出"中国真正意义上的经济学家，最多不超过5个"的结论。

其次，评股市、讲汇率等"热闹"的行为，与"理性精神"并不矛盾。对股市、汇率的分析也需要理性精神。而且，这些行为与做"严肃的经济学研究"之间，也不存在矛盾。经济学本来就是研究社会经济现象的学科，它离不开股市、汇率、企业管理等实践问题。

再次，经济学和物理学、数学虽然讨论的都是专业化问题，但也存在巨大差异。物理学、数学是自然科学，研究的是物质内部的客观规律；而经济学是社会科学，研究的是人类经济活动，具有较强的实践性。脱离现实、潜心书斋，可能恰恰背离了经济学的本质。

又次，材料认为，"要保证学术研究的独立性和严肃性"，就必须保持与"官场"和"商场"的距离，未必妥当。因为，经济学研究的方向既包括宏观上经济政策的制定，也包括微观上各企业的行为，而这些恰恰脱离不了"官场"和"商场"。

最后，"在国际重要期刊发表文章的数量"，并不是衡量学术水平的唯一标准，也不必然推断出"中国真正意义上的经济学家不超过5个"。

由于上文在论证过程中存在诸多逻辑漏洞，"中国真正意义上的经济学家，最多不超过5个"的结论值得商榷。

（全文共646字）

2008 年 MBA 联考论证有效性分析母题思路详解

真题原题

论证有效性分析：分析下述论证中存在的缺陷和漏洞，选择若干要点，写一篇 600 字左右的文章，对该论证的有效性进行分析和评论。（论证有效性分析的一般要点是：概念特别是核心概念的界定和使用是否准确并前后一致，有无各种明显的逻辑错误，论证的论据是否成立并支持结论，结论成立的条件是否充分等。）（30 分）

甲：有人以中医不为西方人普遍接受为由，否定中医的科学性，我不赞同。西方人普遍不能接受中医是因为他们不理解中国的传统文化。

乙：西医是以科学研究为根据的，科学研究的对象是普适的自然规律。因此，科学没有国界，科学的发展不受民族或文化因素的影响。把中医的科学地位归咎于西方科学界不认可中国文化，是荒唐的。

甲："科学没有国界"是一个广为流传的谬误。如果科学真的没有国界，为什么外国制药公司会诉讼中国企业侵犯其知识产权呢？

乙：从科学角度讲，现代医学以生物学为基础，而生物学建立在物理、化学等学科基础之上。中医不以这些学科为基础，因此它与科学不兼容，只能说是伪科学。

甲：中医在中国有几千年的历史，治好了很多人，怎么能说它是伪科学呢？人们为什么崇尚科学，是因为科学对人类有用。既然中医对人类有用，凭什么说它不是科学？西医自然有长于中医的地方，中医也有长于西医之处。中医体现了对人体完整系统的把握，整体观念、系统思维，就是西医所欠缺的。

乙：我去医院看西医，人家用现代科技手段从头到脚给我检查一遍，怎么没有整体观念、系统思维呢？中医在中国居于主导地位的时候，中国人的平均寿命只有三十岁左右，现代中国人平均寿命约七十岁，完全拜现代医学之赐。

论证结构分析

2008 年 MBA 联考论证有效性分析	论证图示
①甲：有人以中医不为西方人普遍接受为由，否定中医的科学性，我不赞同。②西方人普遍不能接受中医是因为他们不理解中国的传统文化。	②→①

续表

2008年MBA联考论证有效性分析	论证图示
③乙：西医是以科学研究为根据的，科学研究的对象是普适的自然规律。④因此，科学没有国界，科学的发展不受民族或文化因素的影响。⑤把中医的科学地位归咎于西方科学界不认可中国文化，是荒唐的。	③→④→⑤
⑥甲："科学没有国界"是一个广为流传的谬误。⑦如果科学真的没有国界，为什么外国制药公司会诉讼中国企业侵犯其知识产权呢？	⑦→⑥
⑧乙：从科学角度讲，现代医学以生物学为基础，而生物学建立在物理、化学等学科基础之上。⑨中医不以这些学科为基础，⑩因此它与科学不兼容，只能说是伪科学。	⑧、⑨→⑩
⑪甲：中医在中国有几千年的历史，治好了很多人，⑫怎么能说它是伪科学呢？⑬人们为什么崇尚科学，是因为科学对人类有用。⑭既然中医对人类有用，⑮凭什么说它不是科学？⑯西医自然有长于中医的地方，中医也有长于西医之处。⑰中医体现了对人体完整系统的把握，整体观念、系统思维，就是西医所欠缺的。	⑪→⑫ ⑬、⑭→⑮ ⑰→⑯
⑱乙：我去医院看西医，人家用现代科技手段从头到脚给我检查一遍，⑲怎么没有整体观念、系统思维呢？⑳中医在中国居于主导地位的时候，中国人的平均寿命只有三十岁左右，现代中国人平均寿命约七十岁，完全拜现代医学之赐。	⑱→⑲ ⑳支持西医

总析

材料中，甲、乙双方就"中医是不是科学"这一话题展开辩论，属于甲、乙双方争辩型的文章。材料中，甲支持中医，认为"中医是科学"；乙支持西医，认为"中医是伪科学"。材料共六段，甲、乙双方争辩各三段，均是一方先提出观点，另一方加以反驳并提出新观点。

甲方的主要论据如下：

(1)西方人普遍不能接受中医是因为他们不理解中国的传统文化，这并不能否定中医的科学性。

(2)外国制药公司会诉讼中国企业侵犯其知识产权，由此得出：科学是有国界的。

(3)中医在中国有几千年的历史，治好了很多人，不能说它是伪科学。

(4)科学对人类有用，中医对人类有用，中医是科学。

(5)中西医各有所长，西医欠缺中医蕴含的整体观念和系统思维。

乙方的主要论据如下：

(1)科学没有国界，中医的科学地位不能归咎于西方科学界不认可中国文化。

(2)现代医学以生物学为基础，中医不以其为基础，所以中医与科学不兼容，是伪科学。

（3）西医可运用现代科技手段从头到脚进行检查，具有整体观念、系统思维。

（4）中医在中国居主导地位时，中国人的平均寿命仅三十岁左右，现代中国人平均寿命约七十岁，完全拜现代医学之赐。

谬误分析

甲方的主要逻辑漏洞：

谬误1　归因不当

甲认为"中医不为西方人普遍接受，是因为他们不理解中国的传统文化"，存在不妥。西方人不接受中医的原因，可能是"不理解中国的传统文化"，也可能确实是因为中医不科学。"是否接受中医"与"是否理解中国的传统文化"之间没有必然联系。

谬误2　偷换概念

甲方将"科学"与"知识产权"两个不同的概念进行了偷换。"科学"是指人们所发现的、为人类所共享的客观规律，确实不受国界限制；而"知识产权"则是指个人对其所创作的成果享有的专有权利，受国界限制和法律保护。

谬误3　推断不当/不当假设

甲认为"科学对人类有用，中医对人类也有用"，进而推出"中医是科学"，存在不妥。科学对人类有用，但有用的不一定都是科学。比如音乐、空气对人类有用，但它们却不是科学。所以，仅依据"中医对人类有用"，并不能推出"中医是科学"。

乙方的主要逻辑漏洞：

谬误1　推断不当

乙方由"科学研究的对象是普适的自然规律"，推出"科学没有国界，科学的发展不受民族或文化因素的影响"，存在不妥。"科学研究的对象"与"科学是否有国界、是否受到民族或文化因素的影响"，没有必然联系。

谬误2　推断不当/非黑即白

乙方根据"中医不以生物学为基础"，推出"中医是伪科学"，有失偏颇。中医虽然不以生物学为基础，但是生物学、化学等研究方法及其成果也在中医中有所应用，并非两者不兼容。此外，与科学不兼容，也不意味着就是伪科学。比如文学、音乐或尚在证明的科学等，这些学科虽然并非科学，但显然不是伪科学。

谬误3　概念混淆

乙认为"西医用现代科技手段从头到脚检查一遍"，就是有"整体观念、系统思维"，有失偏颇。"从头到脚检查一遍"，仅仅是在操作上覆盖了身体的每个部分，而"整体"或"系统"是各个部分或各个要素的有机组合，有严密的结构性或连续性，并非各个部分或要素的简单相加。

谬误4　归因不当

乙认为"中国人平均寿命的延长，完全拜现代医学之赐"，这一观点过于绝对。事实上，中国人平均寿命的提高有很多影响因素，比如居住条件的改善、粮食的充足、抵抗自然灾害的能力提高、战争的减少等，"现代医学"并非"中国人平均寿命延长"的唯一原因。

参考范文

无效的中西医科学性之辩

上述材料中,甲、乙双方就"中医是不是科学"这一话题展开了激烈辩论,但辩论双方都存在诸多逻辑问题。

甲方的主要逻辑漏洞如下:

首先,甲认为"中医不为西方人普遍接受,是因为他们不理解中国的传统文化",存在不妥。实际上,西方人不接受中医的原因,可能是"不理解中国的传统文化",也可能是中医确实不科学等其他原因,"是否接受中医"与"是否理解中国的传统文化"没有必然联系。

其次,甲方根据"外国制药公司诉讼中国企业侵犯其知识产权",来反驳乙方所说的"科学无国界",是对概念进行了偷换。乙方说的是科学"标准"无国界,而非科学的"知识产权"无国界,二者概念不同。

最后,甲认为"科学对人类有用,中医对人类也有用",进而推出"中医是科学",存在不妥。科学对人类有用,但有用的不一定都是科学。比如音乐、空气对人类有用,但它们却不是科学。所以,仅依据"中医对人类有用",并不能推出"中医是科学"。

乙方的主要逻辑漏洞如下:

第一,乙认为"西医用现代科技手段从头到脚检查一遍",就能说明西医具备"整体观念"和"系统思维"是不恰当的。"整体"或"系统"是各个部分或各个要素的有机组合,有严格的结构性或连续性,并不是各个部分或要素的简单相加。并且,西医是否有"整体观念"和"系统思维",与"中医是否科学"之间也没有必然的逻辑性。

第二,乙把"现代中国人平均寿命的大幅提高",完全归因于西医的功劳,过于绝对。中国人平均寿命的提高受很多因素的影响,比如生活水平的提高、抵抗自然灾害能力的提高等,医疗水平的提高并不是唯一原因。

综上所述,甲、乙双方的论证都存在谬误,争论的有效性值得怀疑。

(全文共681字)

考场小贴士

双方争辩型的论证有效性分析题,我们需要指出双方的争论都存在逻辑问题,并分别加以分析,绝不能只挑其中一方的问题,更不能支持一方、反驳另一方。此外,考生在进行分析时,一定要明确指出是哪一方的观点,不要说"材料认为……",而要说"甲方认为……、乙方认为……"。

第3章 在职MBA联考论证有效性分析真题超精解

2004年在职MBA联考论证有效性分析母题思路详解

真题原题

论证有效性分析：分析下述论证中存在的缺陷和漏洞，选择若干要点，写一篇600字左右的文章，对该论证的有效性进行分析和评论。（论证有效性分析的一般要点是：概念特别是核心概念的界定和使用是否准确并前后一致，有无各种明显的逻辑错误，论证的论据是否成立并支持结论，结论成立的条件是否充分等。）（30分）

有两个人在山间打猎，遇到一只凶猛的老虎。其中一个人扔下行囊，撒腿就跑，另一人朝他喊："跑有什么用，你跑得过老虎吗？"头一个人边跑边说："我不需要跑赢老虎，我只要跑赢你就够了！"

这个故事告诉我们，企业经营首先要考虑的是如何战胜竞争对手，因为顾客不是选择你，就是选择你的竞争者，所以只要在满足顾客需求方面比竞争者快一点，你就能够脱颖而出，战胜对手。想要跑得比老虎快，是企业战略幼稚的表现，追求过高的竞争目标会白白浪费企业的大量资源。

论证结构分析

2004年在职MBA联考论证有效性分析	论证图示
①有两个人在山间打猎，遇到一只凶猛的老虎。其中一个人扔下行囊，撒腿就跑，另一人朝他喊："跑有什么用，你跑得过老虎吗？"头一个人边跑边说："我不需要跑赢老虎，我只要跑赢你就够了！"	①故事
这个故事告诉我们，②企业经营首先要考虑的是如何战胜竞争对手，因为顾客不是选择你，就是选择你的竞争者，③所以只要在满足顾客需求方面比竞争者快一点，你就能够脱颖而出，战胜对手。④想要跑得比老虎快，是企业战略幼稚的表现，追求过高的竞争目标会白白浪费企业的大量资源。	①→②→③→④

总析

本材料是典型的类比结构,第一段为故事讲述作为论据,第二段类比到企业,得出论点。 所以,材料的论证结构如下:

论据:
(1)猎人只要跑赢另一个猎人就可以脱离危险。
(2)在满足顾客需求方面比竞争者快一点,该企业就能脱颖而出。
论点:企业经营要战胜竞争对手,追求过高的竞争目标会白白浪费企业的大量资源。

谬误分析

谬误1　不当类比

从题干的寓言故事类比到企业经营,属不当类比。企业之间竞争的复杂程度远非故事中的情况所能比。

谬误2　不当假设

"我不需要跑赢老虎,我只要跑赢你就够了!"暗含一个不当假定,就是老虎只吃跑得慢的那个人。可能老虎在捕获第一个人之后,还会追捕第二个人。

谬误3　非黑即白

在企业经营中,"顾客不是选择你,就是选择你的竞争者"并不成立,这并不是顾客的两种仅有的选择。顾客有可能对你和你的竞争者都选择,但也可能二者都不选择。所以,战胜了竞争对手,未必能赢得顾客。

谬误4　强置充分条件

"只要在满足顾客需求方面比竞争者快一点,你就能够脱颖而出",有失妥当。顾客的需求是多方面的,速度可能只是其中一方面,可能还需要在质量、服务、价格等多方面下功夫。

谬误5　推断不当

不能认为"想要跑得比老虎快"是"企业战略幼稚的表现",是"追求过高的竞争目标"。企业的发展,不能只满足于超越身边的竞争对手,可能需要更长远的眼光。

参考范文

跑赢对手就够了吗?

上述论证用一则人与老虎的故事类比到企业经营管理,试图得出"跑赢对手就够了"的结论。然而,该论证存在多处逻辑漏洞,分析如下:

第一，老虎追人的故事本身就有问题。"我不需要跑赢老虎，我只要跑赢你就够了！"暗含一个不当假定，就是老虎只吃跑得慢的那个人。可能老虎在捕获第一个人之后，还会追捕第二个人。

第二，从题干的寓言故事类比到企业经营，属不当类比。企业之间竞争的复杂程度远非两个人遇到老虎的赛跑所能比。而且，不同的企业之间除了竞争之外，还可以有合作。

第三，在企业经营中，"顾客不是选择你，就是选择你的竞争者"并不成立，这并不是顾客的两种仅有的选择。顾客有可能对你和你的竞争者都选择，但也可能二者都不选择。所以，战胜了竞争对手，未必能赢得顾客。

第四，"只要在满足顾客需求方面比竞争者快一点，你就能够脱颖而出"，有失妥当。顾客的需求是多方面的，速度可能只是其中一方面，可能还需要在质量、服务、价格等多方面下功夫。

最后，不能认为"想要跑得比老虎快"是"企业战略幼稚的表现"，是"追求过高的竞争目标"。因为企业提供的产品归根结底是为了满足顾客的需求，而不是单纯战胜竞争对手。

综上所述，材料中存在多种逻辑漏洞。要想得出"跑赢对手就够了"的结论，还需提供更多具有说服力的论据和论证。

（全文共 540 字）

2005 年在职 MBA 联考论证有效性分析母题思路详解

真题原题

论证有效性分析：分析下述论证中存在的缺陷和漏洞，选择若干要点，写一篇 600 字左右的文章，对该论证的有效性进行分析和评论。（论证有效性分析的一般要点是：概念特别是核心概念的界定和使用是否准确并前后一致，有无各种明显的逻辑错误，论证的论据是否成立并支持结论，结论成立的条件是否充分等。）（30 分）

某管理咨询公司最近公布了一份洋快餐行业发展情况的分析报告，对洋快餐在中国的发展趋势给出了相当乐观的预判。

该报告指出，过去 5 年中，洋快餐在大城市中的网点数每年以 40% 的惊人速度增长，而在中国广大的中小城市和乡镇还有广阔的市场成长空间；照此速度发展下去，估计未来 10 年，洋快餐在中国饮食行业的市场占有率将超过 20%，成为中国百姓饮食的重要选择。

饮食行业的某些人士认为,从营养角度看,长期食用洋快餐对人体健康不利,洋快餐的快速增长会因此受到制约。但该报告指出,洋快餐在中国受到广大消费者,特别是少年儿童消费群体的喜爱。显然,那些认为洋快餐不利于健康的观点是站不住脚的。该公司去年在100家洋快餐店内进行的大量问卷调查结果显示,超过90%的中国消费者认为食用洋快餐对于个人的营养均衡有所帮助。而已经喜爱上洋快餐的未成年人在未来成为更有消费能力的成年群体之后,洋快餐的市场需求会大幅度跃升。

洋快餐长期稳定的产品组合以及产品和服务的标准化,迎合了消费者希望获得无差异食品和服务的需要,这也是洋快餐快速发展的重要优势。

该报告预测,如果中国式快餐在未来没有较大幅度的发展,洋快餐一定会成为中国饮食行业的霸主。

论证结构分析

2005年在职MBA联考论证有效性分析	论证图示
①某管理咨询公司最近公布了一份洋快餐行业发展情况的分析报告,对洋快餐在中国的发展趋势给出了相当乐观的预判。	①背景介绍
②该报告指出,过去5年中,洋快餐在大城市中的网点数每年以40%的惊人速度增长,而在中国广大的中小城市和乡镇还有广阔的市场成长空间;③照此速度发展下去,估计未来10年,洋快餐在中国饮食行业的市场占有率将超过20%,成为中国百姓饮食的重要选择。	②→③
④饮食行业的某些人士认为,从营养角度看,长期食用洋快餐对人体健康不利,洋快餐的快速增长会因此受到制约。⑤但该报告指出,洋快餐在中国受到广大消费者,特别是少年儿童消费群体的喜爱。⑥显然,那些认为洋快餐不利于健康的观点是站不住脚的。⑦该公司去年在100家洋快餐店内进行的大量问卷调查结果显示,超过90%的中国消费者认为食用洋快餐对于个人的营养均衡有所帮助。⑧而已经喜爱上洋快餐的未成年人在未来成为更有消费能力的成年群体之后,洋快餐的市场需求会大幅度跃升。	④引入他人观点 ⑤、⑦→⑥ ⑧ }⑩
⑨洋快餐长期稳定的产品组合以及产品和服务的标准化,迎合了消费者希望获得无差异食品和服务的需要,这也是洋快餐快速发展的重要优势。	⑨→⑩
⑩该报告预测,如果中国式快餐在未来没有较大幅度的发展,洋快餐一定会成为中国饮食行业的霸主。	⑩点明论点

总析

材料是典型的分—总结构。第一段为背景介绍；第二、三、四段为本论部分，列举了四个主要论据来支持核心论点；第五段为总结段，点明论点——洋快餐一定会成为中国饮食行业的霸主。 所以，材料的论证结构如下：

论据：

（1）过去5年中，洋快餐在大城市中的网点数每年以40%的惊人速度增长，而在中国广大的中小城市和乡镇还有广阔的市场成长空间。

（2）洋快餐不利于健康的观点是站不住脚的。

（3）已经喜爱上洋快餐的未成年人在未来成为更有消费能力的成年群体之后，洋快餐的市场需求会大幅度跃升。

（4）洋快餐产品迎合了消费者希望获得无差异食品和服务的需要。

论点：洋快餐一定会成为中国饮食行业的霸主。

谬误分析

谬误1　论据不充分/数字陷阱

材料由"过去5年中，洋快餐在大城市中的网点数每年以40%的惊人速度增长"推断出"未来10年，洋快餐在中国饮食行业的市场占有率将超过20%"，存在不妥。第一，网点数的增长，并不代表销售额的增长；第二，洋快餐的市场占有率情况，不仅取决于洋快餐的发展速度，还取决于其他餐饮形式的发展速度；第三，洋快餐过去5年的增长速度，并不一定能在未来得以保持。

谬误2　不当类比

不能用洋快餐在大城市中的发展速度来推断其在中小城市和乡镇的发展速度。不同的市场的消费者的消费偏好、饮食习惯、消费能力都是有区别的。

谬误3　诉诸情感

由洋快餐受到广大消费者的认可，并不能说明洋快餐是有利于健康的。比如，吸毒者就很喜爱毒品，但毒品对人存在着致命的伤害。

谬误4　不当归纳（样本不具有代表性）

在洋快餐店内进行的问卷调查，存在样本选择上的偏差。这些洋快餐店的消费者大多是认同洋快餐的，否则也不会去洋快餐店消费。他们很难代表那些不去或者很少去洋快餐店的消费者的观点。

谬误5　推断不当

"已经喜爱上洋快餐的未成年人在未来成为更有消费能力的成年群体之后，洋快餐的市场需求会大幅度跃升"，这一推论存在不妥。因为未成年人在成年后，饮食习惯、消费偏好等可能会产生较大变化，小时候喜欢的产品，长大之后未必喜欢。

谬误6　推断不当

洋快餐长期稳定的产品组合以及产品和服务的标准化，迎合了消费者希望获得无差异食品和服务的需要，但是也可能同时失去了满足别的消费者追求新鲜感、追求服务多样化的可能。

谬误7　推断不当

中国式快餐和洋快餐并不是中国餐饮行业的全部，除此之外，正餐也是重要的组成部分。因此，不能认为如果中国式快餐发展缓慢，洋快餐就会成为中国饮食行业的霸主。

参考范文

洋快餐一定会成为中国饮食行业的霸主吗？

上述材料试图论证"洋快餐一定会成为中国饮食行业的霸主"，然而，该论证存在多处逻辑漏洞，其结论未必妥当。

第一，材料由"过去5年中，洋快餐在大城市中的网点数每年以40%的惊人速度增长"推断出"未来10年，洋快餐在中国饮食行业的市场占有率将超过20%"，存在不妥。第一，网点数的增长，并不代表销售额的增长；第二，洋快餐的市场占有率情况，不仅取决于洋快餐的发展速度，还取决于其他餐饮形式的发展速度；第三，洋快餐过去5年的增长速度，并不一定能在未来得以保持。

第二，在洋快餐店内进行的问卷调查，存在样本选择上的偏差。这些洋快餐店的消费者大多是认同洋快餐的，否则也不会去洋快餐店消费。他们很难代表那些不去或者很少去洋快餐店的消费者的观点。

第三，"已经喜爱上洋快餐的未成年人在未来成为更有消费能力的成年群体之后，洋快餐的市场需求会大幅度跃升"，这一推论存在不妥。因为未成年人在成年后，饮食习惯、消费偏好等可能会产生较大变化，小时候喜欢的产品，长大之后未必喜欢。

第四，洋快餐长期稳定的产品组合以及产品和服务的标准化，迎合了消费者希望获得无差异食品和服务的需要，但是也可能同时失去了满足别的消费者追求新鲜感、追求服务多样化的可能。

最后，中国式快餐和洋快餐并不是中国餐饮行业的全部，除此之外，正餐也是重要的组成部分。因此，不能认为如果中国式快餐发展缓慢，洋快餐就会成为中国饮食行业的霸主。

综上所述，材料中存在诸多逻辑问题，所以，"洋快餐一定会成为中国饮食行业的霸主"的结论未免有些草率。

（全文共648字）

2006年在职MBA联考论证有效性分析母题思路详解

真题原题

论证有效性分析：分析下述论证中存在的缺陷和漏洞，选择若干要点，写一篇600字左右的文章，对该论证的有效性进行分析和评论。（论证有效性分析的一般要点是：概念特别是核心概念的界定和使用是否准确并前后一致，有无各种明显的逻辑错误，论证的论据是否成立并支持结论，结论成立的条件是否充分等。）（30分）

美国是世界上经济最发达的国家，曝光的企业丑闻数量却比发展中国家多得多，这充分说明经济的发展不一定带来道德的进步。企业作为社会财富最重要的创造者之一，也应该为整个社会道德水准的提升做出积极的贡献。如果因为丑闻迭出而导致社会道德风气的败坏，那么我们完全有理由怀疑企业这种组织的存在对于整个社会的意义。当公司的高管们坐着商务飞机在全球遨游时，股东们根本无从知晓管理层是否在滥用自己的权力。媒体上频频出现的企业丑闻也让我们有足够的理由怀疑是否该给大公司高管们支付那么高的报酬。企业高管拿高薪是因为他们的决策对企业的生存与发展至关重要，然而，当公司业绩下滑甚至亏损时，他们却不必支付罚金。正是这种无效的激励机制使得公司高管们朝着错误的方向越滑越远。因此，只有建立有效的激励机制，才能杜绝企业丑闻的发生。

论证结构分析

2006年在职MBA联考论证有效性分析	论证图示
①美国是世界上经济最发达的国家，曝光的企业丑闻数量却比发展中国家多得多，这充分说明经济的发展不一定带来道德的进步。②企业作为社会财富最重要的创造者之一，也应该为整个社会道德水准的提升做出积极的贡献。③如果因为丑闻迭出而导致社会道德风气的败坏，那么我们完全有理由怀疑企业这种组织的存在对于整个社会的意义。④当公司的高管们坐着商务飞机在全球遨游时，股东们根本无从知晓管理层是否在滥用自己的权力。⑤媒体上频频出现的企业丑闻也让我们有足够的理由怀疑是否该给大公司高管们支付那么高的报酬。⑥企业高管拿高薪是因为他们的决策对企业的生存与发展至关重要，然而，当公司业绩下滑甚至亏损时，他们却不必支付罚金。⑦正是这种无效的激励机制使得公司高管们朝着错误的方向越滑越远。⑧因此，只有建立有效的激励机制，才能杜绝企业丑闻的发生。	

总析

材料是典型的一段式分—总结构。段落内部可以分为两个部分,列举了两个分论点作为主要论据来支持核心论点;最后一句为总结句——只有建立有效的激励机制,才能杜绝企业丑闻的发生。所以,材料的论证结构如下:

论据:
(1)企业因为丑闻迭出而导致社会道德风气的败坏,那么企业的存在对于整个社会没有意义。
(2)无效的激励机制,使得公司高管们朝着错误的方向越滑越远。
论点:只有建立有效的激励机制,才能杜绝企业丑闻的发生。

谬误分析

谬误1　推断不当

"美国比发展中国家曝光的企业丑闻多得多",并不必然意味着其实际企业丑闻的数量更多,这一结果可能是由不同的媒体曝光度或自由度造成的。因此,也就无法由此推断出"经济的发展不一定带来道德的进步"这一结论。

谬误2　推断不当

媒体上企业丑闻迭出,并不必然导致社会道德风气败坏。即使如此,也不能否定企业组织的存在对于整个社会的意义,因为企业可能给社会带来诸如经济发展、科技进步等其他贡献。

谬误3　强置因果

"公司的高管们坐着商务飞机在全球遨游"与"管理层滥用自己的权力"缺乏因果关系。他们在全球遨游,可能是正常的商务往来,是他们敬业肯干的表现。

谬误4　强置因果

难以确定"企业丑闻"与"高管们较高的报酬"之间是否存在因果关系。

谬误5　归因不当

企业业绩下滑甚至亏损的原因可能很复杂,外部环境的变化、市场竞争的加剧、消费习惯的转变、公司治理结构的缺失等都可能会影响企业业绩,公司高管的错误决策只是其中一个可能的原因。因此,要求高管为公司业绩下滑而支付罚金的理由并不充分。

谬误6　推断不当

没有支付罚金,不等于公司高管没有对自己的错误决策承担责任。他们可能会因此拿不到绩效奖金,甚至会因此失业,这也是承担责任的方式。

谬误7　强置必要条件

"只有建立有效的激励机制，才能杜绝企业丑闻的发生"的结论不能成立。因为，激励机制与企业丑闻之间并不存在必然的联系。而且可能也有其他的办法减少企业丑闻的发生。

参考范文

激励机制能杜绝丑闻吗？

上述材料通过对企业丑闻这一现象的一系列分析，得出"只有建立有效的激励机制，才能杜绝企业丑闻的发生"这一结论，其推理过程尚有多处不足之处，有待进一步完善。

首先，材料由美国曝光的企业丑闻数量比发展中国家多，得出经济的发展不一定带来道德的进步的结论，难以让人信服。因为美国曝光的企业丑闻多，有很多可能的原因，如可能是美国的企业数量远远超出发展中国家企业的数量，也可能是美国的媒体监督机制好、社会透明度高，未必是经济发展导致了企业丑闻的发生。

其次，论述者认为企业丑闻迭出会导致社会道德风气败坏是值得商榷的，也可能是社会道德风气败坏导致企业丑闻迭出。即便是企业丑闻导致社会道德风气败坏，也无法因此就怀疑企业对整个社会的意义。企业对社会的影响是多方面的，如经济的发展、科技的进步，等等，不能仅仅因为某一方面的不足就去否定所有方面的意义。

再次，"公司的高管们坐着商务飞机在全球遨游"与"管理层滥用自己的权力"缺乏因果关系。因为高管坐飞机的原因可能是为了企业的发展而匆忙奔波，正是其权力的有效执行，而不是滥用权力。

最后，没有支付罚金，不等于公司高管没有对自己的错误决策承担责任。他们可能会因此拿不到绩效奖金，甚至会因此失业，这也是承担责任的方式。况且，即使他们确实向错误的方向越滑越远，也可能是经济环境变差、市场竞争的加剧、消费习惯的转变等多种原因造成的，未必是无效激励的原因。

综上所述，论述者的论证难以让人信服，要想杜绝企业丑闻的发生，还需要提出更为有效的解决措施。

（全文共637字）

2007 年在职 MBA 联考论证有效性分析母题思路详解

真题原题

论证有效性分析：分析下述论证中存在的缺陷和漏洞，选择若干要点，写一篇 600 字左右的文章，对该论证的有效性进行分析和评论。（论证有效性分析的一般要点是：概念特别是核心概念的界定和使用是否准确并前后一致，有无各种明显的逻辑错误，论证的论据是否成立并支持结论，结论成立的条件是否充分等。）（30 分）

在中国改革开放的字典里，"终身制"和"铁饭碗"作为指称弊端的概念，是贬义词。其实，这里存在误解。

在现代企业理论中有一个"期界问题（horizon problem）"，是指由于雇佣关系很短导致职工的种种短视行为，以及此类行为对企业造成的危害。当雇员面对短期的雇佣关系时，首先他不会为提高自己的专业技能投资，因为他在甲企业中培育的专业技能对他在乙企业中的发展可能毫无意义；其次，作为一个匆匆过客，他不会关注企业的竞争力，因为这和他的长期收入没有多大关系；最后，只要有机会，他会为了个人短期收入最大化而损害企业利益，例如过度地使用机器设备，等等。

为了解决"期界问题"，日本和德国的企业对那些专业技能要求很高的岗位上的员工，一般都实行终身雇佣制；而终身雇佣制也为日本和德国企业建立与保持国际竞争力提供了保障。这证明了"终身制"和"铁饭碗"不见得不好，也说明，中国企业的劳动关系应该向着建立长期雇佣关系的方向发展。

在现代社会，企业劳动者个人都面临着不断变化的市场环境。而变化的环境必然导致机会主义行为。在各行各业，控制机会主义行为的唯一途径，就是在企业内部培养员工对公司的忠诚感。而培养忠诚感，需要建立员工和企业之间的长期雇佣关系，要给员工提供"铁饭碗"，使员工形成长远预期。

因此，在企业管理的字典里，"终身制"和"铁饭碗"应该是褒义词。不少国家包括美国，不是有终身教授吗？既然允许有捧着"铁饭碗"的教授，为什么不允许有捧着"铁饭碗"的工人呢？

论证结构分析

2007 年在职 MBA 联考论证有效性分析	论证图示
①在中国改革开放的字典里，"终身制"和"铁饭碗"作为指称弊端的概念，是贬义词。②其实，这里存在误解。	①背景介绍 ②提出论点

2007年在职MBA联考论证有效性分析	论证图示
③在现代企业理论中有一个"期界问题（horizon problem）"，是指由于雇佣关系很短导致职工的种种短视行为，以及此类行为对企业造成的危害。④当雇员面对短期的雇佣关系时，首先他不会为提高自己的专业技能投资，因为他在甲企业中培育的专业技能对他在乙企业中的发展可能毫无意义；⑤其次，作为一个匆匆过客，他不会关注企业的竞争力，因为这和他的长期收入没有多大关系；⑥最后，只要有机会，他会为了个人短期收入最大化而损害企业利益，例如过度地使用机器设备，等等。	④ ⑤ ｝③ ⑥
⑦为了解决"期界问题"，日本和德国的企业对那些专业技能要求很高的岗位上的员工，一般都实行终身雇佣制；而终身雇佣制也为日本和德国企业建立与保持国际竞争力提供了保障。⑧这证明了"终身制"和"铁饭碗"不见得不好，也说明，中国企业的劳动关系应该向着建立长期雇佣关系的方向发展。	⑦→⑧
⑨在现代社会，企业劳动者个人都面临着不断变化的市场环境。⑩而变化的环境必然导致机会主义行为。⑪在各行各业，控制机会主义行为的唯一途径，就是在企业内部培养员工对公司的忠诚感。⑫而培养忠诚感，需要建立员工和企业之间的长期雇佣关系，要给员工提供"铁饭碗"，使员工形成长远预期。	⑨→⑩→⑪→⑫
⑬因此，在企业管理的字典里，"终身制"和"铁饭碗"应该是褒义词。⑭不少国家包括美国不是有终身教授吗？既然允许有捧着"铁饭碗"的教授，为什么不允许有捧着"铁饭碗"的工人呢？	⑭→⑬

> **总析**
>
> 材料是总—分—总结构。第一段为背景介绍，并提出论点；第二、三、四段为本论部分，列举了三个分论点作为主要论据来支持核心论点；第五段为总结段，再次点明论点——在企业管理的字典里，"终身制"和"铁饭碗"应该是褒义词。所以，材料的论证结构如下：
>
> 论据：
>
> （1）"期界问题"指由于雇佣关系很短导致职工的种种短视行为，以及此类行为对企业造成的危害。
>
> （2）日本和德国的经验证明，中国企业的劳动关系应该向着建立长期雇佣关系的方向发展。
>
> （3）培养忠诚感，需要建立员工和企业之间的长期雇佣关系，要给员工提供"铁饭碗"，使员工形成长远预期。
>
> 论点：在企业管理的字典里，"终身制"和"铁饭碗"应该是褒义词。

谬误分析

谬误1　概念混淆

论证中"终身制""铁饭碗""终身雇佣制""长期雇佣关系"这四个概念各有其不同的历史背景和具体含义，上述论证中忽视了这些概念之间的差异。

谬误2　推断不当

材料认为，当雇员面对短期的雇佣关系时，一定"不会努力提高自己的技能""不关注企业的竞争力"，甚至"只要有机会，他会为了个人短期收入最大化而损害企业利益"，过于绝对。因为，雇员在一个企业所培养的专业技能、取得的工作业绩，会为他下一段的职业生涯提供帮助；雇员和企业之间的利益在整体上并不矛盾。因此，"期界问题"仅仅是一种可能性，而非必然发生。

谬误3　归因不当

日本和德国企业在国际市场上的竞争力是由很多因素决定的，这里强调"终身雇佣制"为日本和德国企业建立与保持国际竞争力提供了保障，理由不充分。

谬误4　不当类比

即便日本和德国企业的"终身雇佣制"为日本和德国企业建立与保持竞争力提供了保障，也没有充分的理由说明"长期雇佣关系"在中国也能成功。因为日本、德国两国的国情与中国有种种差异。再者，日本和德国的"长期雇佣关系"和中国的"铁饭碗"也有不同。

谬误5　滑坡谬误

由"变化的环境必然导致机会主义行为"从而推导出必须"培养员工的忠诚度"，进而又推导出建立"终身雇佣制"，存在滑坡谬误。不能将可能性的因果关系扩大于必然性，并做进一步的推导。

谬误6　不当类比

教授的工作性质与工人的工作性质有非常大的区别，将"终身教授"与"铁饭碗工人"简单类比是不恰当的。

参考范文

为"铁饭碗"翻案可取吗？

材料通过层层论证，试图为"铁饭碗"翻案，看似很有道理，实际存在诸多逻辑漏洞，其结论也是让人难以信服的。

第一，材料论证的核心概念"终身制""铁饭碗""终身雇佣制""长期雇佣关系"各有其不同的历史背景和具体含义，上述论证中忽视了这些概念之间的差异。在此基础上做的论证，就失去了成立的前提。

第二，材料认为，当雇员面对短期的雇佣关系时，一定"不会努力提高自己的技能""不关注企业的竞争力"，甚至"只要有机会，他会为了个人短期收入最大化而损害企业利益"，过于绝对。因为，雇员在一个企业所培养的专业技能、取得的工作业绩，会为他下一段的职业生涯提供帮助；雇员和企业之间的利益在整体上并不矛盾。因此，"期界问题"仅仅是一种可能性，而非必然发生。

第三，日本和德国的"终身雇佣制"和我国的"铁饭碗"并非相同的概念。日本和德国企业的终身雇佣制，并非针对所有员工，而只是针对关键性岗位，与我国特定历史时期产生的"铁饭碗"并不相同。并且，因为价值观、社会文化的不同，在日本和德国适用的方法，拿到中国并不一定适用。

第四，美国等国虽然有终身教授，但不能推出应让中国工人捧"铁饭碗"。教授的工作性质与工人的工作性质有非常大的区别，将"终身教授"与"铁饭碗工人"简单类比是不恰当的。

综上所述，材料为"铁饭碗"翻案的理由并不充分。

（全文共559字）

2008年在职MBA联考论证有效性分析母题思路详解

真题原题

论证有效性分析：分析下述论证中存在的缺陷和漏洞，选择若干要点，写一篇600字左右的文章，对该论证的有效性进行分析和评论。（论证有效性分析的一般要点是：概念特别是核心概念的界定和使用是否准确并前后一致，有无各种明显的逻辑错误，论证的论据是否成立并支持结论，结论成立的条件是否充分等。）（30分）

有人提出，应当把"孝"作为选拔官员的一项标准，理由是，一个没有孝心、连自己父母都不孝顺的人，怎么能忠诚地为国家和社会尽职尽责呢？我不赞同这种观点。现在已经是21世纪了，我们的思想意识怎么能停留在封建时代呢？选拔官员要考察其"德、勤、能、绩"，我赞同应当把"德"作为首要标准。然而，对一个官员来说最重要的是公德而不是私德。"孝"只是一种私德而已。选拔和评价官员，偏重私德而忽视公德，显然是舍本逐末。什么是公德？一言以蔽之，就是忠诚职守，在封建社会是忠于君主，现在则是忠于国家。自古道，"忠孝难以两全"。岳飞抗击金兵，常年征战沙场，未能在母亲膝下尽孝，却成了千古传颂的英雄。反观《二十四孝》里的那些孝子，有哪个成就了名垂青史的功业？孔繁森撇下老母，远离家乡，公而忘私，殉职边疆，显然未尽孝道，但你能指责他是个不合格的官员吗？俗话说，"人无完人"，如果在选拔官员中拘泥于小节而不注意大局，就会把许多胸怀鸿鹄之志的精英拒之门外，而让那些守望燕雀小巢的庸才占据领导岗位。

论证结构分析

2008年在职MBA联考论证有效性分析	论证图示
①有人提出，应当把"孝"作为选拔官员的一项标准，理由是，一个没有孝心、连自己父母都不孝顺的人，怎么能忠诚地为国家和社会尽职尽责呢？我不赞同这种观点。②现在已经是21世纪了，我们的思想意识怎么能停留在封建时代呢？③选拔官员要考察其"德、勤、能、绩"，我赞同应当把"德"作为首要标准。④然而，对一个官员来说最重要的是公德而不是私德。⑤"孝"只是一种私德而已。⑥选拔和评价官员，偏重私德而忽视公德，显然是舍本逐末。⑦什么是公德？一言以蔽之，就是忠诚职守，在封建社会是忠于君主，现在则是忠于国家。⑧自古道，"忠孝难以两全"。⑨岳飞抗击金兵，常年征战沙场，未能在母亲膝下尽孝，却成了千古传颂的英雄。反观《二十四孝》里的那些孝子，有哪个成就了名垂青史的功业？孔繁森撇下老母，远离家乡，公而忘私，殉职边疆，显然未尽孝道，但你能指责他是个不合格的官员吗？⑩俗话说，"人无完人"，如果在选拔官员中拘泥于小节而不注意大局，就会把许多胸怀鸿鹄之志的精英拒之门外，而让那些守望燕雀小巢的庸才占据领导岗位。	①背景介绍+点明论点：不应当把"孝"作为选拔官员的标准 ③、④、⑤ $\left.\begin{array}{c}②\\ ⑥、⑦\\ ⑨\\ ⑩\end{array}\right\} \to ⑧$ 论点

总析

材料的论证结构比较复杂，但归根结底，是通过几个论据来说明"不应当把'孝'作为选拔官员的标准"。

主要论据如下：

（1）"孝"只是一种私德，选拔官员不应偏重私德而忽视公德。

（2）"忠孝难以两全"。

（3）如果在选拔官员中拘泥于小节而不注意大局，就会把许多胸怀鸿鹄之志的精英拒之门外，而让那些守望燕雀小巢的庸才占据领导岗位。

论点：不应当把"孝"作为选拔官员的标准。

谬误分析

谬误1　推断不当

主张"应当把'孝'作为选拔官员的一项标准",不意味着"思想意识停留在封建时代","孝"不是封建时代独有的行为规范,"主张'孝'作为选拔官员的标准"也不能作为"思想意识停留在封建时代"的依据。

谬误2　非黑即白

"把'孝'作为选拔官员的一项标准",不意味着"偏重私德而忽视公德"。把私德作为选拔官员的"一项"标准,并不排斥把公德作为另外一项更重要的标准,此处犯了非黑即白的逻辑错误。

谬误3　不当假设

材料引用古语"忠孝难以两全",并由此证明自己的观点。作者预先假定了此话是正确的。实际上,忠孝未必不能两全。

谬误4　偷换概念

"孝"不仅指"孝行",也指"孝心"。岳飞因征战沙场、孔繁森因工作远离家乡未能在母亲膝下尽孝,不等于没有"孝心",也不等于"不孝"。

谬误5　推断不当

《二十四孝》里的孝子没有成就名垂青史的功业,不能证明所有孝子都不能成就功业;也无法证明,要想成就功业,必须不孝。

谬误6　不当假设

将"孝"作为选拔标准,就会把许多胸怀鸿鹄之志的精英拒之门外,而让守望燕雀小巢的庸才占据领导岗位,这种论证背后隐含一个假设,即"胸怀鸿鹄之志的精英",往往不孝或者不屑于孝;而守望燕雀小巢的庸才有孝心、尽孝道,这显然是没有根据的。

参考范文

选拔官员不应以"孝"作为标准吗?

上文通过举例、说理等手段试图论证在选拔官员时不应以"孝"作为标准。其论证存在诸多逻辑漏洞,试剖析如下:

首先,主张"应当把'孝'作为选拔官员的一项标准",不意味着"思想意识停留在封建时代"。"孝"作为中华民族的传统美德,并不是封建时代独有的行为规范,现代社会仍然在提倡。"孝"和封建思想意识不能画等号。

其二，主张"应当把'孝'作为选拔官员的一项标准"，并不排斥"德、勤、能、绩"等其他标准。把私德作为选拔官员的"一项"标准，并不排斥把公德作为另外一项更重要的标准。并且材料中对公德和私德也没有下一个准确的定义，孝未必只是"私德"而不是"公德"。

其三，岳飞因征战沙场、孔繁森因工作远离家乡未能在母亲膝下尽孝，不等于没有"孝心"，也不等于"不孝"。《二十四孝》里的孝子没有成就名垂青史的功业，不能证明所有孝子都不能成就功业；也无法证明，要想成就功业，必须不孝。

最后，将"孝"作为选拔标准，就会把许多胸怀鸿鹄之志的精英拒之门外，而让守望燕雀小巢的庸才占据领导岗位，这种论证背后隐含一个假设，即"胸怀鸿鹄之志的精英"，往往不孝或者不屑于孝；而守望燕雀小巢的庸才有孝心、尽孝道。将"孝"与胸怀大志的精英相对立，是没有根据的。

所以，上文中的论证存在诸多逻辑缺陷，"不应当把孝作为选拔官员的一项标准"这一结论也是难以让人信服的。

（全文共572字）

2009年在职MBA联考论证有效性分析母题思路详解

真题原题

论证有效性分析：分析下述论证中存在的缺陷和漏洞，选择若干要点，写一篇600字左右的文章，对该论证的有效性进行分析和评论。（论证有效性分析的一般要点是：概念特别是核心概念的界定和使用是否准确并前后一致，有无各种明显的逻辑错误，论证的论据是否成立并支持结论，结论成立的条件是否充分等。）（30分）

民主集中制是一种决策机制。在这种机制中，民主和集中是缺一不可的两个基本点。

民主不外乎就是体现多数人的意志。问题在于什么是集中。对此有两种解读：一种认为"集中"就是正确的意见；另一种认为"集中"就是集中多数人的意见。第一种解读看似有理，实际上是一种误解。

大家都知道，五四运动有两面旗帜，一面是科学，一面是民主。人们也许没有想到，这两面旗帜体现的是两种根本对立的原则。科学强调真理原则，谁对听谁的；民主强调多数原则，谁占多数听谁的。所谓"集中正确的意见"，就是强调真理原则。这样解读"集中"就会把民主集中制置于自相矛盾的境地。让我们想象一种情景：多数人的意见是错误的，少数人的意见正确。如果将"集中"解读为"集中正确的意见",则不按多数人的意见办就不"民主",按多数人的意见办就不"集中"。

毛泽东有一句话:"真理往往掌握在少数人手里。"把集中解释为集中正确意见,就为少数人说了算提供了依据。如果这样,民主岂不形同虚设?

什么是正确的,要靠实践检验,而判断一项决策是否正确,只能在决策实施之后的实践中检验,不可能在决策过程中完成。不知道什么是正确的,如何"集中正确意见"来做决策?既然在决策中集中正确的意见是不可能的,民主集中制的"集中"当然就应该是集中多数人的意见。

论证结构分析

2009 年在职 MBA 联考论证有效性分析	论证图示
①民主集中制是一种决策机制。在这种机制中,民主和集中是缺一不可的两个基本点。	①背景介绍
②民主不外乎就是体现多数人的意志。问题在于什么是集中。对此有两种解读:一种认为"集中"就是正确的意见;另一种认为"集中"就是集中多数人的意见。③第一种解读看似有理,实际上是一种误解。	②过渡句 ③提出论点
④大家都知道,五四运动有两面旗帜,一面是科学,一面是民主。⑤人们也许没有想到,这两面旗帜体现的是两种根本对立的原则。⑥科学强调真理原则,谁对听谁的;民主强调多数原则,谁占多数听谁的。⑦所谓"集中正确的意见",就是强调真理原则。⑧这样解读"集中"就会把民主集中制置于自相矛盾的境地。⑨让我们想象一种情景:多数人的意见是错误的,少数人的意见正确。⑩如果将"集中"解读为"集中正确的意见",则不按多数人的意见办就不"民主",按多数人的意见办就不"集中"。	④过渡句 ⑤、⑥、⑨、⑩→⑦、⑧ ⑪→⑫→⑬ ⑮ ⑭
⑪毛泽东有一句话:"真理往往掌握在少数人手里。"⑫把集中解释为集中正确意见,就为少数人说了算提供了依据。⑬如果这样,民主岂不形同虚设?	
⑭什么是正确的,要靠实践检验,而判断一项决策是否正确,只能在决策实施之后的实践中检验,不可能在决策过程中完成。不知道什么是正确的,如何"集中正确意见"来做决策?⑮既然在决策中集中正确的意见是不可能的,民主集中制的"集中"当然就应该是集中多数人的意见。	⑮点明论点

总析

本材料的论证结构比较复杂,整体上采用选言证法,也就是排除法,公式为 $A \vee B = \neg A \rightarrow B$。即,集中的解释有两种:一是"集中"就是正确的意见,二是"集中"就是集中多数人的意见。然后使用三组论据说明第一种解释不对,因此,第二种解释正确。

三组论据为:

(1)"集中正确的意见"就是强调真理原则,就会把民主集中制置于自相矛盾的境地。

(2)把集中解释为集中正确意见,就为少数人说了算提供了依据,民主形同虚设。

(3)不知道什么是正确的,就无法"集中正确意见"来做决策。

论点:民主集中制的"集中"是集中多数人的意见。

谬误分析

谬误1 自相矛盾

上述论证断定:民主不外乎就是体现多数人的意志,同时又得出结论:"集中"就是集中多数人的意见。由此可得:集中就是民主。这和材料中"民主和集中是缺一不可的两个基本点"自相矛盾。

谬误2 虚假论据

科学和民主的关系并不是矛盾关系,也不是两种根本对立的原则,可以有既科学又民主的方案。

谬误3 推断不当

由"真理往往掌握在少数人手里",推不出"把集中解释为集中正确意见,就会使民主形同虚设,最后还是少数人说了算"。

谬误4 推断不当

一个决策所集中的意见,要么是正确的,要么是不正确的,二者必居其一。上述论证断定,"在决策中集中正确意见是不可能的",这会得出明显荒谬的结论:任何决策所集中的意见一定是不正确的。

谬误5 推断不当

"什么是正确的,要靠实践检验",不代表"在决策中集中正确意见是不可能的"。因为我们可以基于经验、科学做出相对正确的决策。

谬误6 非黑即白

由"在决策中集中正确的意见是不可能的",推不出"民主集中制的'集中'当然就应该是集中多数人的意见"。因为集中正确的意见和集中多数人的意见不是矛盾关系,否定其中一个不能肯定另外一个。

参考范文

岂能如此"民主集中"

对于民主集中制,上述材料提出了自己的看法,认为"集中就是集中多数人的意见",这一结论值得商榷。

首先,上述论证主张"民主不外乎就是体现多数人的意志",又认为"'集中'就是集中多数人的意见",这样的话,"民主"和"集中"就都成了多数人意志的体现,变成相同的概念了,与材料中"民主和集中是缺一不可的两个基本点"自相矛盾。

其次,上文认为科学和民主"体现的是两种根本对立的原则",是不妥当的。科学和民主确实存在不同之处,但二者并不是非此即彼的矛盾关系。有些方案可以既科学又民主,也可能有些方案既不科学又不民主。

再次,"什么是正确的,要靠实践检验",不代表"在决策中集中正确意见是不可能的"。因为我们可以基于经验、科学做出相对正确的决策。

最后,材料提出"在决策中集中正确意见是不可能的",是不当的。一个意见,要么正确,要么不正确,二者必居其一。如果集中正确的意见是不可能的,那就是所有决策中集中的都是错误的意见,这显然是荒谬的。即使"在决策中集中正确的意见是不可能的"是正确的,也不能推出"民主集中制的'集中'当然就应该是集中多数人的意见"。因为集中正确的意见和集中多数人的意见不是矛盾关系,否定其中一个不能肯定另外一个。

所以,材料中对民主和集中的论证存在多处不当,集中未必是集中多数人的意见。

(全文共 551 字)

2010 年在职 MBA 联考论证有效性分析母题思路详解

真题原题

论证有效性分析:分析下述论证中存在的缺陷和漏洞,选择若干要点,写一篇 600 字左右的文章,对该论证的有效性进行分析和评论。(论证有效性分析的一般要点是:概念特别是核心概念的界定和使用是否准确并前后一致,有无各种明显的逻辑错误,论证的论据是否成立并支持结论,结论成立的条件是否充分等。)(30分)

科学家在一个孤岛上的猴群中做了一个实验,将一种新口味的糖让猴群中地位最低的猴子品尝,等它认可后再让猴群其他成员品尝;花了大约20天,整个猴群才接受了这种糖。将另一种新口味的糖让猴群中地位最高的猴王品尝,等它认可后再让猴群其他成员品尝。两天之内,整个猴群就都接受了该种糖。看来,猴群中存在着权威,而权威对于新鲜事物的态度直接影响群体接受新鲜事物的进程。

市场营销也是如此,如果希望推动人们接受某种新商品,应当首先影响引领时尚的文体明星。如果位于时尚高端的消费者对于某种新商品不接受,则该商品一定会遭遇失败。

这个实验对于企业组织的变革也有指导意义。如果希望变革能够迅速取得成功,应该自上而下展开,这样做遭遇的阻力较小,容易得到组织成员的支持。当然,猴群乐于接受糖这种好吃的东西;如果给猴王品尝苦涩的黄连,即使猴王希望其他猴子接受,猴群也不会干。因此,如果组织变革使某些组织成员吃尽苦头,组织领导者再努力,也只能以失败而告终。

论证结构分析

2010年在职MBA联考论证有效性分析	论证图示
①科学家在一个孤岛上的猴群中做了一个实验,将一种新口味的糖让猴群中地位最低的猴子品尝,等它认可后再让猴群其他成员品尝;花了大约20天,整个猴群才接受了这种糖。将另一种新口味的糖让猴群中地位最高的猴王品尝,等它认可后再让猴群其他成员品尝。两天之内,整个猴群就都接受了该种糖。②看来,猴群中存在着权威,而权威对于新鲜事物的态度直接影响群体接受新鲜事物的进程。	①→②
③市场营销也是如此,如果希望推动人们接受某种新商品,应当首先影响引领时尚的文体明星。④如果位于时尚高端的消费者对于某种新商品不接受,则该商品一定会遭遇失败。	④→③
⑤这个实验对于企业组织的变革也有指导意义。⑥如果希望变革能够迅速取得成功,应该自上而下展开,这样做遭遇的阻力较小,容易得到组织成员的支持。⑦当然,猴群乐于接受糖这种好吃的东西;如果给猴王品尝苦涩的黄连,即使猴王希望其他猴子接受,猴群也不会干。⑧因此,如果组织变革使某些组织成员吃尽苦头,组织领导者再努力,也只能以失败而告终。	⑤→⑥ ⑦→⑧

总析

本材料论证结构比较简单，由一个猴群实验类比到市场营销和企业变革。

论据：

猴群中存在着权威，而权威对于新鲜事物的态度直接影响群体接受新鲜事物的进程。

论点：

（1）市场营销也是如此，应当首先影响引领时尚的文体明星。

（2）企业组织的变革，应该自上而下展开。

（3）如果组织变革使某些组织成员吃尽苦头，组织领导者再努力，也只能以失败而告终。

谬误分析

谬误1　归因不当

猴群实验的设计有误，因为有两个因素可能影响猴群对糖果的选择：一是猴子的地位的差异，二是糖的口味的差异。被猴王品尝的糖果被猴群快速接受，未必是受到猴王地位的影响，也可能是因为这种糖果口味更好。

谬误2　不当类比

从猴群实验推广到市场营销，是不当类比。猴子受猴王的影响可能只是简单的本能，而市场营销则是涉及产品、渠道、价格、沟通等多种因素影响的复杂行为。

谬误3　强置必要条件

"位于时尚高端的消费者"不接受某种新商品，并不意味着"该商品一定会遭遇失败"，因为消费者的需求是有差异的。

谬误4　不当类比

从猴群实验推广到企业变革，也是不当类比。猴群接受一种新的口味的糖，并不会像企业变革那样带来各种风险、利益冲突、权力冲突等问题。

谬误5　推断不当

材料认为"如果希望变革能够迅速取得成功，应该自上而下展开，这样做遭遇的阻力较小，容易得到组织成员的支持"，实则未必如此。如果自上而下的变革违背企业中下层员工的利益，可能反而会遭遇更大的阻力。

谬误6　推断不当

"给猴王品尝苦涩的黄连，即使猴王希望其他猴子接受，猴群也不会干"，是主观臆断，没有实验证据。况且，若真是如此的话，不正好说明权威对群体的影响不是始终有效的吗？

谬误 7　推断不当

在组织变革的过程中，某些组织成员的利益受到影响，甚至吃尽苦头，有时是不可避免的，只要他们不是大多数成员或者关键成员，变革不一定会"以失败而告终"。

参考范文

无效的类比论证

上文通过一个猴群实验，类比到市场营销和企业变革，得出市场营销需要从明星开始、企业变革必须从上而下展开的结论，看似有理，实则存在多处逻辑漏洞。

首先，猴群实验的设计有误，因为有两个因素可能影响猴群对糖果的选择：一是猴子的地位的差异，二是糖的口味的差异。被猴王品尝的糖果被猴群快速接受，未必是受到猴王地位的影响，也可能是因为这种糖果口味更好。认定猴王权威是猴群选择的唯一依据，有归因不当的嫌疑。

其次，从猴群实验推广到市场营销，有不当类比的嫌疑。消费者对商品的需求是千差万别的，猴群对糖果的选择未必具有多样性，二者是存在差异的；明星选择的产品，消费者未必喜欢，因为消费者的需求是千差万别的，品牌、品位、价格、质量、包装、外观等都是影响消费者选择的因素。

再次，从猴群实验推广到企业变革，也有不当类比的嫌疑。要猴群接受一种新的口味的糖，并不会带来企业变革时遇到的种种问题，例如企业风险、利益冲突、权力冲突等。这些问题，可能会给企业变革带来极大的阻力，从而导致自上而下的变革的失败。

最后，材料认为"如果组织变革使某些组织成员吃尽苦头，组织领导者再努力也只能以失败而告终"，是不妥当的。在组织变革的过程中，某些组织成员的利益受到影响，甚至吃尽苦头，有时是不可避免的，只要他们不是大多数成员或者关键成员，变革不一定会"以失败而告终"。

总之，材料中的论证存在多处不当，明星引领的消费未必风行，企业变革也未必需要自上而下展开。

（全文共 609 字）

2011年在职MBA联考论证有效性分析母题思路详解

真题原题

论证有效性分析：分析下述论证中存在的缺陷和漏洞，选择若干要点，写一篇600字左右的文章，对该论证的有效性进行分析和评论。（论证有效性分析的一般要点是：概念特别是核心概念的界定和使用是否准确并前后一致，有无各种明显的逻辑错误，论证的论据是否成立并支持结论，结论成立的条件是否充分等。）（30分）

我国的个人所得税从1980年开始征收，当时起征点为800元人民币。最近几年起征点为2 000元，个人所得税总额逐年上升，已经超过2 000亿元。随着居民基本生活开支的上涨，国家决定从2011年9月将个税起征点提高到3 500元，顺应了大多数人的意愿。

从个人短期利益上来看，提高起征点确实能减少一部分中低收入者的税收，看似有利于普通老百姓，但是，如果冷静地进行分析，其结果却正好相反。

中国实行税收累进率制度，也就是说，工资越高，所缴纳的税率也越高。请设想，如果将2 000元的个税起征点提高到10 000元。虽然极少数月工资超过30 000元的人可能缴更多的税，但是绝大多数人的个税会减少，只是减少的数额不同。原来工资低于2 000元的，1分钱的好处也没有得到；拿2 000元工资的人只是减轻了几十元的税；而拿8 000元工资的人则减轻了几百元的税收。收入越高，减少的越多，贫富差距自然会被进一步拉大了。

同时，由于税收起征点上调，国家收到的税收大幅度减少，政府就更没有能力为中低收入者提供医疗、保险、教育等公共服务，结果还是对穷人不利。

所以说，建议提高个税起征点的人，或者是听到提高起征点就高兴的人，在捅破这层窗户纸以后，他们也不得不承认这一客观真理：提高个税起征点有利于富人，不利于一般老百姓。

如果不局限在经济层面讨论问题，转到从社会与政治角度考虑，问题就更清楚了。原来以2 000元为起征点，有50%以上为非纳税人，如果提高到3 500元，中国的纳税人就只剩下20%了。80%的国民不纳税，必定会引起政治权利的失衡。降低起征点，扩大纳税人的比例，不仅可以缩小贫富差距，还可以培养全民的公民意识。纳税者只有承担了纳税义务，才能享受纳税者的权利。如果没有纳税，人们对国家就会失去主人翁的责任感，就不可能有强烈的公民意识，也就会失去或放弃监督政府部门的权利。所以，为了培养全国民众的公民意识，为了缩小贫富差距，为了建设和谐社会，我们应该适当地降低个税起征点。

论证结构分析

2011年在职MBA联考论证有效性分析	论证图示
①我国的个人所得税从1980年开始征收，当时起征点为800元人民币。最近几年起征点为2 000元，个人所得税总额逐年上升，已经超过2 000亿元。随着居民基本生活开支的上涨，国家决定从2011年9月将个税起征点提高到3 500元，顺应了大多数人的意愿。	①背景介绍
②从个人短期利益上来看，提高起征点确实能减少一部分中低收入者的税收，看似有利于普通老百姓，但是，如果冷静地进行分析，其结果却正好相反。	②提出论点
③中国实行税收累进率制度，也就是说，工资越高，所缴纳的税率也越高。④请设想，如果将2 000元的个税起征点提高到10 000元。虽然极少数月工资超过30 000元的人可能缴更多的税，但是绝大多数人的个税会减少，只是减少的数额不同。原来工资低于2 000元的，1分钱的好处也没有得到；拿2 000元工资的人只是减轻了几十元的税；而拿8 000元工资的人则减轻了几百元的税收。⑤收入越高，减少的越多，贫富差距自然会被进一步拉大了。 ⑥同时，由于税收起征点上调，国家收到的税收大幅度减少，⑦政府就更没有能力为中低收入者提供医疗、保险、教育等公共服务，结果还是对穷人不利。 ⑧所以说，建议提高个税起征点的人，或者是听到提高起征点就高兴的人，在捅破这层窗户纸以后，他们也不得不承认这一客观真理：提高个税起征点有利于富人，不利于一般老百姓。	③、④→⑤ ⑥→⑦ }⑧
⑨如果不局限在经济层面讨论问题，转到从社会与政治角度考虑，问题就更清楚了。⑩原来以2 000元为起征点，有50%以上为非纳税人，如果提高到3 500元，中国的纳税人就只剩下20%了。⑪80%的国民不纳税，必定会引起政治权利的失衡。⑫降低起征点，扩大纳税人的比例，不仅可以缩小贫富差距，还可以培养全民的公民意识。⑬纳税者只有承担了纳税义务，才能享受纳税者的权利。⑭如果没有纳税，人们对国家就会失去主人翁的责任感，就不可能有强烈的公民意识，也就会失去或放弃监督政府部门的权利。⑮所以，为了培养全国民众的公民意识，为了缩小贫富差距，为了建设和谐社会，我们应该适当地降低个税起征点。	⑨过渡句 ⑩→⑪ ⑭→⑬ }⑫→⑮

> **总析**
>
> 材料是总—分—总结构。第一段为背景介绍；第二段提出论点；第三、四、五、六段为本论部分作为主要论据来支持核心论点；在第六段的最后，再次点明论点——我们应该适当地降低个税起征点。所以，材料的论证结构如下：
>
> 论据：
>
> （1）提高个税起征点有利于富人，不利于一般老百姓。
>
> （2）降低起征点，扩大纳税人的比例，不仅可以缩小贫富差距，还可以培养全民的公民意识。
>
> 论点：我们应该适当地降低个税起征点。

谬误分析

谬误1　推断不当

"收入越高，减税越多"的观点，只讨论了减免的税额，却没有比较实际纳税金额，这样的比较并不客观，也得不出"贫富差距进一步拉大"的结论。

谬误2　推断不当

税收起征点上调，未必使国家收到的个人所得税总额减少。因为虽然中低收入者缴纳的税收减少了，但是高收入者却可能因为累进税制缴纳更多的税。如果多收的这一部分税可以抵消减免掉的税收，那么国家收到的个人所得税可能会增加。

谬误3　以偏概全

即使国家收到的个人所得税总额减少，也未必使"国家收到的税收大幅度减少"。因为国家税收收入有多种来源，如增值税、关税、消费税，等等，个人所得税仅是国家税收的一部分。别的税种的增加额可能会高于个税的减少额。

谬误4　推断不当

即使"国家收到的税收大幅度减少"，也未必导致"政府就更没有能力为中低收入者提供医疗、保险、教育等公共服务"，也许现在的税收额本身就是富余的，也可能政府的政策会向中低收入者倾斜。

谬误5　概念混淆

不缴纳个人所得税和不纳税是两个不同的概念。公民在消费时会交消费税，企业在经营时会交增值税，所以不缴个税，不代表不纳税。

谬误6　推断不当

"80%的国民不纳税，必定会引起政治权利的失衡"，不一定成立。政治权利是国家赋予成年公民的基本权利，和是否纳税没有必然的因果联系。

谬误7　强置因果

纳税与"主人翁的责任感""公民意识""监督政府部门的权利"未必有必然联系。

谬误8　推断不当

"降低个税起征点",未必能"缩小贫富差距""建设和谐社会"。甚至可能因为"降低个税起征点"而使穷人交了更多的税,导致贫富差距拉大。

参考范文

降低个税起征点未必可行

上述材料通过一系列成问题的论证,得出需要降低个税起征点的结论,看似有理,实则存在诸多问题,难以让人信服。

第一,根据"收入越高,减少的越多",难以推出"贫富差距自然会被进一步拉大"的结论。个税起征点上调,看似收入越多减免的个税越多,但另一方面高收入者需要缴纳的税金也越多。只比较减免的个税金额,忽视了纳税金额的绝对值,这样的比较难言客观,自然也得不出贫富差距会被进一步拉大的结论。

第二,个税起征点上调,未必使个税总额下降。因为高收入者可能因为累进税制缴纳更多的税,从而抵消掉中低收入者少交的部分。即使个税总额下降,也未必使"国家收到的税收大幅度减少",因为国家税收收入有多种来源,如增值税、关税、消费税,等等,个人所得税仅是国家税收的一部分。别的税种的增加额可能会高于个税的减少额。

第三,不缴纳个人所得税和不纳税是两个不同的概念。公民在消费时会交消费税,企业在经营时会交增值税,所以不缴个税,不代表不纳税。所以,即使个税起征点提高,也得不出"中国的纳税人就只剩下20%了"的荒谬结论。

第四,纳税与"政治权利""主人翁的责任感""公民意识""监督政府部门的权利"未必有必然联系。因为"政治权利"和"监督政府部门的权利"是宪法赋予公民的基本权利,和是否纳税无关。而"主人翁的责任感"和"公民意识"和文化、教育等各方面都有关系,未必受是否纳税的影响。

综上所述,上述材料中的论述存在多处逻辑漏洞,其"降低个税起征点",从而"缩小贫富差距""建设和谐社会"的建议未必可行。

(全文共639字)

2012年在职MBA联考论证有效性分析母题思路详解

真题原题

论证有效性分析：分析下述论证中存在的缺陷和漏洞，选择若干要点，写一篇600字左右的文章，对该论证的有效性进行分析和评论。（论证有效性分析的一般要点是：概念特别是核心概念的界定和使用是否准确并前后一致，有无各种明显的逻辑错误，论证的论据是否成立并支持结论，结论成立的条件是否充分等。）（30分）

某县县长在任职四年后的述职大会上说："'不偷懒、不贪钱、不贪色、不整人'，今天可以坦然地说，我兑现了四年前在人大会上的承诺。"接着，他总结了四年工作的主要成绩与存在的问题。报告持续了一个多小时。

几天后，关于"四不"的承诺在网上传开，引起多人热烈讨论，赞赏和质疑的观点互不相让。主要的质疑有以下几种：

质疑之一："不偷懒、不贪钱、不贪色、不整人"是普通公务员都要坚持的职业底线，何以成为官员的公开承诺？如果那样，"不偷、不抢、喝酒不开车、开车不闯红灯"都应该属于承诺之列了？

质疑之二：不管是承诺"四不"还是"八不"，承诺本身就值得怀疑。俗话说，"会说的不如会干的""事实胜于雄辩"。有本事就要干出个样子让群众看看，还没有干就先来一番承诺，有作秀之嫌。有许多被揭发出的贪官，在任时说的比唱的都好听。

质疑之三：作为一个县长，即使真正做到了"四不"，也不能证明他是一个好干部。衡量县长、县委书记这一级的领导是否称职，主要看他是否能把下面的干部带好。如果只是洁身自好，下面的干部风气不正，老百姓也要遭罪。

质疑之四：县长的总结是抓了芝麻、丢了西瓜。他说的"四不"全是小节，没有高度。一个县的领导应该有大局观、时代感、战略眼光、工作魄力，仅仅做到"四不"，是难以担当县长大任的。

论证结构分析

2012年在职MBA联考论证有效性分析	论证图示
①某县县长在任职四年后的述职大会上说："'不偷懒、不贪钱、不贪色、不整人'，今天可以坦然地说，我兑现了四年前在人大会上的承诺。"接着，他总结了四年工作的主要成绩与存在的问题。报告持续了一个多小时。	①背景介绍

续表

2012年在职MBA联考论证有效性分析	论证图示
②几天后，关于"四不"的承诺在网上传开，引起多人热烈讨论，赞赏和质疑的观点互不相让。主要的质疑有以下几种：	②点明论点
质疑之一：③"不偷懒、不贪钱、不贪色、不整人"是普通公务员都要坚持的职业底线，何以成为官员的公开承诺？④如果那样，"不偷、不抢、喝酒不开车、开车不闯红灯"都应该属于承诺之列了？	④→③
质疑之二：⑤不管是承诺"四不"还是"八不"，承诺本身就值得怀疑。⑥俗话说，"会说的不如会干的""事实胜于雄辩"。有本事就要干出个样子让群众看看，还没有干就先来一番承诺，有作秀之嫌。有许多被揭发出的贪官，在任时说的比唱的都好听。	⑥→⑤
质疑之三：⑦作为一个县长，即使真正做到了"四不"，也不能证明他是一个好干部。⑧衡量县长、县委书记这一级的领导是否称职，主要看他是否能把下面的干部带好。如果只是洁身自好，下面的干部风气不正，老百姓也要遭罪。	⑧→⑦
质疑之四：⑨县长的总结是抓了芝麻、丢了西瓜。⑩他说的"四不"全是小节，没有高度。一个县的领导应该有大局观、时代感、战略眼光、工作魄力，仅仅做到"四不"，是难以担当县长大任的。	⑩→⑨

总析

本材料是典型的"总—分"结构。第一段为背景介绍；第二段提出论点——县长的"四不"承诺值得怀疑；第三、四、五、六段为本论部分，共提出四个分论点支持核心论点。所以，材料的论证结构如下：

论据：

（1）"不偷懒、不贪钱、不贪色、不整人"是基本要求，不能成为官员的公开承诺。

（2）不管是承诺"四不"还是"八不"，承诺本身就值得怀疑。

（3）作为一个县长，即使真正做到了"四不"，也不能证明他是一个好干部。

（4）县长的总结是抓了芝麻、丢了西瓜。

论点：县长的"四不"承诺值得怀疑。

谬误分析

谬误1　推断不当

"四不"是公务员的职业底线，并不代表它就不能成为官员的公开承诺。以职业底线作为公开承诺，警示自己、激励他人，未尝不可。

谬误2　不当类比

质疑者将"四不"与"不偷、不抢、喝酒不开车、开车不闯红灯"类比，并认为后者不应在承诺之列，有失妥当。"不偷、不抢、喝酒不开车、开车不闯红灯"看起来简单，但也不是每个人都能做到的，进行承诺并无不妥。

谬误3　以偏概全/推断不当

质疑者以某些贪官作秀等论据推出"承诺本身就值得怀疑"，这是不恰当的。因为，某些贪官不能代表全体官员，而且，做出承诺也不能代表其不能完成，况且，群众按其承诺进行监督，也是更好地促进官员工作的一种方式。

谬误4　推断不当

许多贪官"在任时说的比唱的都好听"，不能反推出"会说的"都是贪官，所有的承诺都不可信。

谬误5　充分、必要条件误用

做到了"四不"，也不能证明一个官员是一个好干部，不代表一个好干部不需要做到"四不"。质疑者充分条件和必要条件关系混乱。

谬误6　推断不当

衡量县长、县委书记这一级的领导是否称职，未必"主要看他是否能把下面的干部带好"。因为抓经济、促增长也许是更为重要的衡量标准，并且，即使"带好下面的干部"是衡量标准之一，也无法说明"四不"不重要。

谬误7　以偏概全

县长的总结是"抓了芝麻、丢了西瓜"，有以偏概全之嫌。县长的报告持续了一个多小时，除了说自己做到"四不"以外，还"总结了四年工作的主要成绩与存在的问题"。

谬误8　推断不当

"一个县的领导应该有大局观、时代感、战略眼光、工作魄力"，这是对官员能力的要求，而"四不"则是对官员德行的要求，二者并不矛盾。

谬误9　充分、必要条件误用

仅仅做到"四不"难以担当县长大任，不代表县长不应该做到"四不"。

参考范文

对县长的质疑有理吗?

上述材料摘录了网友们对县长的"四不"承诺的种种质疑,看似有理,其实这些质疑本身就存在问题,漏洞百出。

质疑一认为,"四不"是公务员的职业底线,并不代表它就不能成为官员的公开承诺。以职业底线作为公开承诺,警示自己、激励他人,未尝不可。质疑者认为"不偷、不抢、喝酒不开车、开车不闯红灯"不应该属于承诺之列,有失妥当,难道这些真的不应该承诺吗?

质疑二认为,"承诺本身就值得怀疑",把承诺和实干对立起来,是不恰当的。做了承诺,并按照承诺去做,难道不可以吗?许多贪官"在任时说的比唱的都好听",不能反推出"会说的"都是贪官,所有的承诺都不可信。

质疑三认为,做到了"四不"也不能证明一个官员是一个好干部,不代表一个好干部不需要做到"四不"。质疑者充分条件和必要条件关系混乱。再者,如果官员连"四不"都做不到,下面的干部恐怕也很难风气很正,老百姓岂不是更遭罪。

质疑四认为,县长的总结是"抓了芝麻、丢了西瓜",这是以偏概全。县长的报告持续了一个多小时,除了说自己做到"四不"以外,还"总结了四年工作的主要成绩与存在的问题"。再说,仅仅做到"四不"难以担当县长大任,不代表县长不应该做到"四不"。"四不"与所谓的"大局观、时代感、战略眼光、工作魄力"也不矛盾。

综上所述,上述质疑者对该县长的质疑,多属空穴来风,真是"欲加之罪,何患无辞"!

(全文共 569 字)

2013 年在职 MBA 联考论证有效性分析母题思路详解

真题原题

论证有效性分析:分析下述论证中存在的缺陷和漏洞,选择若干要点,写一篇 600 字左右的文章,对该论证的有效性进行分析和评论。(论证有效性分析的一般要点是:概念特别是核心概念的界定和使用是否准确并前后一致,有无各种明显的逻辑错误,论证的论据是否成立并支持结论,结论成立的条件是否充分等。)(30分)

"勤俭节约"是中国人民的优良传统,也是近百年流传下来的革命传统。在新中国成立后的建设时期,尤其是20世纪50年代,国家百废待兴,就是靠全国人民发扬勤俭持家、勤俭建国的艰苦奋斗精神,才在一穷二白的基础上打下了工业化的基础。

时代车轮开进了21世纪,中国加入了世贸组织,实现了全面开放。与30年前相比,我们面对的国际形势已经发生了天翻地覆的变化。形势在变,任务在变,人的观念也要适应这种变化,也要与时俱进,比如,"勤俭节约"的观念就到了需要改变的时候了。

我们可以从个人、家庭、国家三个层面对"勤俭节约"的观念进行分析。

先从个人的角度谈起,一个人如果过分强调勤俭节约,就会过度关注"节流",而不重视"开源"。"开源"就是要动脑筋,花气力,最大程度发挥自己的能力合法赚钱。个人的财富不是省出来的,只靠节省,财富的积累是有限的;靠开源,财富才可能会滚滚而来。试想,比尔·盖茨的财富是靠省出来的吗?

再从家庭的角度分析,一个家庭如果过分强调勤俭节约,也就是秉持"勤俭持家",对于上了年纪的老人,还是应该的,因为他们已经不能出去挣钱了,但对于尚在工作年龄的人,尤其是青年人,提倡勤俭持家有害无益。为了家庭的长远利益,缺钱的时候还可以去借钱,去抵押贷款。为了勤俭持家,能上的学不上,学费是省了,可孩子的前途就耽误了。即使是学费之外的学习费用,也不能一味节俭。试想,如果郎朗的家长当年不买钢琴,能有现在的国际钢琴大师郎朗吗?

最后从国家的角度审视,提倡"勤俭节约"弊远大于利。2008年以来的金融危机演变为世界性经济危机,至今还没有完全走出低谷。2008年之前,中国的高速发展靠投资拉动。而今,发达国家一个个囊中羞涩,减少进口,甚至还要"再工业化",把已经转移到发展中国家的企业再招回去,而且时常举起贸易保护主义的大旗。中国经济已经不能靠出口拉动了,怎么办?投资率已经过高了,只能依靠内需。

如何刺激内需呢?如果每个个人、家庭都秉持勤俭节约的古训,内需是绝对刺激不起来的,也就依靠不上了,结果是只能单靠投资拉动,其后果不堪设想。所以,要刺激内需,必须首先揭示"勤俭节约"之弊端,树立"能挣敢花"之观念。

只要在法律的约束之下,提倡"能挣"就是提倡"奋斗",就会给经济带来活力,就不会产生许多"啃老族",也不会产生许多依赖救济的人,就会激励人们特别是年轻人的创新精神,国家的经济可以发展,科技也可以上去。提倡"敢花"就是鼓励消费,就能促进货币和物资流通,就不会产生大量的产品积压,从而也能解决许多企业员工的就业问题,使他们得到挣钱的机会,并进一步增加消费。试想,如果大家挣了钱,都不舍得花,会有多少人因此下岗失业啊?本来以为勤俭节约是一种美德,结果是祸害了他人。就在你为提倡节约每一度电津津乐道的时候,有多少煤矿和电厂的工人因为得不到工资而流泪。

综上所述,"勤俭节约"作为一种传统已经过时了,在经济全球化的时代,如果继续坚持"勤俭节约"的理念,对个人,对家庭,特别是对国家弊大于利,甚至有害无利。

论证结构分析

2013 年在职 MBA 联考论证有效性分析	论证图示
①"勤俭节约"是中国人民的优良传统，也是近百年流传下来的革命传统。在新中国成立后的建设时期，尤其是20世纪50年代，国家百废待兴，就是靠全国人民发扬勤俭持家、勤俭建国的艰苦奋斗精神，才在一穷二白的基础上打下了工业化的基础。	①背景介绍
②时代车轮开进了21世纪，中国加入了世贸组织，实现了全面开放。与30年前相比，我们面对的国际形势已经发生了天翻地覆的变化。形势在变，任务在变，人的观念也要适应这种变化，也要与时俱进，比如，"勤俭节约"的观念就到了需要改变的时候了。	②点明论点
③我们可以从个人、家庭、国家三个层面对"勤俭节约"的观念进行分析。	③过渡段
④先从个人的角度谈起，一个人如果过分强调勤俭节约，就会过度关注"节流"，而不重视"开源"。"开源"就是要动脑筋，花气力，最大程度发挥自己的能力合法赚钱。个人的财富不是省出来的，只靠节省，财富的积累是有限的；靠开源，财富才可能会滚滚而来。试想，比尔·盖茨的财富是靠省出来的吗？	
⑤再从家庭的角度分析，一个家庭如果过分强调勤俭节约，也就是秉持"勤俭持家"，对于上了年纪的老人，还是应该的，因为他们已经不能出去挣钱了，但对于尚在工作年龄的人，尤其是青年人，提倡勤俭持家有害无益。为了家庭的长远利益，缺钱的时候还可以去借钱，去抵押贷款。为了勤俭持家，能上的学不上，学费是省了，可孩子的前途就耽误了。即使是学费之外的学习费用，也不能一味节俭。试想，如果郎朗的家长当年不买钢琴，能有现在的国际钢琴大师郎朗吗？	④ ⑤ ⑨ ⑥、⑦、⑧
⑥最后从国家的角度审视，提倡"勤俭节约"弊远大于利。2008年以来的金融危机演变为世界性经济危机，至今还没有完全走出低谷。2008年之前，中国的高速发展靠投资拉动。而今，发达国家一个个囊中羞涩，减少进口，甚至还要"再工业化"，把已经转移到发展中国家的企业再招回去，而且时常举起贸易保护主义的大旗。中国经济已经不能靠出口拉动了，怎么办？投资率已经过高了，只能依靠内需。	
⑦如何刺激内需呢？如果每个个人、家庭都秉持勤俭节约的古训，内需是绝对刺激不起来的，也就依靠不上了，结果是只能单靠投资拉动，其后果不堪设想。所以，要刺激内需，必须首先揭示"勤俭节约"之弊端，树立"能挣敢花"之观念。	

续表

2013年在职MBA联考论证有效性分析	论证图示
⑧只要在法律的约束之下，提倡"能挣"就是提倡"奋斗"，就会给经济带来活力，就不会产生许多"啃老族"，也不会产生许多依赖救济的人，就会激励人们特别是年轻人的创新精神，国家的经济可以发展，科技也可以上去。提倡"敢花"就是鼓励消费，就能促进货币和物资流通，就不会产生大量的产品积压，从而也能解决许多企业员工的就业问题，使他们得到挣钱的机会，并进一步增加消费。试想，如果大家挣了钱，都不舍得花，会有多少人因此下岗失业啊？本来以为勤俭节约是一种美德，结果是祸害了他人。就在你为提倡节约每一度电津津乐道的时候，有多少煤矿和电厂的工人因为得不到工资而流泪。	
⑨综上所述，"勤俭节约"作为一种传统已经过时了，在经济全球化的时代，如果继续坚持"勤俭节约"的理念，对个人，对家庭，特别是对国家弊大于利，甚至有害无利。	⑨再次点明论点

总析

材料是典型的总—分—总结构。材料首先提出"勤俭节约"的观念需要改变了，然后分别从个人、家庭、国家三个角度展开论证，最后再次点明论点。材料的论证结构如下：

论据：

（1）个人：只靠节省，财富的积累是有限的；靠开源，财富才可能会滚滚而来。

（2）家庭：一个家庭如果过分强调勤俭节约，对于尚在工作年龄的人，有害无益。

（3）国家：要刺激内需，必须首先揭示"勤俭节约"之弊端，树立"能挣敢花"之观念。

论点："勤俭节约"作为一种传统已经过时了。

谬误分析

谬误1 非黑即白

"开源"与"节流"并不矛盾。关注"节流"不代表忽略"开源"，更不等于无法"开源"，此处犯了非黑即白的逻辑错误。

谬误2 概念混淆

"财富滚滚而来"与"财富积累"是不同的概念，前者强调收入，后者强调财富总量。滚滚而来的财富再多，花的比赚的多，也不会有财富的积累。

谬误3　推断不当

比尔·盖茨的财富固然不是省出来的，但也不是"反对节约"得来的。

谬误4　不当归纳

提倡勤俭持家对于青年人来说，未必是"有害无益"的。材料将"勤俭持家"与"拒绝必要的花费"画上了等号，"勤俭持家"并不是该花的钱不花，而是不该花的钱不乱花。

谬误5　不当假设

郎朗的家长购买钢琴，是必要的花费而不是浪费，不能说明他们没有"勤俭持家"。

谬误6　推断不当

材料认为中国"投资率已经过高了"，缺少论据支持。即使这是事实，也无法推出"只能依靠内需"的结论，或许还有其他方法，比如，投资的增长、出口的增长，等等。如果"只能依靠内需"这个前提不存在，那么后文的论证就失去了依据。

谬误7　推断不当

刺激内需，未必要反对"勤俭节约"、树立"能挣敢花"之观念。因为"勤俭节约"是反对浪费，而不是"能挣不花"。

谬误8　主观臆断

提倡"能挣"就能解决材料中的一系列问题，未免过于乐观。再说，"能挣"和"勤俭节约"也并不矛盾。

谬误9　归因不当

"敢花"也未必能解决材料中的一系列问题。产品积压和就业问题的成因有很多，不是一个"敢花"就能解决的。

谬误10　归因不当

煤矿和电厂的工人得不到工资的原因，未必是因为提倡节约每一度电。

谬误11　以偏概全

材料全文一味强调"勤俭节约"有各种弊端，却没有看到"勤俭节约"有利的一面，就盲目得出"勤俭节约弊大于利，甚至有害无利"的结论，有失偏颇。

参考范文

"勤俭节约"过时了吗？

上文通过一系列成问题的论证得出结论："勤俭节约"的传统已经过时了，在经济全球化的时代，如果继续坚持该理念，将是弊大于利。显然，这是值得商榷的。

首先，材料指出"一个人如果过分强调节俭，就会过度关注节流而不重视开源"，未必如此。

"开源"与"节流"并不矛盾。关注"节流"不代表忽略"开源",更不等于无法"开源"。再者,比尔·盖茨的财富固然不是省出来的,但也不是"反对节约"得来的。

其次,提倡勤俭持家对于青年人来说,未必是"有害无益"的。材料将"勤俭持家"与"拒绝必要的花费"画上了等号。如果一个青年人"勤俭持家",将不该花的钱省下来,用在诸如学习、实践等更重要的地方,岂不是更加有利于他的发展吗?怎么能说这是"有害无益"的呢?

再次,材料认为中国"投资率已经过高了",缺少论据支持。就算这是事实,也无法推出"只能依靠内需"的结论,或许还有其他方法,比如,投资的增长、出口的增长,等等。如果"只能依靠内需"这个前提不存在,那么后文的论证就失去了依据。

最后,"能挣敢花"未必能解决材料中的一系列问题。提倡"能挣"就能"激励年轻人的创新精神,国家的经济可以发展,科技也可以上去"吗?那国家的发展岂不是天天喊几句"能挣"的口号就行了?"敢花"就能解决产品积压和就业问题吗?这显然是荒谬的。

总之,材料全文一味强调"勤俭节约"有各种弊端,却没有看到"勤俭节约"有利的一面,就盲目得出"勤俭节约弊大于利,甚至有害无利"的结论,有失偏颇。

(全文共618字)

第二部分 论说文

✅ 论说文做题须知

🔔 1. 新概念

母题

将管理决策的目标与收益、成本与风险、条件与约束、方法与行动，以及管理者为了做出好的决策所具备的基本素养，编成具备通用性、可以一题多用的话题，就是论说文的母题。

母理

所谓母理，是指管理学、经济学、社会学、心理学、哲学中那些能够被简洁表述、通用性强、可以解释多种现象、可以用在多篇不同话题的论说文中的经典理论。

母例

所谓母例，是指那些能够被简洁表述、通用性强、可以用在多篇不同话题的论说文中的经典例子。

🔔 2. 图解"母题思路"

第一步 审题立意
"克罗特"审题立意法
确定立意

↓

第二步 破解考题
"母题母理分析"
分析立意

→

第三步 理论分析
"母题母理应用"
讲道理

第四步 事实例证
"母例素材"
摆事实

→ 成文

16种经典通用母理总结

> **说明：**
> 受篇幅所限，本书不能将全部母理一一列出。因此，挑选了通用性最强的16种母理，掌握了这16种母理，几乎可以讨论任何论说文的话题。另外，受篇幅所限，下文只是对16种母理进行了简单介绍，想深入理解的考生可自行学习《老吕要点精编》（母题篇）相关内容。

目标与收益类母理	**母理1　"经济人"假设** "经济人"的假设，起源于享乐主义哲学和英国经济学家亚当·斯密（Adam Smith）的关于劳动交换的经济理论。亚当·斯密认为：人的本性是懒惰的，必须加以鞭策；人的行为动机源于经济和权力维持员工的效力和服从。该理论有两层含义： 　　含义一：认为人们经济生活的原动力是人的利己主义行为，即把人当作"经济动物"来看待，认为人的一切行为都是为了最大限度地满足自己的私利，工作目的只是获得经济报酬。同样，别人帮助我们也只是利己的行为。这样看来，人都是天然的利己者。 　　含义二：人在利己的动机下，在自由的市场机制下，不仅能够实现自己的利益，还能使整个社会达到最好的福利状态。简单来说，在追求自己的利益的同时，往往能更有效地促进社会的利益。
成本与风险类母理	**母理2　机会成本** 企业为从事某项经营活动而放弃另一项经营活动的机会，或利用一定的资源获得某种收入时所放弃的另一种收入，称为机会成本。通过对机会成本的分析，要求企业在经营中正确选择经营项目，其依据是实际收益必须大于机会成本，从而使有限的资源得到最佳配置。 　　在稀缺性的世界中选择一种东西意味着放弃其他东西。一项选择的机会成本，也就是所放弃的物品或劳务的价值。机会成本是指在资源有限的条件下，当把一定的资源用于某种产品的生产时所放弃的用于其他可能得到的最大收益。 **母理3　边际成本与边际收益** （1）边际成本 　　边际成本是指在一定产量水平下，增加或减少一个单位产量所引起成本总额的变动数。这个概念表明每一单位的产品的成本与总产品量有关。比如，仅生产一辆汽车的成本是极其巨大的，生产第101辆汽车的成本就低得多，而生产第10 000辆汽车的成本就更低了（这是因为规模经济带来的效益）。但是，考虑到机会成本，随着生产量的增加，机会成本也可能会增加。通过这个例子我们还可以知道，生产一辆新汽车时，所用的材料可能有更好的用处，所以，要尽量用最少的材料生产出最多的汽车，这样才能提高边际收益。

续表

<table>
<tr><td rowspan="2">成本与风险类母理</td><td colspan="2">

（2）边际收益

边际收益是指增加一单位产品的销售所增加的收益，即最后一单位产品的售出所取得的收益。它可以是正值或负值。边际收益是厂商分析中的重要概念。利润最大化的一个必要条件是边际收益等于边际成本，此时边际利润等于零，达到利润最大化。在完全竞争条件下，任何厂商的产量变化都不会影响价格水平，需求弹性对个别厂商来说是无限的，总收益随销售量的增加同比例增加，边际收益等于平均收益，也等于价格。

母理 4　沉没成本

沉没成本是指以往发生的、已经付出且不可收回的成本，如时间、金钱、精力等。从决策的角度看，以往发生的费用只是造成当前状态的某个因素，当前决策所要考虑的是未来可能发生的费用及所带来的收益，而不考虑以往发生的费用。也就是说，人们在决定是否去做一件事情的时候，要看这件事对自己有没有好处，而无须考虑过去是不是已经在这件事情上有过投入。

母理 5　交易成本与科斯定理

（1）交易成本

交易成本指达成一笔交易所要花费的成本，也指买卖过程中所花费的全部时间和货币成本，包括传播信息、广告宣传、与市场有关的运输以及谈判、协商、签约、合约执行的监督等活动所花费的成本。

交易成本理论解释了企业的边界在哪里。科斯认为，交易成本与管理成本的对比，决定了企业的边界，交易成本越低的事情就应该外部化，管理成本越低的事情就应该内部化。

（2）科斯定理

科斯定理：只要财产权是明确的，并且交易成本为零或者很小，那么，无论在开始时将财产权赋予谁，市场均衡的最终结果都是有效率的，实现资源配置的帕累托最优。

根据科斯定理，可以有以下三个方面的思考：

①在交易费用为零的情况下，不管权利如何进行初始配置，当事人之间的谈判都会导致资源配置的帕累托最优。

②在交易费用不为零的情况下，不同的权利配置界定会带来不同的资源配置。

③因为交易费用的存在，不同的权利界定和分配，则会带来不同效益的资源配置，所以产权制度的设置是优化资源配置的基础（达到帕累托最优）。

母理 6　规模效应

规模效应又称规模经济，即因规模增大带来的经济效益的提高，但是规模过大可能使信息传递的速度变慢且容易造成信息失真、管理官僚化等弊端，反而产生"规模不经济"。

当企业的生产达到或超过盈亏平衡点时，才会产生规模效益。企业的成本包括固定成本和变动成本，在生产规模扩大后，变动成本同比例增加而固定成本不增加，所以单位产品成本就会下降，企业的销售利润率就会上升。

母理 7　墨菲定律与海恩法则

墨菲定律：如果一件事情有变坏的可能，不管这个可能性有多小，这件事都会发生，并且造成的后果极其严重。这也说明，技术的风险①能够由可能性变为突发性的事实。换句话说，如果因为侥幸心理而不去做某件事，那不好的结果最终都会发生。
</td></tr>
</table>

---

① 技术风险是指伴随着科学技术的发展、生产方式的改变而产生的威胁人们生产与生活的风险，如核辐射、空气污染和噪声等。

16 种经典通用母理总结

续表

成本与风险类母理	与此类似的还有海恩法则，海恩法则指每一起严重事故的背后，必然有 29 次轻微事故和 300 起未遂先兆及 1 000 起事故隐患。它强调：一、事故的发生是由日常的隐患堆积而起的；二、再好的技术和制度，如果缺失人自身的责任心和能力素质，也无法完全规避风险。 　　海恩法则是墨菲定律的佐证，若是心存侥幸，对隐患视若无睹，那么祸患有一天一定会到来，并且会造成不可估量的后果。事故的发生看似偶然，其实是各种因素累积到一定程度的必然结果。 　　墨菲定律（Murphy's Law）的主要内容有四个方面： 　　一、任何事都没有表面看起来那么简单。 　　二、所有的事的实际执行时间都会比你预计的时间长。 　　三、会出错的事总会出错。任何一件事只有三种结局：变好、变坏或保持不变，尽最大的努力，做最坏的打算。 　　四、如果你担心某种情况发生，那么它就更有可能发生。
条件与约束类母理	**母理 8　信息不对称** 　　在市场经济活动中，各类人员对有关信息的了解是有差异的。掌握信息比较充分的人员，往往处于比较有利的地位；而掌握信息比较贫乏的人员，则处于比较不利的地位。 　　一般而言，卖家比买家拥有更多关于交易物品的信息。比如，饭店老板给你用劣质地沟油做菜，但是作为食客你可能不知道，反而还要按正常价格付钱。在这个交易中，掌握信息比较少的食客处于不利的地位，一句话总结，就是"买的不如卖的精"。 　　而食客们为了尽量避免遇到这种情形，通常会去选择一些更为有名的牌子。这体现了信息不对称理论的另一个角度：因为名牌提供了更多更可靠的信息，所以买家愿意为了获得更多的信息而付出更多的钱。简而言之，花钱买放心。 **母理 9　瓶颈理论** 　　TOC（Theory of Constraints）中文译为"瓶颈理论"，也被称为制约理论或约束理论，由以色列物理学家高德拉特博士创立。 　　瓶颈指的是位于瓶口下面的一部分，寓意整个系统中最薄弱的环节。瓶颈理论认为，企业的整体生产效率往往由效率最低的那一部分决定。任何系统至少存在着一个制约因素（瓶颈），否则它就可能有无限的产出。因此要提高一个系统（任何企业或组织均可视为一个系统）的产出，必须打破系统的瓶颈，只有这样，才可以更显著地提高系统的产出。而解决了一个瓶颈以后，原来排在第二位的限制因素又会变成新的瓶颈，因此解决瓶颈的过程是不断循环的。 　　木桶定律与瓶颈理论类似，一只木桶想盛满水，必须每块木板都一样平齐且无破损，如果这只木桶的木板中有一块不齐或者某块木板下面有破洞，这只木桶就无法盛满水。 　　瓶颈理论是制造工业提高生产效率的重要管理理论之一，但事实上它却能用来解决各个方面的问题。 **母理 10　公共地悲剧** 　　公共地悲剧指的是有限的资源因为被自由使用和缺少受限要求而被过度剥削。因为人的趋利性，每一个人都希望从免费的资源里获得更多，最终就会因资源有限而引发冲突，损害所有人的利益。在信奉公有物自由的社会当中，每个人均追求自己的最大利益，公有物自由给所有人带来了毁灭。

条件与约束类母理	**母理 11　劣币驱逐良币** 　　在 16 世纪的英国，因为黄金储量紧张，只能在新制造的金币中掺入其他金属。于是市场上就有两种金币：一种是此前不掺杂质的金币，一种是掺入了杂质的金币，但两种货币的法定价值一样。这样，人们都会收藏不掺杂质的良币，使用掺入杂质的劣币。时间一长，市场上流通的就只有劣币了，全部良币都退出了流通。这就是劣币驱逐良币，它由 16 世纪英国伊丽莎白时代的财政大臣格雷欣提出，也称"格雷欣现象"。 　　从狭义上来说，劣币驱逐良币是指因为信息不对称，物品的估值方（信息缺少的一方）估值一定时，物品的提供方（信息充分的一方）会选择提供实值较低的物品（劣币），致使实值较高的物品（良币）越来越少。从广义上来说，劣币驱逐良币也可以泛指一般的逆淘汰（劣胜优汰）现象。
方法与行动类母理	**母理 12　定位理论** 　　定位理论，最初是由美国著名营销专家艾·里斯（Al Ries）与杰克·特劳特（Jack Trout）于 20 世纪 70 年代早期提出来的。里斯和特劳特认为，"定位是你对未来的潜在顾客的心智所下的功夫，也就是把产品定位在你未来潜在顾客的心中"。 　　菲利普·科特勒对市场定位的定义是：所谓市场定位，就是对公司的产品进行设计，从而使其能在目标顾客心目中占有一个独特的、有价值的位置的行动。市场定位的实质是使本企业和其他企业严格区分开来，并且通过市场定位使顾客明显地感觉和认知到这种差异，从而在顾客心目中留下特殊的印象。 　　定位理论认为，品牌就是某个品类的代表，或者说是代表某个品类的名字。建立品牌就是要实现品牌对某个品类的主导，成为某个品类的第一。当消费者一想到要消费某个品类时，立即想到这个品牌，我们就说你真正建立了品牌。 　　定位理论认为，定位要从一个产品开始。此产品可能是一种商品、一项服务、一个机构甚至是一个人，也许就是你自己。但是，定位不是你对产品要做的事，而是你对预期客户要做的事。换句话说，你要在预期客户的头脑里给产品定位，确保产品在预期客户头脑里占据一个真正有价值的地位。 **母理 13　路径依赖** 　　路径依赖指一旦进入某一路径（无论是"好"还是"坏"），就可能对这种路径产生依赖。一旦人们做了某种选择，就好比走上了一条不归之路，惯性的力量会使这一选择不断自我强化，并让你轻易走不出去。 **母理 14　强化理论** 　　最早提出强化概念的是俄国著名的生理学家巴甫洛夫，而系统性的强化理论则由美国心理学家斯金纳首先提出。强化理论是一种过程型的激励理论，该理论认为，如果某种刺激对人的行为有利，则这种行为就会重复出现；若不利，则这种行为就会减弱直至消失。因此，管理者要采取各种强化方式，以使人们的行为符合组织的目标。 　　强化的具体方式有四种： 　　（1）正强化。 　　正强化就是奖励那些符合组织目标的行为，以便使这些行为得到进一步的加强、重复出现。

方法与行动类母理	（2）惩罚。 当员工出现一些不符合组织目标的行为时，采取惩罚的办法，可以约束这些行为少发生或不再发生。惩罚是力图使所不希望的行为逐渐削弱，甚至完全消失。也有人把惩罚称为负强化。 （3）负强化。 负强化强调的是一种事前的规避。俗语"杀鸡儆猴"形象地说明了惩罚和负强化的联系与区别。对出现了违规行为的"鸡"加以惩罚，意欲违规的"猴"会从中深刻地意识到组织规定的存在，从而加强对自己行为的约束。 （4）忽视。 忽视就是对已出现的不符合要求的行为进行"冷处理"，达到"无为而治"的效果。 **母理15　内因与外因** 内外因辩证原理是指在唯物辩证法中认为事物的内部矛盾（内因）是事物自身运动的源泉和动力，是事物发展的根本原因；外部矛盾（外因）是事物发展、变化的第二位的原因。内因是变化的根据，外因是变化的条件，外因通过内因而起作用。 内外因辩证原理是哲学中的概念，比较抽象，但是在论说文的分析中，我们只借用内外因的分析方向即可。在遇到社会公共治理类的题目时，我们可以从内部和外部两个方向，结合已知事实或其他科学原理，来寻找事件发生的原因，并进一步依据原因提出解决方法。 **母理16　量变质变规律** 质量互变规律是唯物辩证法的基本规律之一。它揭示了事物发展的量变和质变两种状态，以及由于事物内部矛盾所决定的由量变到质变，再到新的量变的发展过程。 ①量变是质变的前提，质变是量变的结果。 ②质变不仅可以完成量变，而且为新的量变开辟道路。 ③量变和质变的区分标志——是否超出度。

第 4 章 管理类联考论说文真题超精解

2009 年管理类联考论说文母题思路详解

真题原题

论说文：根据下述材料，写一篇 700 字左右的论说文，题目自拟。（35 分）

以"由三鹿奶粉事件所想到的"为题，写一篇 700 字左右的论说文。

审题立意

1. 命题背景

2009 年的这道题目，考的是"三鹿奶粉事件"，属于社会热点。"三鹿"品牌曾经有过非常辉煌的过往，有媒体评论说，三鹿在向着"瞄准国际领先水平、跻身世界先进行列"的目标迈进。但在 2008 年 9 月 8 日，媒体报道甘肃省岷县 14 名婴儿同时患有肾结石病症，引起舆论高度关注。随后，被曝光的婴幼儿患病住院的数量不断上升，初步调查显示，这些婴儿均食用了石家庄三鹿集团股份有限公司生产的一款"三鹿"牌婴幼儿配方奶粉。而且不久爆出，两个月来，中国多省已相继有多起类似事件发生。

三鹿奶粉事件之后，三鹿集团倒闭，三鹿品牌退出了中国市场，其他乳业品牌也深受波及。当时，被检出奶制品含有"三聚氰胺"的 22 家企业，有的倒闭、停产，有的转行做其他产业，有的被收购。那些仍在生产婴幼儿奶粉的企业则大多都选择改变品牌和产品。三鹿奶粉事件不仅给中国奶制品行业造成重大的负面影响，还重创了中国制造商品的信誉。随后，世界上多个国家禁止了中国乳制品进口。

了解背景以后，我们可以明确，针对材料所提到的"三鹿奶粉"事件，应结合当下社会、经济的形势，对其进行解读，这道题目属于比较简单的题目，需要考生在平时多关注一些热点事件。

不过，考生无须过分担心。因为管理类联考的作文，需要面向全国考生，即使是社会热点，也会选取比较有社会影响力、波及范围较广的事件。作为学生，只需紧跟"老吕考研"微信公众号即可，社会热点会及时更新，且站在写作角度去详细分析。

2. 审题立意（"克罗特"审题立意法）

步骤	内容	分析
K	抓关键 （key words）	主题词：三鹿奶粉事件。 关键句：由三鹿奶粉事件所想到的。
R	析原因 找寓意 （reasons）	三鹿奶粉事件的根源是，企业在明知添加三聚氰胺的混合物会对婴幼儿身体健康、生命安全造成严重损害，甚至造成死亡的情况下，依然添加三聚氰胺的混合物来赚钱牟利。 从企业角度来看： ①企业的诚信问题。 ②企业的社会责任、担当。 从社会角度来看： 直接摧残了人类社会最脆弱、最敏感的特殊群体——婴幼儿。 从国家角度来看： 中国奶业一落千丈，在国际上颜面扫地。由于对国产奶粉质量的担忧，出现了国人在国外抢购奶粉的情况。此现象又经人恶意炒作，极其严重地影响了国人形象。
O	定对象 （objects）	本材料的对象只有一个，就是"三鹿奶粉事件"。 基于这个对象，无论是站在企业、社会还是国家的角度去立意都是可以的。
A	辨态度 （attitude）	命题人虽然没有表现出任何感情倾向，也无任何观点，但基于在生活中对该事件的了解，应站在反对三鹿奶粉做法的角度去表达态度。
T	定立意 （theme）	结合以上四步分析，我们可以发现，本题立意比较宽泛，只要是从三鹿奶粉事件中有感而发、阐明道理的文章都是好文章。

母题母理分析

序号	步骤	分析
1	目标与收益	（1）企业逐利的动机 经济人假设：寻求利润的最大化。 成本收益原则：寻求以最小的成本获得最大的收益。 （2）诚信的内因与外因 内因：企业若诚信，则发展更加长远、获利更多。 外因：法律约束和市场环境的制约使见利忘义的企业无法获得目标收益。
2	成本与风险	（1）科斯定律 企业自身遵守社会规则的成本是较小的，社会法律管制代价较大。 （2）成本分析 履行社会责任、完善生产各个环节等，会增加企业的成本，降低效益。

续表

序号	步骤	分析
3	条件与约束	(1) 短视心理 诚信需要长期才能看到效果。 (2) 破窗理论 社会中，人贪利而管制不到位，会诱使人们仿效，甚至变本加厉。 (3) 马太效应 马太效应是指强者愈强、弱者愈弱的现象。 (4) 资源稀缺性 履行社会责任需要企业资源，而资源是有限的。 (5) 信息不对称 市场信息是不对称的，不诚信的短期收益大。 (6) 劣币驱逐良币 市场上以次充好的现象增多，企业逐渐趋利不诚信。 (7) 盲从心理 跟随其他不良企业商家，违背道德以谋私利。
4	方法与行动	(1) 定位理论 以"打造品牌"为中心，以"竞争导向"和"消费者服务"为基本点。 (2) 洛克忠告 "简则易循，严则必行"，加强制度设计来约束企业诚实守信，建立诚信机制和相关联的追究机制。

母题母理应用

思路	母理	分析
不诚信的原因	经济人假设	司马迁在《史记·货殖列传》中说过一句话，"天下熙熙皆为利来，天下攘攘皆为利往"。企业以追求利益最大化为目标，这本无可厚非，但很多企业却因此放弃了诚信，这是为何？因为，不守规矩、不讲诚信，往往可以避开监管、偷工减料、降低成本，从而获取更多的利润。
	成本分析	很多企业放弃了诚信，这是为何？因为诚信经营、童叟无欺，意味着真材实料，意味着精益求精，这当然需要付出更高的成本。但在一个完全竞争的市场上，企业是价格的接受者而不是制定者，这就使得诚信经营的企业由于成本问题反而在竞争中处于价格劣势。因此，很多企业产生了偷工减料的天然动机，最终形成了"劣币驱逐良币"的恶性后果。

续表

思路	母理	分析
不诚信的原因	信息不对称	企业不能遵守诚信，还有一个重要原因，就是信息不对称的存在。由于消费者很难准确判断一件商品的品质，所以，很多人判断一件商品的价值的依据就是它的价格高不高，"只买贵的，不买对的"这种现象屡见不鲜，这就给了企业以次充好的天然动机。
不诚信的恶果	恶果分析	事实上，三鹿奶粉事件影响和改变的不仅仅是中国乳制品的市场格局和份额，还有整个中国食品行业。一时间，中国食品安全问题成为世界关注的热点，中国消费者对国内食品安全的信心整体都有所下滑。 在三鹿奶粉事件发生后，尽管中国相关部门进行了很多反思和变革，推出了不少措施，但食品安全问题在中国还是一个长期课题。正如中国食品安全首席专家、中国疾控中心食品安全所研究员陈君石强调的，"中国农业生产的规模化和规范化以及提高中小型食品生产加工企业的素质还需要相当长时间，同样，《食品安全法》中规定的机构和制度的建设也不可能立竿见影"。
怎么解决不诚信问题	强化理论	政府要加强市场监管和舆论监督，建立一个信息更充分且竞争更公平的环境，引导惩恶扬善、崇尚诚信的社会价值观，利用合理的奖惩机制，让守信者得甜头、失信者受惩罚，从而尽量避免"劣币驱逐良币"现象的发生。
	信用经济	市场经济在某种意义上来说就是信用经济，市场经济越发达就越要求诚实守信。通过信用黑名单制度，打造"一处失信、处处受限、寸步难行"的失信惩戒格局，加大不诚信企业的违法成本。当失信成本大于不守诚信所能取得的利益时，作为以利益最大化为目标的"经济人"，企业自然会减少不诚信的行为。让诚信者受益、失信者损失，企业才能更加自发地做到诚信经营。
	自我约束	在企业的经营中，管理者在一定程度上就是企业的尺度。企业的未来依靠管理者的"慎独"加以丈量，出"行业淤泥"而不染，濯"市场清涟"而不妖，具备慎独的君子气概，企业才能赢得"大众信赖"这一利润率更高、收益更长久的"价值投资"。
	洛克忠告	诚信制度的缺乏和诚信意识的淡薄，使得我国各行各业难免存在一些丑陋现象。依据洛克忠告，我们应该注重加强制度设计来约束企业诚实守信，建立诚信机制和相关联的追究机制，同时，加强思想道德和法制教育，让民众真正地参与到监督当中来。"简则易循，严则必行"，才能为中国企业的未来保驾护航。
	墨菲定律	当局者在制定规则的同时，更要建立、健全完善的监督机制，不能让规则仅仅成为"摆设"。企业更是要自律严格，就如墨菲定律所言，如果一件事有变坏的可能，那么不管可能性有多小，这件事都会发生并往最坏的方向发展。因此，切勿存在侥幸心理、不守规矩。

母例素材

1. 名人名言

(1) 币厚言甘，人之所畏也。（司马光《资治通鉴·晋纪》）

(2) 青蝇嗜肉汁而忘溺死，众人贪世利而陷罪祸。（班固）

(3) 利益根本不是别的东西，只是我们每一个人视为幸福所必须的东西。（霍尔巴赫）

(4) 利益是人类行动的一切动力。（霍尔巴赫）

(5) 人们奋斗所争取的一切，都同他们的利益有关。（马克思）

2. 母例素材

(1) 谋利是企业的天性，但义利观是浙商伦理精神的核心。浙商自完成资本原始积累后，就以"义"字当先，以社会责任为己任。奥康集团董事长王振滔说："一个企业家的社会责任，并不是捐款那么简单，一个负责任的企业家，都要有一种整体的考虑和强烈的社会责任感。"

(2) 长期以来，日本生产汽车、飞机和子弹列车的大型制造商都依赖于日本神户制钢所提供的原材料，然而该企业篡改出售的铝材和铜材质量数据，包括丰田、通用和福特等汽车制造商以及波音公司、三菱重工等飞机制造商在内的几百家大型跨国企业都受到影响。神户制钢所的诚信度一落千丈，丢失了大批客户。弃义取利，或许能挣上一笔"快钱"，但是不合道义的利会透支企业形象，损伤企业信誉，最终在激烈的市场竞争中加速企业的灭亡。

(3) 长生生物"假疫苗"事件，背后根源是企业为降低成本、提高狂犬病疫苗生产成功率而违反药品生产规定，虚假标注制剂产品生产日期。企业为达逐利目的，不顾道德仁义，给社会造成严重影响，最终自食恶果，被强制退市。

参考范文

诚信为本，以义取利

——由三鹿奶粉事件所想到的

吕建刚

三鹿奶粉事件曝光，举国震惊。此事件之所以酿成灾难性的后果，丧失诚信、见利忘义是其中一个重要的原因。

孔子说："民无信不立。"孟子说："反身而诚，乐莫大焉。"诚实守信、见利思义，既是立人之本，也是经营之道。

是的，人无信不立，业无信不长。始建于康熙八年的同仁堂，"炮制虽繁，必不敢省人工""品味虽贵，必不敢减物力"，以"济世养生，取利于义"为其经营宗旨。正是这种对诚信的坚持，使同仁堂历三百年而不衰，赢得了广泛的赞誉。然而，生活中不守诚信、见利忘义的例子却并不鲜见。"毒奶粉""地沟油""瘦肉精"、苏丹红、加洗衣粉的油条、加漂白剂的面粉，一轮又一轮地"洗礼"着中国人的肠胃。这一次的三鹿奶粉事件，打在国人脸上，伤在妈妈们的心里。

那么，是什么让众多企业弃诚信于不顾？无非"利益"二字！诚信，被挂在口头上、写在文件上、糊在墙头上，而利益，落在口袋里。所以，在这些企业眼里，与利益相比，诚信、道德、企业责任都不重要，都可以弃之如敝屣，在金钱上得到实惠才是最重要的。"满口的诚信经营，一肚子的见利忘义"正是对这些企业的最好写照。

然而，诚信并不是古板的说教，利益也不是不变的真理。三鹿奶粉的破产，就是一记打在唯利是图者脸上的响亮耳光。所以，眼里只有利益、忘记诚信的企业，也许能谋一时之利，但早晚会被消费者所唾弃，难逃市场的惩罚；只有坚守诚信的企业，才能获得消费者的信任与忠诚，市场自会给予真正的回报。

所以，要杜绝三鹿奶粉事件的再次发生，一是要有正确的义利观，"君子爱财，取之有道"，不取不义之财；二是要杜绝"近视"，杜绝为了眼前利益而弃长远利益于不顾的行为；三是政府要加强监管、舆论要加强监督、消费者要擦亮眼睛，让不法企业无所遁形。

司马光曾说："诚者，天下之道。"时代在变，道却不变。坚守诚信，以义取利，才是企业发展的恒久之路！

（全文共778字）

学生习作展示及点评

1. 习作一

由三鹿奶粉事件想到

老吕弟子班学员　任书颖

三鹿企业追求利益，弃诚信于不顾，一朝东窗事发，引来全国骂名。由此观之，做人应当讲诚信，做事应以诚为本。 | 标题没问题。

当今社会，不诚信的行为比比皆是，三鹿奶粉绝非个例。 学生抄袭作业、 | 回扣材料，点明主题。

材料引入。

考试作弊；员工虚构简历、伪造经历；学者学术造假、论文抄袭；企业虚假广告、以次充好。这样不诚信的行为充斥着我们生活的方方面面，让人不禁想要探求其原因。

无论不诚信者如何作想，其行为背后总脱不了"利益"二字。正如"经济人"假设①所认为的，利己主义是人们经济生活的原动力。背离诚信无疑是一种低投资、高收益的行为。抄袭的学生拿了高分，虚构简历的员工获得了好工作，学术造假的学者得到了荣誉，做虚假广告的企业赚得了金钱。在利益的诱惑下，难怪许多人选择了弃诚信于不顾。

但是不诚信带来的利益往往是暂时的，最终会让行为人自食恶果。因为信息不对称②的存在，许多不诚信的行为在短时间内很难被发现。但随着时间流逝，以及现今网络舆论监督力量的增强，任何不诚信的行为终究会有被大众知晓的一天。到时候，个人的名誉、企业的品牌，都会受到不可逆的伤害。三鹿奶粉事件不就是如此吗？

想要遏制不诚信的行为，单纯的道德说教无异于隔靴搔痒，与其空讲"正人心"，不如首先从制度建设做起，应当完善信息的获取渠道，让社会监督不至于有心无力。同时设置合理的奖惩手段，对诚信行为进行奖励，让人们自发形成习惯；对不诚信行为作出惩罚，增加违信成本③。如此建立完善的制度保障，方能促进社会和谐，形成良性循环。

诚信不应该是空洞的口号，而应该是落到实际的行为。做人讲诚信，做事诚为本，让三鹿奶粉事件不再发生。

①母理：经济人假设。

②母理：信息不对称。

③母理：强化理论。

结尾简洁大方，回扣材料。

> **总评**
>
> 这篇习作是老吕写作特训营学员根据老吕授课讲的思路写出来的优秀范文。文章结构为"摆现象—析原因—谈恶果—提方案"，母理应用灵活自如，论证有力，语言流畅，可评为一类卷，分数区间为30~35分。

2. 习作二

企业经营，贵在诚信①

老吕弟子班学员　林姝妍

三鹿奶粉事件的发生，引发全国人民的关注。这个事件所酿成的后果是灾难性的，三鹿集团的管理者因此也受到了社会的谴责。因此，要想把企业经营好，诚信是主要因素之一。

企业不诚信经营，可能会失去广大消费者的信任，从而失去更多的收益。在市场经济活动中，买卖双方对信息的掌握程度是有差异的。当卖家掌握的信息更加充分时，有些企业就会利用这种信息优势来为自己牟取不正当利益，由此就会产生一些不诚信的行为②。但是，这种利益对企业而言是暂时的，长此以往，企业如果一直用这种优势来牟取利益，势必会破坏消费者的消费意愿，并对品牌造成不可挽回的伤害③。很显然，三鹿集团正是如此。

俗话说，"人为财死，鸟为食亡。"④三鹿集团为了快速抢夺贫穷的农村市场，为了降低成本而偷工减料。同时，为了能够通过检测，更是往奶粉里加了三聚氰胺。这正是三鹿集团不诚信的表现所在。企业的不诚信行为不仅会给自己带来恶果，严重者甚至会使整个行业受到影响。它还会让消费者受到伤害，小则损失一点金钱，大则危害健康。

三鹿事件的爆发，也是管理者不作为所致。早在三鹿事件爆发之前，就有消费者反映奶粉存在问题，而监管者、管理者却以假货搪塞。难道他们不知道奶粉存在问题吗？政府、检测站、企业所有人都知道三鹿存在违规行为，但是因为与三鹿的利益瓜葛而缄默。面对消费者质疑检测结果时，三鹿集团选择用公关为自己辩解，而不是去改正错误，给消费者一个交代。⑤

由此，企业要做到诚信，需要政府和企业管理者制定健全的监督管理机制。企业常常因为违反规则的成本低、收益高，选择忽视规则。通过健全的监管机制使违规企业付出更高的成本，将大大减少企业不诚信的状况⑥。同时，舆论的监督也可以使许多不诚信的事件曝光，从而减少企业的不诚信。

综上所述，在越来越激烈的市场竞争中，获取竞争优势的方法应该取之有道。企业经营，贵在诚信⑦。

---

①题干要求以"由三鹿奶粉事件所想到的"为题，就必须以此为标题，至少将其作为副标题。

②此句与该段的分论点并没有太大关系。在使用母理时，不能硬套母理，母理要为分论点服务。

③此句才是本段的论据。

④该分论点有两个问题：一是不能承接上一段的逻辑，二是不能很好地概括本段的内容。

⑤论点句中谈的是"管理者"，让人首先想到是企业管理者，但后文又提及"政府、市场监管者"等，偷换了论证对象。

⑥与上段一样，本段出现多个论证对象，逻辑混乱。

⑦"在越来越激烈的市场竞争中"，此类废话，不要也罢。

总评

（1）本文逻辑混乱，每一段的定位不清晰，段与段之间的逻辑关系不明确。论说文的目的是说服别人，因此，你的逻辑结构必须简洁明了，无论你是"是什么—为什么—怎么办"，还是"摆现象—析原因—提方案"，抑或是"正反折驳"，总之你得让读者迅速把握你的说理脉络。

（2）本文的论据使用存在多处不当。论说文的基本思想是分论点为论点服务，论据为分论点服务。我们用"母理"、用"例证"，都是为了证明论点，不能为了引用上哪个母理而强行套用。

（3）综上，可评为四类卷，分数区间为11~17分。

考场小贴士

多数情况下，一段论证中的论证对象应该是唯一的。

当一个段落必须出现两个论证对象时，逻辑要理清楚，可以用这样的句式："一方面，企业要……；另一方面，政府要……"。

2010年管理类联考论说文母题思路详解

真题原题

论说文：根据下述材料，写一篇700字左右的论说文，题目自拟。（35分）

一个真正的学者，其崇高使命是追求真理。学者个人的名利乃至生命与之相比都微不足道，但因为其献身于真理就会变得无限伟大。一些著名大学的校训中都含有追求真理的内容。然而，近年学术界的一些状况与追求真理这一使命相去甚远，部分学者的功利化倾向越来越严重，抄袭剽窃、学术造假、自我炒作、沽名钓誉等现象时有所闻。

审题立意

1. 命题背景

这道题目，考的是"学术造假"的问题，属于社会热点事件。学术造假指人为地制造假的学术成果以获得某些利益，违背了学术上最基本的实事求是原则。它是一种违背学术道德和科学精神的行为，是学风浮躁和急功近利的产物。学术造假往往具有隐匿性，稍有疏忽，造假行为就会从我们的眼皮底下溜走，从而造成不良的社会影响。

近年来，在学术领域里有关道德、伦理、法律和诚信的争论可谓沸沸扬扬，从顶级的科学家、学术大师到一般普通知识分子甚至算不上是"知识分子"的评职称者，都难免涉及学术造假纠纷。因此，必须提高警惕，务必加强信息的审查，防微杜渐，从源头杜绝学术造假。

从题面上来看，我们很容易得出，应该站在反对学术造假的立场。这道题目比较难的地方在于文章内部的分析，除了明是非，还要把道理讲清楚，考的是你的思维逻辑及知识储备。

2. 审题立意（"克罗特"审题立意法）

步骤	内容	分析
K	抓关键 （key words）	主题词：学术造假事件。 关键句：一个真正的学者，其崇高使命是追求真理。部分学者的功利化倾向越来越严重，抄袭剽窃、学术造假、自我炒作、沽名钓誉等现象时有所闻。
R	析原因 找寓意 （reasons）	材料中仅涉及学术造假事件，所以基于此事件所引发的思考，在此都成立。
O	定对象 （objects）	本材料的对象只有一个，就是学术造假的人。
A	辨态度 （attitude）	命题人明显表现出反对的感情倾向，应站在反对学术造假做法的角度去表达态度。
T	定立意 （theme）	结合以上四步分析，我们可以发现，本题立意比较简单和明确，反对学术造假即可。可去谈我国学术造假现状、这种现象未能得到遏制的关键是什么、应该如何遏制此种现象等，在这些方向上思考写出的文章都是好文章。

母题母理分析

序号	步骤	分析
1	目标与收益	（1）经济人假设 科研工作者也是具有经济理性的个体，有着追求个体利益最大化的动机。 （2）成本收益分析 只要学术造假的期望收益大于直接成本，选择学术造假就是合乎经济理性的。 （3）马太效应 一旦科研成果被评上国家科技大奖，先进工作者、青年科学家等荣誉就会接踵而至。

续表

序号	步骤	分析
2	成本与风险	（1）破窗理论 事实证明，对学者造假的行为若不加以制止，难免会靡然成风。 （2）沉没成本 学者很可能研究了多年，也难有成就，就会导致之前的所有努力都成了沉没成本。 （3）机会主义 若法律制度不一定能够对学者造假行为产生严厉的惩罚，在机会主义诱惑之下，低风险、高收益，又何乐而不为？ （4）劣币驱逐良币 如果我们对造假行为置之不理，造假者轻易地功成名就，而勤于研究者又难出成果，就难免产生劣币驱逐良币的后果。
3	条件与约束	（1）信息不对称 学者与大众对有关信息的了解是有差异的，学者所掌握的信息往往更加充分，这种信息不对称性为学术造假行为提供了外部条件。 （2）路径依赖 学者一旦在学术造假上尝到"甜头"，很可能产生路径依赖，继而出现更多的造假行为。 （3）道德许可效应 学者在作了很多贡献后，开始觉得做些虚假的事情是"心安理得"的。
4	方法与行动	（1）道德 加强道德建设，培养正确的义利观。 （2）慎独/自律 在独身自处之日，无人监督时，一个学者是否能够自律，便见其修养。 （3）洛克忠告 规定应该少定，一旦定下，就要严格遵守。 （4）强化理论 对正面的行为进行奖励，从而使这种行为得到加强；对负面的行为进行惩罚，从而削弱这种行为。

母题母理应用

思路	母理	分析
学术造假的原因	经济人假设（1）	从经济学的角度来看，学者作为理性人，也会追求个体利益的最大化。并且，重大的发明和研究，往往需要潜心多年的钻研，因而失败的风险也就越大。学者即使研究多年，也可能很难有所成就。因此，与其苦心钻研，不如通过学术造假而追逐名利来得方便和实在。
	经济人假设（2）	学术造假的内在动因之一是科研工作者急功近利。当科学研究成为一种谋生的职业时，很多科研工作者主观上都会存在追名逐利的动机和欲望，渴望通过科研成果取得名誉、地位、权力、职称、奖金和升迁等各种经济利益和社会利益。

续表

思路	母理	分析
学术造假的原因	马太效应	不容忽视的问题是，学者通过造假而获奖后，将产生"马太效应"。一个学者的科研成果一旦被评上科技大奖，先进工作者、青年科学家等荣誉就会接踵而至，出国访问、基金资助、职称晋升等机会也会纷至沓来，甚至同样的课题在申请经费时也会因为这一光环多了几分便捷。
	道德许可效应	学者在作了很多贡献后，开始觉得做些虚假的事情是"心安理得"的。"道德许可效应"就是如此，当我们做完很多好事之后，就会倾向于允许自己干一件坏事。
	外因	学术造假的外在因素之一是制度不合理。在重数量、轻质量的科研绩效考评制度激励下，科研工作者通过学术造假能够谋取可观的利益。学者并非不知道造假违背道德行为准则，也不会不考虑造假败露的可能性及后果。但科研领域存在只激励机制而无有效的约束机制的现象，这使得造假者能够较方便地采取低成本方式减少惩罚甚至逃避惩罚。
	信息不对称	学术造假频频发生，其中一个重要原因便是信息不对称。因学者与大众对有关信息的了解是有差异的，学者所掌握的信息往往更加充分，自然就处于有利地位，这种不对称性给他们提供了造假的外部条件。而大众处于信息劣势方，没有办法对学术界形成一个有效监督，这样便使得学术造假的行为很难得到相应的惩罚。
学术造假的成本与风险	成本分析	事实上，学术造假的直接成本非常低，可以忽略不计。只要学术造假的期望收益大于直接成本，选择学术造假就是合乎理性的。因此，如果学术造假败露的可能性很小，或者造假败露后遭受的损失不大，抑或是造假的风险小，那么，学者就存在一定可能性选择学术造假。
	沉没成本	部分学者为何明知那些不良的行为不可取，却依旧"死性不改"？学者追求真理，往往需要多年的潜心深入研究。这也意味着越是重大的发明和创造，面临的风险也就越大。事实上，学者很可能研究了多年，也难有成就，就会导致之前的所有努力都成了沉没成本。如此一来，不如直接通过"歪门邪道"追名逐利来得痛快。
	路径依赖	学者一旦在学术造假上尝到"甜头"，很可能产生路径依赖，继而出现更多的造假行为。而这种造假行为多了，事情败露就是早晚的事。
学术造假的恶果	劣币驱逐良币	如果我们对学术造假行为置之不理，将会产生严重的后果。造假的学者违法成本低，收益却很高，难免让刻苦钻研的人心生动摇。如果这种行为没有得到有效地制止，那么，长此以往，此种行为极易形成风尚，最终导致劣币驱逐良币的现象。

续表

思路	母理	分析
方法与行动	慎独/自律	无论制度多么健全，想要造假的学者依然会想方设法"钻空子"。那么，不如首先从学者自身做起，做到慎独。在独身自处之日，无人监督时，一个学者是否能够自律，便见修养。习近平总书记曾强调，要"不断加强自律，做到台上台下一个样，人前人后一个样，尤其是在私底下，无人时，细微处，更要如履薄冰，如临深渊，始终不放纵、不越轨、不逾矩"，说的正是这个道理。
	洛克忠告	防范学术造假，不如先从制度建设做起。有了健全的制度，会使学者的造假成本提高，使他们明白自己没有权力也没有胆量去造假，同时，也让他们深知，一旦造假，后果会是毁灭性的。唯有建立能够"简则易循，严则必行"的制度，才能更好地净化学术环境，促进良性循环。

母例素材

1. 名人名言

（1）真理是认识事物的工具，是人们前进和上升的道路上的阶梯，真理都是从人类的劳动中产生的。（高尔基）

（2）真理是存在的顶峰，正义就是在实践中运用真理。（爱默生）

（3）真理是永远蒙蔽不了的。（莎士比亚）

（4）为真理而斗争是人生最大的乐趣。（布鲁诺）

（5）唯有真理，才是我该誓死捍卫的。（卡特赖特）

2. 母例素材

（1）"汉芯一号"造假事件。2006年1月17日，中国首款自主知识产权高端DSP芯片——"汉芯一号"发明人、原上海交通大学微电子学院院长陈进被爆弄虚作假，将从美国进口来的芯片加上了"汉芯"字样的标志，骗取国家上亿元无偿拨款。5月12日，上海交通大学向媒体通报了"汉芯"系列芯片涉嫌造假的调查结论与处理意见："汉芯一号"存在造假欺骗行为；撤销陈进上海交通大学微电子学院院长职务；撤销陈进的教授职务任职资格，解除其教授聘用合同。

（2）浙江大学贺海波论文造假事件。2009年3月，浙江大学副教授贺海波被爆剽窃论文。浙江大学共核查了贺海波及其所在研究室相关人员涉嫌学术道德问题的论文20篇，其中贺海波涉及论文9篇。事发后，贺海波被撤销副教授职务和任职资格。浙江大学将其开除出教师队伍。中国工程院院士、浙江大学药学院院长李连达负有监管不力的责任，不再续聘。

（3）上海大学博导陈湛匀论文抄袭事件。2009年4月，上海大学教授、博导陈湛匀因两篇论文存在抄袭现象被通报，被学校免除学术委员会委员职务，并撤销其国际工商与管理学院副院长一职。

（4）演员翟天临学术造假事件。2019年2月8日，演员翟天临在直播中翻牌网友留言，某网友问翟天临的博士论文能不能在知网搜到，翟天临很自然地回答："知网是什么东西？知网是什么东西？"随后又回答下一个网友的问题。此次直播引起网友热烈讨论，不少网友质疑刚刚升入北大读博士后的翟天临"学位造假""论文不是自己写的"。

参考范文

学术造假止于制度建设

老吕助教　芦苇

一个真正的学者，其崇高使命是追求真理。然而，最近几年不断见诸报端的学术造假现象却与这崇高的使命背道而驰。如何建筑防止学术造假的堤坝，答案在于——制度建设。

改革开放四十余年，学术风气便伴随着人们观念和社会转型的特殊时期"泥沙俱下"。翟天临的"知网"事件、陈湛匀的论文抄袭事件、"汉芯一号"造假事件等学术造假事件层出不穷，人们见怪不怪，审丑疲劳。怪现象不去，何谈"科教兴国"？

纵观近几年的学术造假事件，原因有如下几点：第一，信息的不对称。因学者与大众对有关信息的了解是有差异的，学者所掌握的信息往往更加充分，自然就处于有利地位，这种不对称性给他们提供了造假的外部条件。第二，制度的不完善。学者并非不知道造假违背道德行为准则，也不会不考虑造假败露的可能性及后果。但科研领域存在只有激励机制而无有效的约束机制的现象，造假者能够较方便地采取低成本的方式减少惩罚甚至逃避惩罚。

如果我们对造假行为置之不理，它将会产生严重的后果。造假的学者违法成本低，收益却很高，难免让刻苦钻研的人心生动摇。如果这种行为没有得到有效地制止，那么，长此以往，此种行为极易形成风尚，最终导致劣币驱逐良币的现象。

如何遏制造假现象呢？我认为单纯的道德说教无异于隔靴搔痒。不如首先从制度建设做起，有了健全的制度，会使得学者的造假成本提高，使他们明白自己没有权力也没有胆量去造假，同时也让他们深知，一旦造假，后果会是毁灭性的。如"洛克忠告"所言，唯有建立能够"简则易循，严则必行"的制度，才能更好地净化学术环境，促进良性循环。

哲人有言："真理的分量，比整个世界都重。"在市场经济与观念转变的双重冲击下，唯有依靠制度建设的堤坝，才能阻止造假的洪流淹没学术大地，从而净化学术环境，还真理于社会、国家。

（全文共736字）

学生习作展示及点评

1. 习作一

遏制学术造假还需制度建设

老吕弟子班学员　叶嘉年

一个真正的学者，其崇高使命是追求真理，然而近年来学术界贪图名利、沽名钓誉等现象却时有发生。在我看来，遏制学术造假还需制度建设。

> 标题很好。

> 开头段写得不错，与标题呼应。

现在越来越多的学者抛弃了自己的使命，在追逐等级、追逐名号的方向上越走越远。老一辈的学者们靠的是真正拿得出手的研究成果，而现在有很多年轻的学者靠的却是几份礼品、几次请客吃饭，便可不费吹灰之力地拿到自己想要的职称①。老一辈的学者们在前无古人的情况下，靠着自己的知识做了许多创新成果，而现在很多年轻学者却可以依靠"借鉴"完成自己的学术研究，毫无新成果可言②。

> ①对比的形式挺好，不过我们要反思，我们有足够的论据或数据来支持这种新老对比吗？
> ②几处表达需要修改。

⊙问题②建议改为：老一辈的学者们在没有很多有效参考的情况下，靠自己的研究做出了许多创新成果，而现在很多年轻学者却可以依靠"借鉴"完成自己的学术，新成果少之又少。

"学术造假"现象时有发生，究其原因，皆因"利益"二字。首先，根据经济人假设③，人都是在追求利益最大化。而重大的发明和研究，往往需要潜心多年的研究，因而失败的风险也就越大。因此，学者即使研究多年，也不一定有所成就，不如直接追逐名利来得方便和实在。

> ③母理：经济人假设。

其次，信息不对称④在很大程度上也导致了"逐利"现象的发生，在现行的职称评选制度下，职称评选依靠的标准或许只有论文的多少、做讲座数量的多少，等等，真正对学者学术造诣的评价似乎没有到位，因而，学者逐利现象蔚然成风⑤。

> ④母理：信息不对称。
> ⑤蔚然成风是褒义词，不能用作贬义。

要想改善学者学术造假之风，还需制度建设。由于学术界的监管体制仍不完善，学术成果检验方式不到位，因此，首先应该完善学术成果的评价和评选制度，建立以学术质量为导向的考核指标。其次，还应建立学术界的学术监管机构，完善公开、公平、公正的学术选拔制度，加大学术逐利的惩治力度，一旦有学术造假现象的发生，必须加以严惩，使想逐利的学者不敢逐利，更使造假现象无处遁形。最后，加强学者自身对知识产权的保护意识和重视也仍有必要，制度建设和道德建设双管齐下，遏制学术造假问题指日可待。

遏制学术造假已然是正学术之风的当务之急，依靠制度建设才能从根本上改善学术风气，更能还真理于学术界。

> **总评**
>
> 文章虽然有些细节尚待优化，但文章结构清晰、分析有深度，可评二类卷偏上的分数，分数区间为27~30分。

> **考场小贴士**
>
> 这篇文章的题目，看起来好像没什么文采可言，但言简意赅、切合材料。
>
> 论说文的标题的第一要求是能概括论点，文采可为之增色，但并非必需。

2. 习作二

追求真理应去功利化

老吕弟子班学员　　林姝妍

追求真理，是研究者和学者的使命。然而近年来学界存在功利主义盛行的现象，抄袭剽窃、学术造假层出不穷，严重违背了这一使命。我认为，追求真理应该去功利化。 标题可以。

学者追求真理，是指学者将精力放在学术研究本身，<u>将思考世间真理、为社会创造真正有用的东西①</u>。而追求功利，是研学者为了个人名誉和利益，将获得功利而不是创造产出作为第一目标。其实追求真理和获得利益之间本不应对立。因为发现真理，创造产出，自然会带来应得之利，<u>只是许多人为了私利，而将二者的顺序倒置，重利轻真理，从而变成功利化②</u>。 ①、②皆为病句。

⊙问题①建议改为：思考社会问题，提出有益于社会的理论。

⊙问题②建议改为：但是很多学者忘记初心，耐不住名利诱惑，将二者顺序颠倒，变得重利而轻真理。

目前学术界功利化明显，<u>乱象顿出③</u>，析其原因，第一点是学者本身的自制性，在"经济人假设"中，每个人的动机都是利己主义。有的人为获得利益，不管是眼前的或是长远的，都会采取一些成本较低的方式，抄袭、造假便是如此。二是制度建设的缺陷。将发表论文的数量和载体质量作为学者评判标准无可厚非，但一些领域需要较长的时间才能产出成果。这会影响一些学 ③应为乱象频出。

④表达可以优化。

者每年的指标。但通过剽窃却可以绕开漫长研究，而制度也缺乏有效的制约④。三是处罚力度较轻。以往的学术造假曝光，学者虽名誉受损，但实际处罚力度远远不够。

⊙问题④建议改为：一是学者本身的自利性，根据经济人假设，每个人都想追求经济利益的最大化，而剽窃、造假成本低，收益可观，让很多学者没有守住底线。二是评审制度的缺陷。将发表论文的数量和载体质量作为学术评判标准无可厚非，但一些领域需要较长的时间才能产出成果，这就会影响一些学者短时间内的学术成果，但通过剽窃却可以绕开漫长研究，迅速获得"学术成果"。

⑤此句为病句。"不仅对学者本人毫无提升"的主语应该是"功利化"；"还会滋生懒惰，在功利中迷失自我，放弃真理"，应该是"学者"滋生出这些问题。

将追求真理中的功利化去除刻不容缓。长期来看，不仅对学者本人毫无提升，还会滋生懒惰，在功利中迷失自我，放弃真理。对国家来说，更会导致学界因没有有效产出和真正科技创新而落后⑤。

⊙问题⑤建议改为：功利主义对学界造成的恶果显而易见：一方面，功利主义会成为滋生懒惰的"温床"，让学者在功利中迷失自我，放弃对真理的追求；另一方面，功利主义很容易引发学术造假问题。潜心于学的学者迟迟没有成果，抄袭剽窃者却因为快速取得成果而更早评上职称、拿到学术资源，最终导致"劣币驱逐良币"的恶果。

去功利化不能仅靠每个学者守住底线，树立理想信念，还应在制度上建立更加科学的考核评判体系，建立监督问责机制，加重学术造假的惩罚力度。同时，应保障学者的基本物质诉求，使其得以获利的同时安心学术研究。

⑥病句。

愿学者能坚守追求真理之路，将功利主义远离真理，不做利益的奴隶⑥。

⊙问题⑥建议改为：

愿学者能坚守追求真理之路，摒弃功利主义思想，不做利益的奴隶。

总评

文章立意准确，结构清晰，并且应用了一些老吕课上讲的"母理"，能够较为深刻地诠释道理。但是本文有两个比较严重的问题：（1）个别段落和句子冗长，缺少对全文各段落篇幅的规划安排。（2）病句过多。

本文可评为三类卷，分数区间为18~23分。

> **考场小贴士**
>
> 本文的问题⑤和问题⑥，出现病句的原因是相同的，即总是偷换论证对象。一段论证要想清晰通畅，第一，论证对象要保证统一；第二，说完一件事后再说一件事，千万不能同时叙述两件事情。
>
> 如果一个段落里确实需要出现多个论证对象，那么就要用一些并列连词进行连接，比如，"一方面，企业要……；另一方面，政府要……""首先，消费者要……；其次，企业要……"，等等。

2011 年管理类联考论说文母题思路详解

真题原题

论说文：根据下述材料，写一篇 700 字左右的论说文，题目自拟。(35 分)

众所周知，人才是立国、富国、强国之本，如何使人才尽快地脱颖而出，是一个亟待解决的问题。人才的出现有多种途径，其中有"拔尖"，有"冒尖"。"拔尖"是指被提拔而成为尖子，"冒尖"是指通过奋斗、取得成就而得到社会的公认。有人认为我国当今某些领域的管理人才，"拔尖"的多而"冒尖"的少。

审题立意

1. 命题背景

2005 年，钱学森对前来看望他的温家宝总理说："现在中国没有完全发展起来，一个重要原因是没有一所大学能够按照培养科学技术发明创造人才的模式去办学，没有自己独特的创新的东西，老是'冒'不出杰出人才。这是很大问题。"2009 年，这位科学大师临终前再次提出：为什么我们的学校总是培养不出杰出人才？"钱学森之问"所担忧的显然不只是教育事业的发展问题，而是中华民族的伟大复兴所需要的创新型人才及创新能力问题。

据国家科技部统计，截至 2009 年，中国科技人力资源总量达到 4 200 万人，位居世界第一；研究开发人员总量 190 万人，位居世界第二；每年培养的博士、硕士总量位居世界第一。从 1978 年改革开放至 2011 年年底，中国的各类出国留学人员总数达 224.51 万人，而留学回国人员总数却只有 81.84 万人，近 65% 的中国留学人员选择了移民海外。可见，创新能力不足已经成为中国特色社会主义建设的主要制约因素之一。

了解背景以后，我们可以明确，对于材料所提到的关于企业管理及社会治理问题，人才"拔尖"或"冒尖"现状，应结合当下形势进行解读。从题面上来看，我们很容易得出，应该站在支持"冒尖"的立场。

2. 审题立意（"克罗特"审题立意法）

步骤	内容	分析
K	抓关键 （key words）	主题词："拔尖""冒尖"。 关键句：有人认为我国当今某些领域的管理人才，"拔尖"的多而"冒尖"的少。
R	析原因 找寓意 （reasons）	为什么"拔尖"的多而"冒尖"的少？缺少竞争机制，缺少用人平台等。
O	定对象 （objects）	管理者角度：要"拔尖"，更要"冒尖"。 人才角度：勇当"冒尖"人才。
A	辨态度 （attitude）	命题人倾向于"冒尖"。
T	定立意 （theme）	结合以上四步分析，我们发现，本题立意比较明确，有两个方向可供选择，但基于我们是管理类联考写作，最好站在管理者的角度。

母题母理分析

序号	步骤	分析
1	目标与收益	（1）经济人假设 管理者：企业要想获得利益最大化，不论以"拔尖"还是"冒尖"的形式选拔人才，都要善于排兵布阵，以充分发挥人才的优势。 （2）马斯洛需求层次理论 个人：人们为了使自身的金钱收入增加，实现自我价值，都会在一定程度上提高工作积极性，主动"冒尖"。
2	成本与风险	（1）时间成本 个人：在某一方面能够主动"冒尖"者，通常都具备过高的专业水平，而这需要经过一段较长时间的自我学习和积累。 管理者：面对激烈的竞争，企业可能没有足够的时间和耐心去等待"冒尖"人才的成长。 （2）权力危机 若人才因表现出众威胁到管理者的地位和权威，管理者可能会对人才进行打压甚至排挤。

续表

序号	步骤	分析
3	条件与约束	（1）信息不对称 多数行业的企业管理者无法全面地认识员工的表现和能力，往往难以分辨出"真人才"。 （2）晕轮效应 当候选人有某一方面的闪光点时，伯乐容易认为候选人的其他方面也非常不错，最终可能造成误判。 （3）路径依赖 单纯地"拔尖"或单纯地"冒尖"都可能使"伯乐"出现选拔人才的路径依赖，将"拔尖"和"冒尖"两种人才选拔方式结合起来，才能选拔到真正的人才。
4	方法与行动	（1）科斯定理 谁能将一个职位的职能发挥得最好，这个职位就应属于谁。 （2）激励机制 不论"拔尖"还是"冒尖"，能否采取恰当的激励机制留住人才，事关企业的兴衰成败。 （3）强化理论 对勇于"冒尖"的行为进行强化激励，该行为将会重复出现。

母题母理应用

思路	母理	分析
拔尖的问题	信息不对称	"拔尖"之所以经常出现问题，一是因为管理者的用人远见和用人智慧有高有低，二是用人中的信息不对称现象，使得很多管理者无法全面地认识员工的表现和能力，难以分辨出"真人才"，因此用"冒尖"的方式选拔人才就显得尤为重要。
	晕轮效应	"拔尖"的人才选拔机制可能会失灵，原因在于伯乐可能容易受到"晕轮效应"的影响。当候选人有某一方面的闪光点时，伯乐容易认为候选人的其他方面也非常不错，最终可能造成误判。
	路径依赖	管理者总是用"拔尖"的方式选拔人才，往往会对这一方式产生路径依赖，容易出现只重视"身边人"的提拔，而忽视其他人。这是因为领导不熟悉其他人的工作能力，公司没有畅通的人才竞争机制等。如果人才没有得到提拔的机会，则会打击其积极性，长此以往，不利于企业的发展。

续表

思路	母理	分析
拔尖的问题	帕金森定律	如果仅依赖"拔尖"选拔人才，往往使组织出现"帕金森现象"，这是因为部分管理者的权力危机感心理：拥有权力的管理者，大都想要把握住这样的权力，避免受到其他威胁，所以他们往往任用素质较低者。久而久之，组织受大量资质平庸的人才所累，难以有进一步的发展。
冒尖的优势	科斯定理	根据科斯定理，谁能将一个职位的职能发挥得最好，这个职位就应属于谁。通过企业内部的"冒尖"机制，不仅可以有效防止"空降兵""关系户"挤占企业资源，抢得先机，也可以给予人才充分展示能力的机会，减少因管理者判断有误而产生的不利影响。
冒尖的优势	信息不对称	"冒尖"能出真人才，这是因为它避免了人才选拔中的信息不对称。俗话说，"是骡子是马拉出来遛遛"，把马儿放在一个赛场，赛一赛、跑一跑，谁是千里马、谁是驽马，就一目了然了。所以，政府也好，企业也好，要形成人才竞争的机制，给人才一个公平的竞争环境，让能者上，让庸者下，淘尽黄沙，自得真金。
方法与行动	竞争平台	要为人才冒尖设置不同的竞争平台。这就如同赛马——擅长冲刺的，让它赛短跑，耐力好的，让它赛长跑，步态优雅的，赛盛装舞步。"尺有所短，寸有所长"，急性子有急性子的好处，慢性子也有慢性子的妙处。人岗匹配，才能创造价值。人才放错了赛场，怕是不但不能冒尖，反而被当作庸才淘汰了。
方法与行动	激励机制	第一，从个人职业发展和企业的发展出发，完善企业员工的职业发展通道。第二，满足员工的多样化需求。第三，采用全面薪酬体系，增强薪酬制度的激励性。第四，完善企业培训体系，加强对员工的培训。第五，加强对员工的软激励。

母例素材

1. 名人名言

（1）九州生气恃风雷，万马齐喑究可哀。我劝天公重抖擞，不拘一格降人才。（龚自珍《己亥杂诗》）

（2）人才虽高，不务学问，不能致圣。（刘向《说苑·谈丛》）

（3）人才难得而易失，人主不可不知之。（梁佩兰《金台吟》）

（4）进君子，退小人，爱人才，申公论。（范纯仁）

（5）人材者，求之则愈出，置之则愈匮。（魏源）

（6）人才乏于上，则有沉废伏匿在下，而不为当时所知者矣。（王安石）

（7）千金易得一士难。（陆游《寄仕锡平老借用其听琴诗韵》）

（8）生才贵适用，幸勿多苛求。（顾嗣协《杂兴》）

（9）兴邦在人材。（陆游《凄凄行》）

（10）古称国之宝，谷米与贤才。（白居易《杂兴三首》）

（11）治国经邦，人才为急。（孙中山《上李鸿章书》）

2. 母例素材

（1）盒马鲜生

随着经济的快速发展，市场竞争日趋激烈，人才作为企业运营的第一资本，其培育能力、运用能力将决定着企业的核心竞争能力。阿里巴巴创始人马云敢于接纳原京东旗下侯毅，才有了盒马鲜生的诞生。我们应该看到，数据时代下人才供应紧缺，这对企业的可持续发展和专业人才培养带来了新的挑战。创新人才培养模式、完善企业人力资源管理机制以及提高人才自身竞争力，尽可能趋向人才总量不断增加、人才结构和分布趋于合理、人才工作机制与环境不断优化的良好局面。企业唯有人才充足，方能得到跨越式发展。

（2）稻盛和夫讲话

"好马"已寻，还要知如何"管马"。管理者作为企业的"掌舵人"，在人才管理中要考虑"匹配"原则。每个员工都有各自独特的个性，充分了解、评估，才能"对症下药"。首先，及时对工作结果进行评价，能强化工作动机，对工作起到促进作用；其次，管理者需要设身处地，从员工的角度出发，和员工产生共鸣，这样才能更加了解员工行为；最后，在了解之后，采用适合员工自己的办法，促其进步。

（3）通用公司人才管理

人才创新是企业的一大重任，创新的人才管理制度也不可少。强化理论提到：如果某种刺激对人的行为有利，则该行为就会重复出现；若不利，则该行为会减弱直至消失。基于此，管理者需要考虑，如何革新当下的人才制度，进一步激发员工的积极性、创新性。奖惩须有道，但如何才能让奖惩起到动力而非"止损"的作用？或许通用公司的制度能作为参考，其开创的"人才盘点"制度，就是为了识别在企业内部哪些是值得培养或提拔的优秀人才。

（4）任正非讲话

"冒尖"需内力生长，"拔尖"要外力提拔。冒尖虽更具公平性，但受限于管理者的精力，无法全面观察，因而无法为企业提供合适足量的人才。而身为管理者，更应重视人才，充分培养并适时拔尖，如此才能形成良性循环，利于企业发展。华为在全世界范围内选拔人才，正是借由选拔人才产生的激励与异化作用，从而促进其业务的不断发展。

参考范文

"拔尖"不如"冒尖"

老吕写作母题特训营学员 杨宁

任用人才,究竟当"拔尖"还是"冒尖"?这是摆在每一位企业管理者面前的难题。在我看来,企业用人,"拔尖"不如"冒尖"。

"世有伯乐,然后有千里马。千里马常有,而伯乐不常有。"人才"拔尖"依靠伯乐,但更多的时候,"拔尖"未必能选出真人才。因为,一方面,企业管理者与人才之间存在信息不对称,管理者无法了解每一个人;另一方面,人们通常更愿意与那些交往密切、关系亲近的人共事。如此,管理者在面对用人决策时,难免有失客观。所以,人才"拔尖"不可靠。

与"拔尖"不同,人才必须要取得公认的成就方能"冒尖"。这样的人不但在实践中积累了大量的经验,而且更可能具备优秀的品质、更好的习惯、自律的能力和积极拼搏的精神。企业选用"冒尖"人才,一方面,可以规避"用人不当"的风险;另一方面,也可以对企业内部产生正向的激励作用,使更多人看到付出的预期收益,从而使他们愿意为了个人前程而卖力工作。

然而,正如材料所言,目前在许多领域的管理中,选拔人才仍是"拔尖"多于"冒尖"。虽然我们并不否认"拔尖"人才中存在能人,但更多情况下,"拔尖"机制使勤勤恳恳工作的真人才得不到重用,却给一些投机取巧的人打开了方便之门,使他们可以通过送礼、攀关系而扶摇直上。长此以往,会破坏企业的风气,导致"劣币驱逐良币",给企业带来难以估量的损失。

因此,企业应为"冒尖"人才打通上升渠道。第一,应建立完善的晋升考核机制,给人才提供更好的机会和平台;第二,应做好人才的定位,把人才置于合适的岗位上才能发挥其优势;第三,应设置即时奖惩制度,在奖励贡献者的同时,鼓励更多的人积极投入工作,培养更多的人才。

科斯定律告诉我们,资源应流向最能利用好它的人。所以,企业用人,与其"拔尖",不如"冒尖"。

(全文共725字)

学生习作展示及点评

1. 习作一

要"拔尖",更要"冒尖"

老吕写作母题特训营学员　袁世坤

人才任用,"拔尖"和"冒尖"哪个更重要? 每个人对此都有各自的见解。 我认为,"拔尖"诚可贵,"冒尖"价更高。 <u>人才任用,当以"冒尖"为重,方能为企业带来良性的发展①</u>。

⊙问题①修改方法一:人才任用,当以"冒尖"为重,这样方能为企业带来良性的发展。

修改方法二:人才任用,当以"冒尖"为重。

建议采用方法二,这样表达更简洁。

所谓"拔尖",<u>究其根本,大多是②</u>管理者拉拢"自己人"的手段。 你看,领导瞧你顺眼,拉你一把,以后你工作办事时,自然就会多为领导着想。 领导的一次举手之劳却可以为自己拉拢一名忠心的下属,何乐而不为呢?

但是,"冒尖"就不一样了。 试想,一个小职员,通过奋斗慢慢成长起来。 若是成绩一般也就罢了,倘若他的地位逐渐威胁到了领导的位置,而二者之间又没有什么"人情"可谈,那领导不就相当于培养出了一个跟自己"抢饭碗"的人吗? 所以,一些管理者对"冒尖"嗤之以鼻,也就不足为奇了。

其实,以"冒尖"的方式培养人才,乍一看觉得成本很高,甚至有可能危及管理者的地位,但其收益却是巨大的。 对于企业来说,一旦这种机制形成了固定的模式,那么企业的人才质量将会有一个很大的提升。 同时,管理者由于感受到了"危机",也会想办法提升自己,以求保住自己的地位。 而人才涌现所带来的后续收益,也必然远超开始时所付出的成本。

最后,我们提倡要重视"冒尖",并不是认为"拔尖"一无是处。 毕竟,"伯乐慧眼识真才"的例子确实存在。 但是,在我国如此庞大的人口基数下,这样的例子就显得有些渺小了。 所以,与其依赖少数的伯乐去"拔"出人才,不如建立成熟的机制,让人才"冒"出来。

综上所述,企业若想良性发展,要"拔尖",更要"冒尖"!

标题不错。

①病句。"当以'冒尖'为重"的主语是"人才任用",而"方能为企业带来良性的发展"的主语为"'冒尖'这种选人方式"。

②本段整体写得非常好,有生活气息,能让读者产生共鸣。画横线部分建议改为"有时候会成为"。

"冒尖"的收益分析。

提建议。

结尾简洁大方。

> **总评**
>
> 文章逻辑清晰，语言流畅，虽有一些小问题，但无伤大雅，可评为二类卷偏上，分数区间为 26~30 分。

> **考场小贴士**
>
> 当我们写一些负面的事情时，要多用"有一些""少部分""有时候"，不要用"总是""大部分""绝大部分"等词汇。

2. 习作二

要"拔尖"，也要"冒尖"

老吕弟子班学员　梅宇翔

正如材料所述，人才对于一个国家、企业的<u>含义</u>①，不言而喻。选拔人才的方式也层出不穷，而我认为，选拔人才，要"拔尖"，也要"冒尖"。

<u>人才的拔尖</u>，是指一个人在特定环境下，通过领导的培养，被动地成为某领域中的尖子；而<u>人才的冒尖</u>，则是指一个人在经过自身不断地努力、学习后，主动地成为行业中的佼佼者。<u>二者在本质上有一定的区别。</u>②

若是仅仅通过"拔尖"的方式选拔人才，企业则会相应地承受一些代价。<u>因为"伯乐相马"，难免走眼，且不说坐在"相马者"这个位置的人，是不是"真伯乐"，单单只是一次"走眼"，就很可能放走了真正的"千里马"，而把大量的财力、物力、精力等有限的资源，耗费在"驽马"上</u>③。这对于一个国家或企业而言，无疑是巨大的损失。

但若只通过"冒尖"这一方式选拔人才，<u>则会长期处于一个被动的状态</u>④。再加之，"千里马不常有"，很可能当我们守株待兔式地等来一匹"千里马"<u>时，早已错过许多可以使企业蓬勃发展的时机</u>⑤。机会成本如此之沉重，恐怕没有哪家企业愿意承担。

所以，人才任用，要"拔尖"，也要"冒尖"。拔尖的好处在于，可以使企业处于主动的位置，更甚之，可以专注于培养特定类型的人才，按需投入；而冒尖的好处在于，<u>可以规避</u>一些<u>由于信息不对称问题，给企业造成的失误</u>⑥，大大降低了"走眼"的风险。二者结合，方能"选贤与能"。

标题不错。

①用词不当，将"含义"改为"重要性"。

②语义重复，建议删掉。

③这一段是改写的老吕的范文。老吕原文的逻辑是：一方面，"伯乐"有可能是假伯乐；另一方面，真伯乐也有时会看走眼。但本段这么一改，逻辑上出了问题：从看走眼，到不是真伯乐，又回到看走眼。应该一个说完再说另外一个。

④病句，无主语。

⑤此段分析有问题。冒尖并不是被动地等待人才。

⑥由于多了一个逗号，使此句让人难以理解。

对于人才，企业也应当注意做到"人岗匹配"。是"赛马"，就放到跑道上赛一赛；是"俊马"，就拉去选美台上秀一秀。如此一来，既满足了人才在成长方面的需求，亦为企业创造了利润，何乐而不为之⑦？

⑦"亦为企业创造了利润"，生拉硬套。

结尾没有问题。

综上所述，人才任用，要"拔尖"，也要"冒尖"，方可选贤与能。

> **总评**
>
> 在立意上，很多同学怕出错，因此希望采取"中庸之道"，既谈"拔尖"，又谈"冒尖"，其实这样很难让文章有说服力，本文也有同样的问题。此外，本文出现的病句也较多。不过，整体来看，本文结构尚清晰，能结合论点展开论证，可评为三类卷，分数区间为 18~23 分。

2012 年管理类联考论说文母题思路详解

真题原题

论说文：根据下述材料，写一篇 700 字左右的论说文，题目自拟。（35 分）

中国现代著名哲学家熊十力先生在《十力语要》（卷一）中说："吾国学人，总好追逐风气，一时之所尚，则群起而趋其途，如海上逐臭之夫，莫名所以。曾无一刹那，风气或变，而逐臭者复如故。此等逐臭之习，有两大病。一、个人无牢固与永久不改之业，遇事无从深入，徒养成浮动性。二、大家共趋于世所矜尚之一途，到其余千途万途，一切废弃，无人过问。此二大病，都是中国学人死症。"

审题立意

🔔 1. 命题背景

"逐臭之夫"典出《吕氏春秋·遇合》："人有大臭者，其亲戚兄弟妻妾知识，无能与居者。自苦而居海上。海上人有说其臭者，昼夜随之而弗能去。"译为：有个人因为浑身散发着臭气，不得不远离亲友，迁到海滨居住。然而海滨却有一个人非常喜欢他身上的臭味，昼夜跟随着他，一步也舍不得离开。后人以"逐臭之夫"比喻嗜好怪僻、异于常人的人。

材料大致意思为：我国的国学研究者总是喜欢追求一时的风尚，喜欢人云亦云、随大流，实际上自己也不知道自己在追求什么东西。当社会风气有些许变化时，又和以前一样（开始追逐新的风气)。这种习气有两大弊端：一是大家没有固定的追求，人云亦云，对所追求的东西研究不够深入，这样只能让自己变得很浮躁；二是学术跟风也会助长学术界乃至社会的浮躁浅薄、急功近利之风，大家所追求和研究的事物愈发趋同，一些基础性、风险性、生僻的学术领域无人问津，遭到废弃。长此以往，将严重败坏社会的道德风气。

在了解背景后，我们可以明确，材料中对"盲目跟风"的现象持批判态度。考生可以就事论事地批判某些学者"好追逐风气"的乱象，但考生也要时刻谨记，管理类联考的本质在于"管理"，所以更宜站在管理者的角度，结合当下社会、经济的现状，对"跟风热潮"加以辩证解读，立意为"切莫盲目跟风""不要随波逐流""凡事要专注""要有创新精神"等。

2. 审题立意（"克罗特"审题立意法）

步骤	内容	分析
K	抓关键 （key words）	主题词：好追逐风气、海上逐臭之夫。 关键句：①吾国学人，总好追逐风气，一时之所尚，则群起而趋其途，如海上逐臭之夫，莫名所以。 ②此等逐臭之习，有两大病。一、遇事无从深入，徒养成浮动性。二、大家共趋于世所矜尚之一途。
R	析原因 找寓意 （reasons）	材料中，中国现代著名哲学家熊十力先生在《十力语要》中批判了学界的浮躁浅薄、急功近利之风，指出学者做学问有两大病：一是浮躁；二是人云亦云。 熊十力先生所针砭的"逐臭之夫"的盲从跟风现象，不仅存在于学术界，现实生活中也普遍存在。考生立意时，不要仅限于"学术跟风"乱象，要站在管理者的角度，针对现代社会、企业的盲目跟风乱象加以辩证分析。
O	定对象 （objects）	熊十力先生本人在这则材料中并不重要，重要的是他说的话的对象"吾国学人"。
A	辨态度 （attitude）	材料中熊十力先生对当代学界的浮躁风气表达出鲜明的批判态度，无论是为学还是做人，都不应该盲目跟风，需要戒骄戒躁。材料观点倾向性极为明确，故此题宜认同材料的观点，不宜反驳材料的观点。
T	定立意 （theme）	结合以上四步分析，本题可以确定立意为："凡事要专注务实""少一些盲目跟风，多一些自主创新"。

母题母理分析

序号	步骤	分析
1	目标与收益	(1) 不跟风 ①经济人假设 社会化分工的结果必然是专业化。因此，个人能否有准确定位，是否能勇于创新，对于自身的发展至关重要。 ②飞轮效应 坚持创新，前期可能会遭遇困难和阻力，但后期将会越来越轻松。 (2) 跟风 ①搭便车 学者可以通过跟风缩短创作时间，短期内实现名利双收。 ②飞轮效应 若一味满足于跟风模仿，前期看起来可能比较轻松，但后期发展的阻力会越来越大。 ③成本收益分析 短期来看，跟风相当于有了"前车之鉴"，无论是学术研究还是其他行业领域，借鉴前人成功的模式和经验并无不可。
2	成本与风险	(1) 不跟风 ①机会成本 当新的风口出现时，如果保持定力，不随波逐流，可能意味着需要承担机会成本，丧失部分本可以通过模仿借鉴而获得的收益。 ②搭便车 可能要承担被其他人"搭便车"的风险。创新所需投入的精力、财力巨大，跟风者们在此时"袖手旁观"，当创新取得了显著效益，跟风者们又争相"坐享其成"。如此一来，成本和责任要创新者独担，收益却很可能被瓜分得所剩无几。 (2) 跟风 ①破窗效应 若对跟风行为置之不理，会诱使人们仿效，如此一来，学术界免不了学识"虚胖"、学风"注水"。 ②劣币驱逐良币 利益是大部分人的行为出发点。如果跟风产生的成本极低、收益极高，自然引得模仿、抄袭者前赴后继。长此以往，难免产生逆向淘汰。
3	条件与约束	(1) 从众心理 通俗地说，就是"随大流"，学者有时候也很难保持独立性，出现盲目跟风的现象。 (2) 信息不对称 学者也会面临信息不对称的情况，很难准确把握研究方向。 (3) 路径依赖 一旦通过跟风从众获得收益，习惯了模仿甚至抄袭，就会产生"路径依赖"，从而丧失创新的意愿和能力。

续表

序号	步骤	分析
4	方法与行动	(1) 自我定位 学者要找准适合自己的方向和定位，不盲目追逐"潮流"，保持专注精神，厚植创新意识。 (2) 理性判断 要培养理性的分析能力和甄别判断能力，时刻注意提高警惕和风险防范能力，不跟风、不盲从。 (3) 自我约束 要加强自我约束，培养"匠心"精神。

母题母理应用

思路	母理	分析
跟风的原因	羊群效应	熊十力先生曾言，中国学人有两大死症：一是浮躁，二是盲从。究其原因，极有可能是"羊群效应"在起作用——治学经费有限，而从事创新性学术研究有很大的不确定性，此时，选择跟随"领头羊"，反而成了最优策略。但是，在大多数人都选择规避不确定性的时候，浮躁和盲从便成了一种风气，进而形成"群体压力"，加剧了这一现象。
	权宜从众	任何群体都有维持群体一致性的显著倾向和执行机制。与群体理念一致的成员，群体会接纳、赞赏；对于群体偏离者，则会排斥甚至是惩罚。因此，有时为了顺应局势、融入圈子，即使个人或企业内心并不认可群体的选择，也不得不在表面上与群体的选择保持一致，选择跟风、随大流。
	经济人假设	谋利是人类的天性。学者的跟风行为，无非是想迅速取得研究成果，在热门领域快速取得成功。跟风相当于有了"前车之鉴"，无论是学术研究还是其他行业领域，适度跟风都可以借鉴前人成功的模式和经验，摒弃前人创作过程中的缺陷和不足，从而有效规避未知风险，获取相对稳固的收益。
跟风的恶果	劣币驱逐良币	如果创新者的利益得不到保障，跟风者却可以通过快速抄袭模仿获得收益，那么，创新者的积极性会被跟风者们导致的"利益瓜分"现状挫伤，学术创新也将随之停滞，形成劣币驱逐良币的恶果。

续表

思路	母理	分析
不跟风的好处	经济人假设	谋利是人类的天性。不跟风，找准自己的定位，独立创新。一旦取得研究成果，就会有较强的原创性和突破性，对学者的声望、职称、利益都有好处。
	飞轮效应	钻研学术，不盲目从众，坚持创新，前期可能会遭遇困难和阻力，但随着不断坚持和投入，内部经验不断积累、外部条件逐渐完备，后期将会越来越轻松。
方法与行动	定位理论	社会发展的结果必然是分工越来越细、越来越专业化。学者也是如此。因此，学者要找准适合自己的方向和定位，不盲目追逐"潮流"，保持专注精神，厚植创新意识。
	强化理论	政府应制定完善的制度，从机制上保障创新者的利益，引导学者由跟风向创新转变。

母例素材

1. 名人名言

（1）你可以靠思想上的隔音器隔绝喧闹声。（罗斯）

（2）企业的成败在于能否创新，尤其是当前新旧体制转换阶段，在企业特殊困难时期，更需要有这种精神。（黄汉清）

（3）如果你要成功，你应该朝新的道路前进，不要跟随被踩烂了的成功之路。（约翰·D.洛克菲勒）

（4）业精于勤，荒于嬉；行成于思，毁于随。（韩愈《进学解》）

（5）领袖和跟风者的区别就在于创新。（乔布斯）

（6）精通一科，神须专注。（董必武）

（7）创新是唯一的出路，淘汰自己，否则竞争对手将淘汰我们。（安迪·格鲁夫——英特尔公司前CEO）

（8）须教自我胸中出，切忌随人脚后行。（戴复古《论诗十绝·其四》）

2. 母例素材

（1）从众是指在群体影响下，个体自愿地与群体中的多数人保持一致，表现出符合多数人行为方式的现象，俗称"随大流"。

美国社会心理学家所罗门·阿希曾于1956年做过一个经典的从众实验——比较线段的长度。他从实验总体结果看，数十名被试者自己独立判断时，正确率超过99%，但跟随他人一起判断时，有75%的被试者受到群体影响，做出了从众的判断。

（2）如今，我们好像进入了"模仿秀"时代。一台旅游演出作品《印象刘三姐》火了，《印象某某》便在各地四处开花；一部谍战剧《潜伏》走红，各种谍战题材电视剧便热映在各大荧屏；一部经典作品翻拍成功，经典翻拍便开始泛滥……从天安门到世博会中国馆再到鸟巢，这些建筑在不少地方都有"山寨版"，就连城市也变得"惊人相似"，以致我们行走在各个城市之间，越来越没有陌生感。

（3）7-11便利店：这家小小的便利店在全球零售巨鳄沃尔玛、家乐福的打压下，不但没有被消灭，反而成为全球零售业学习的典范，在世界范围内拥有超过 25 000 家便利店，利润率远远高于以低价著称的沃尔玛。它的做法就是仿效沃尔玛的成功模式，借鉴财务管理理论，并结合心理学的前沿技术，创造性地提出"人心增值理念"。通过一系列集合模仿并加以整合，最终成了便利店中的"沃尔玛"。

参考范文

跟风不可取　创新尤可为

吕建刚

熊十力先生将盲目跟风之人，形容为海上逐臭之夫，让人闻之可恶。诚然如先生所言，盲目跟风不可取。

东施效颦、邯郸学步，均是贻笑大方、人人耻笑之举。可是耻笑别人的人，就不盲目跟风了吗？我看未必。当今社会，盲目跟风现象并非个案，而是层出不穷、愈演愈烈。《舌尖上的中国》热播，举国尽是美食家；《中国好声音》火了，全民都在选秀；《甄嬛传》热播，放眼尽是甄嬛体。不仅娱乐节目如此，其他方面亦是如此。前几年全民炒股犹在眼前，现在众人又开始炒黄金；高朋网在美国火了，中国一年内涌出四千多家团购网站；明星磨了下巴，女孩子都要去割个双眼皮。真是你方唱罢我登场，让人应接不暇。

这些跟风之举往往并没有带来好的结果。众多选秀节目中有几个大红大紫？全民炒股有几个不是血本无归？团购网站现在活着的还有几家？割了双眼皮的，又有几个成了人造美女？所以，盲目跟风并不可取。

然而，不跟风，坚持自己的立场，并不是彻底的不模仿、完全的不借鉴。齐白石先生曾说："学我者生，似我者死"，他也没有把模仿和借鉴一棍子打死，而是留了一条"生路"，那就是在模仿和借鉴基础上的创新。郑板桥摹尽颜筋柳骨、唐书魏碑，然而能自出机杼，创立"板桥体"；齐白石先生也是在博采众家之长的基础上，五易画风，才成为一代大家的。他们都擅长在模仿和借鉴基础上进行再创造，正所谓"我行我道，我有我法"。

个人需要模仿、借鉴和创新，企业和国家也是如此。苹果公司之所以伟大，正是因为其产品有颠覆性的创新；近代日本之所以能在第二次世界大战后迅速崛起，也是因为其不断模仿、借鉴，并不断地创新，走出了一条属于自己的腾飞之路。所以，模仿并不可怕，怕的是盲目跟风，怕的是在跟风中丧失自我，怕的是不敢借鉴、不敢创新。

跟风万万不可取，借鉴和创新却是万万不可丢。只要国人不迷失自我，在借鉴中创新，熊十力先生的担忧将不复存在，先生可含笑九泉矣。

（全文共779字）

学生习作展示及点评

1. 习作一

"跟风热"虚火当降

老吕团队　张英俊

熊十力先生将盲目跟风之人喻为"海上逐臭之夫"，诚哉斯言！近年来，"跟风"现象愈演愈烈。从"综艺热"到"选秀热"，从"共享单车"到"共享床位"，这一次次的跟风浪潮无不折射出浮躁的社会乱象。

为何"跟风"乱象屡见不鲜？究其原因，无外乎"寄生心理"①和"短视思维"②。当全新的创意被市场接纳并产生巨大效益时，"市场效应"随之形成，市场对新产品、新创意的需求和期待激增，需求开始大于供给。此时，"寄生者"们只要快速生产出模仿产品，就能满足市场的需求而图利。相反，不跟风、不模仿，就意味着企业要有独立的思考能力与创新能力，并且需要投入大量的精力与财力。相比之下，跟风模仿、马虎了事，既节约了长期成本，又获得了眼下的收益，何乐而不为？如此一来，每当新风口出现，跟风者们免不了蜂拥而入、拾人牙慧。

然而，管理者应该明白，盲目追随潮流并非企业发展的长久之计。若跟风、模仿之风盛行，成本需创新者独担，收益却要与仿效之众"共享"，创新者的利益无法得到保护，谁还愿做社会的"先行者""供应商"？如果精打细磨做出的产品，动辄被人顺手牵走，却无须承担应有的代价，创新者岂不心寒？如果劣币驱逐良币③，创新者只会越来越少，泥沙俱下的产品就会泛滥于社会。长此以往，创新者不仅失去动力，还可能失去能力。人人想吃免费午餐，奶牛却没人来养。

所以，盲目跟风要不得。管理者需要培养理性的分析能力和判断能力，架

标题优秀。

开篇点题，观点鲜明。

①母理：寄生心理。
②母理：短视思维。

③母理：劣币驱逐良币。

起自己与跟风热潮之间的一道过滤网，做到不跟风、不盲从；政府要完善创新制度，保护创新企业，坚决遏制盲目跟风心态的发酵与滋长，严厉杜绝"盲干、盲行、盲跟风"的社会乱象。当从众成为风尚、跟风成为创新的束缚时，发展之路只会越走越窄。主事者，当明鉴。

<u>任凭风浪起，稳坐钓鱼船。世界正经历百年未有之大变局，经济全球化大潮滚滚向前，国际格局加速演变。如此形势之下，更要少一分走捷径的心态，多一分有脊骨的追求，拒绝盲目跟风，厚植创新意识，只有如此，才能勇做世界经济的"弄潮儿"</u>④。

④结尾过长。

⊙问题④建议改为：

任凭风浪起，稳坐钓鱼船。拒绝盲目跟风，厚植创新意识，勇做世界经济的"弄潮儿"。

总评

张英俊同学原是老吕的学员，因文笔优秀已经被聘为老吕写作团队成员，本文是她在弟子班上课时的习作。材料中谈的都是学者问题，我们如果跳出学者跟风问题来看社会上的跟风问题，也是可以的，但这二者之间的过渡一定要自然，让阅卷人能够理解你的文章确实由材料有感而发。本文第一段的过渡是比较自然的。

注意，考试时给的答题卡上论说文部分只有800个空格，也就是说，我们写一篇700字的文章，加上标点和段落中必然出现的空格后，在答题卡上就已经接近写满了。本文字数达到了八百余字，答题卡上根本写不开。因此，结尾段落要简化。除此以外，本文可评为一类卷，分数区间为28~32分。

考场小贴士1

写考场作文，空格和标点也是算字数的。一篇写满700个格子的文章，实际字数只有650字左右。

考场小贴士2

考场上，我们很难在短时间内高质量地完成两篇作文。因此，作文绝对不是靠你去临场发挥的，而是要在平时进行写作训练、积累写作素材、背诵母理和范文，训练在考场上"排列组合"的能力。

2. 习作二

切记不可盲从

老吕 MBA 班学员　绿卡

　　熊十力先生所言甚是，"吾国学人，总好追逐风气，一时之所尚，则群起而趋其途，如海上逐臭之夫，莫名所以"。可见，盲从不可取。

　　盲从会令人迷失自我，失去目标。屠呦呦用一生只做了一件事情，她没有像其他同事一样甘愿做一名普通的实验人员，也没有在事业上一味地追逐名利，而是每天在实验室日复一日地重复一件事情，只为了一个目标：制取青蒿素。最终用乙醚制取出了青蒿素。试想，如果屠呦呦选择了盲从，那么世上只是多了一个实验工作者，而不会出现青蒿素①。所以，用心专一，不盲从，终会达到目标。

　　然而，为什么"出淤泥而不染，濯清涟而不妖"的人会越来越少呢②？无非是盲从跟了风，因为从众心理会使人们怀疑自己的选择③。生活中抽烟的人不在少数，当人们在一起的时候大家都抽烟，你不抽烟就会被视为另类；随地吐痰、乱扔垃圾的现象随处可见，因为大家都这样做，你不这样做，别人就认为你在故作清高，这就导致了"羊群效应"④的出现。

　　路径依赖促使那些缺乏目标的人走向了盲从之路⑤。因为盲从需要的成本很低，近乎零成本。一个山寨企业只靠模仿、复制就可以致富，因为它不需要投入大量的人力、物力、财力，决策成本及风险较低。然而，企业盲从会导致产品的同质化现象、导致利润率降低，对外部因素形成了依赖，久而久之终会被市场淘汰。

　　那么，企业如何才能做到不盲从呢？树立正确的价值观与目标，不随波逐流，不切实际的模仿要不得，完全照搬的模式是行不通的，应当结合企业情况和市场状况予以决策。

　　当然除了审时度势，也不能冥顽不化。从众不等于盲从，适当地随大趋势也并不等于随波逐流。在不同的局势面前，要认清自我，当自己的立场错误时，要及时修正，从大众中"取其精华，去其糟粕"，做个有真知灼见的人。"择善人而交，择善书而读；择善言而听，择善行而从⑥。"

　　逐臭之习不可仿，盲目跟风不可取。我们应该相信自己，不要让我们的大脑成为别人的跑马场⑦，切勿盲从跟风，人云亦云。

标题很好。

开篇点题，观点鲜明。

①阅卷人看了 10 000 篇文章，其中 9 900 篇文章出现了乔布斯、马云、屠呦呦、司马迁、袁隆平、华为的事例。你还把这个例子写这么长，怎么得高分？

②引用不当。

③循环论证+病句。这段翻译一下就是："为什么不跟风的人少呢？因为跟风的人多"。

④母理：羊群效应。

⑤第一，我们使用母理是为了解释论点，而不是把母理本身当作论点。第二，路径依赖主要是对自己过往的行为产生依赖，而不是跟风他人。

⑥使用让步段的前提是你的主要论点已经阐释得比较完备了。如何做到不盲从就写了三言两语，这一点还没写明白，就进行让步段，会让文章的说服力大打折扣。

⑦形象化的词语可以加引号。

> **总评**
>
> 本文立意明确，结构也算清楚。但是，全文在篇幅安排上力不从心：何处该详，何处该略？母理和引用句的使用都存在不当。字数也过长。可评为四类卷偏上，分数区间为 16~18 分。

考场小贴士

母理的使用有两个注意点：
第一，母理为论点服务，用于阐释、说明论点，一般不能把母理本身当作论点使用。
第二，母理使用要妥当，不能生搬硬套。

2013 年管理类联考论说文母题思路详解

真题原题

论说文：根据下述材料，写一篇 700 字左右的论说文，题目自拟。（35 分）

20 世纪中叶，美国的波音与麦道两家公司几乎垄断了世界民用飞机的市场，欧洲的飞机制造商深感忧虑。虽然欧洲各国之间的竞争也相当激烈，但还是采取了合作的途径，法国、德国、英国和西班牙等决定共同研制大型宽体飞机，于是"空中客车"便应运而生。面对新的市场竞争态势，波音公司和麦道公司于 1997 年一致决定组成新的波音公司，以此抗衡来自欧洲的挑战。

审题立意

🔔 1. 命题背景

2013 年的这道题目，考的话题是"竞争与合作"。材料源于波音公司与麦道公司的合并案：波音公司是美国最大的飞机制造企业，在全球大型客机生产市场上取得了市场支配地位，与欧洲的空中客车公司在民用领域竞争非常激烈。麦道公司是美国和世界上最大的军用飞机制造企业，同时也生产大型民用客机。1996 年年底，波音公司用 166 亿美元兼并了麦道公司。在干线客机市场上，合并后的波音不仅成为全球最大的制造商，还是美国市场唯一的供应商，占美国国内市的份额几乎达100%。美国波音公司和麦道公司的合并加强了波音公司在世界市场的支配地位，也巩固了美国的航空工业大国地位。

今天的商业环境已创造出一种新型的竞争，一种合作中的竞争。企业群体以共同的目标利益结成了联盟关系，虽然他们内部依然存在着竞争和矛盾，但是他们能借助和学习彼此的核心竞争力和专业优势，联手与外部企业（群）展开竞争。企业联盟没有弱化竞争，反而使竞争更加激烈。通用电气公司前总裁韦尔奇曾说："联盟是全球竞争的重头戏，赢得全球竞争最不足取的道路就是什么都靠自己来做。"

材料给出的观点十分鲜明，在了解背景后，立意不难。2009年在职MBA联考真题"两群牦牛"和2013年的管理类联考题目立意有相似之处，两个命题的母例素材可以借鉴互通。但是，2009年在职MBA联考真题的立意侧重于内部团结可攻克艰难局势，而2013年管理类联考真题的立意更侧重于外部合作能铸就双赢局面。

2. 审题立意（"克罗特"审题立意法）

步骤	内容	分析
K	抓关键 （key words）	主题词：合作。 关键句：①虽然欧洲各国间竞争也相当激烈，但还是采取了合作的途径。 ②波音公司和麦道公司于1997年一致决定组成新的波音公司，以此抗衡来自欧洲的挑战。
R	析原因 找寓意 （reasons）	材料中最关键的信息是合作——竞争背景下的合作，即为了在竞争中占优、获利而精诚合作。 尽管材料中两个合作的案例背景都和竞争有关，但欧洲各国、波音和麦道在面对竞争对手时，都选择了"合作"而非"单打独斗"，这更加突显了竞争关系下合作的重要性。如果考生只侧重于写"竞争"，就明显偏题了。
O	定对象 （objects）	材料引用了商业合作案例，未出现带有寓意的对象，故此部分无须考虑。
A	辨态度 （attitude）	材料讲述了空客公司与波音、麦道的竞争背景，引用了波音公司与麦道公司的合并案，突显了合作的重要意义。此题宜认同材料的观点，不宜反驳材料的观点。
T	定立意 （theme）	结合以上四步分析，本题可以确定立意为——竞争离不开合作、要有合作意识。

母题母理分析

序号	步骤	分析
1	目标与收益	**经济人假设** ①增强竞争力，抱团生存，以防被淘汰。 ②两大公司强强联合能进一步取得优势，实现自身和整体的利益最大化。
2	成本与风险	**（1）合作** ①独享收益：无论是空客公司，还是波音与麦道，选择合作，就意味着要承担机会成本，即丧失了部分本可以自己独享的收益。 ②成本：合作会扩大规模，如果经营不善，可能会产生更高的成本。 **（2）不合作** ①经济全球化时代，企业优势、长处各有不同，如果不利用合作加强优势、弥补短板，就可能会被发展瓶颈制约。 ②若企业一心痴迷于霸权地位和垄断利益，不建立利于企业长远发展的合作意识，会导致企业失去活力、陷入困境。 ③马太效应：市场竞争激烈，欧洲各国已形成合力，若波音与麦道缺乏合作意识，而选择"单打独斗"，极有可能无法与已经联手的空客公司抗衡。
3	条件与约束	**（1）资源稀缺** 企业资源有限，欧洲各公司无法凭借一己之力获得最大化收益，而联手组建空客公司，则可以整合资源，抗衡巨头。 **（2）瓶颈理论** 每个系统都存在瓶颈，不通过合作去强化优势、弥补短板，只会让企业的短板成为"瓶颈"，限制整体效率的提升。 **（3）信息不对称** 市场信息是不对称的，当合作双方信息接收水平不一致时，会产生相互猜忌、无法信任彼此的情况。 **（4）自利性偏差** 人们常把功归因于自己，过推脱于他人。出于自利性偏差，合作各方在产生收益时，都会试图分享更多的利益；在合作亏损时，难免互相推诿。 **（5）零和博弈** 出于零和博弈的思维，人们认定在社会交往中你得到的就是我失去的，所以必须把所有利益都攥在自己手中，"自己好处通吃，别人只能完败"。

续表

序号	步骤	分析
4	方法与行动	(1) 签订契约/合同 合作伙伴在合作之初，需要签订契约或协议，完整规定合作各方需要履行的职责和义务，确保各方利益均等，避免遇事相互"踢皮球"。 (2) 瓶颈理论 合作双方需运用瓶颈理论，客观分析自己的长、短板，通过合作补齐短板，实现共赢。 (3) 自我约束 企业需建立长远发展的合作机制，从根本上提升合作的紧密程度和整体实力，在合作的同时也要在产品的质量、精度、稳定性上下功夫。

母题母理应用

思路	母理	分析
合作的收益	经济人假设	谋利是企业的天性。波音与麦道的合作，实际上是为了追逐经济利润的最大化。
合作的收益	规模经济	合作可使波音和麦道的资源得到整合和共享，从而拥有更先进的技术、更专业的分工和更优秀的人才。如此一来，企业的生产效率提高、边际成本下降，从而产生规模经济，获得更丰厚的利润。
合作的收益	瓶颈理论	任何企业，都存在着限制企业发展的瓶颈。企业的整体生产效率，往往由效率最低的环节决定。因此，通过合作，取长补短，就可能以更低的成本打破瓶颈。每个企业的优势和短板有所不同，合作可以取长补短、提升效率，从而获取收益。
不合作的原因	机会成本	企业合作积极性不高的重要原因之一，在于机会成本的权衡。波音、麦道在合作产生收益时，不免要与对方共享利益。选择合作，就意味着双方都需要承担机会成本，即丧失了部分本可以独享的收益。当"抱团取暖"获得的收益未能够高于"单打独斗"时获得的收益，出于成本的考虑，企业也许会放弃合作。
合作的成本与风险	沉没成本	合作的结果未必能尽如人意。古有战国时六国合纵抗秦失败、三国后期蜀国与吴国合作不敌魏晋势力，今有"网络童装第一品牌"绿盒子与挚信资本融资合作仍难逃破产倒闭、小马过河与学而思联手合作却依然关门大吉。当社会和市场面临剧变，合作遭遇"滑铁卢"时，合作各方都需要承担巨大的、无法挽回的沉没成本。

续表

思路	母理	分析
合作的成本与风险	利益损失风险/短视心理	保护自身利益是企业的本能。选择合作，就可能要面对放弃一部分既得利益或短期利益的情况。在自身利益受到动摇的情况下，企业可能会放弃合作，选择对立甚至出现恶性竞争。
	信息不对称	事实上，在合作过程中，欧洲各国、波音和麦道对有关信息的了解和接收水平都是有差异的；掌握信息比较充分的一方往往处于比较有利的地位，而信息接收不畅的一方，则处于劣势地位。在信息不对称的基础上，极易导致彼此互相猜忌、心生怨念，不能坦诚沟通，注意力都集中在如何规避自身责任上，工作重点将会从解决实际问题上发生偏移，产生强制中断合作、抗拒履责等道德风险。
	自利性偏差	人们常把功归因于自己，过推脱于他人。出于自利性偏差，无论空客还是波音，在产生收益时，都会试图比对方分享更多的利益，在合作亏损时，不免想要比对方承担更小的损失。如果不在合作初期就制定契约，明确规定各方利益和责任，合作后期必定会因为心理上的利益分配不均衡而导致关系破裂。
	零和博弈	出于零和博弈的心理，企业可能会醉心于霸权地位和垄断地位，抗拒建立合作关系，而是通过种种"小动作"攫取更多的利益，"只想自己单赢，不许他人进步"。
方法与行动	定位理论	企业应当准确分析市场现状，结合自身优势和实际情况，寻找到合理定位，在全盘考虑的基础上选择合作伙伴，建立健康、稳固的合作关系。
	签订契约/合同	契约对有关各方的权利和义务作出了规定，为人们提供了行为的模式。企业在合作之初需要签订契约或协议，规定合作各方享有的权利和需要履行的义务，确保各方利益均等，避免遇事相互拆台、履责相互推诿。
	自我约束	企业越大，社会责任、道德责任就越大。企业在强强联合协作的过程中，更应当加强自我约束，担负起社会责任，将道德、公共利益纳入行业规范、融入职业伦理，珍视合作共赢的机会，与合作伙伴谋求共同福祉、与非合作伙伴良性竞争。
	政府监管	除了依靠企业自身自律外，政府应制定更有针对性的政策法规、更严格健全的法律制度来促进企业加强合作，监督企业合规经营。政府搭好了"台子"，企业才能更好地"唱戏"。

母例素材

1. 名人名言

（1）天时不如地利，地利不如人和。（《孟子》）

（2）二人同心，其利断金。（《周易》）

（3）万人操弓，共射一招，招无不中。（《吕氏春秋》）

（4）上下同欲者胜，风雨同舟者兴。（《孙子兵法》）

（"上下同欲者胜"出自《孙子兵法》，"风雨同舟者兴"为后人所加。）

（5）能用众力，则无敌于天下矣；能用众智，则无畏于圣人矣。（孙权）

（6）积力之所举，则无不胜也；众智之所为，则无不成也。（《淮南子·主术训》）

（7）单丝不成线，独木不成林。（曹雪芹）

2. 母例素材

（1）招行信用卡+故宫淘宝，合作定制"奉招出行"行李牌

招行信用卡联合故宫淘宝推出"奉招出行"定制行李牌，将"奉诏出行"的"诏"换为"招"，让招行信用卡和故宫淘宝之间的关联完成一次大写的加粗。招商银行信用卡此次联合故宫淘宝推出定制款"奉招出行"行李牌，借势故宫文化，和客户搭建情感上的交流，在精神层面上获得消费者的深度认同。

（2）沃尔玛与宝洁公司——从关系破裂到实现共赢

早在1962年，全球最大的日化用品制造商宝洁被沃尔玛选为供应商，并与之开始合作，但双方仅仅是纯粹的买卖关系，各自以自身利益最大化为目标，导致不愉快乃至冲突不断发生。

1987年7月，宝洁公司决定改变双方的尴尬境地，开启全新的合作关系。沃尔玛把销售数据和客户信息共享给宝洁，为宝洁的产品研发和生产预测提供市场依据；而宝洁则通过信息技术及时跟踪沃尔玛店铺的销售情况，为沃尔玛提供及时的补货服务，改善了烦琐的订货流程和缺货状况，大大降低了沃尔玛的运营成本，提高了沃尔玛的利润率。

2003年，宝洁514亿美元的销售额中有8%来自沃尔玛；沃尔玛2 560亿美元销售额中有3.5%归功于宝洁。

（3）中美贸易战

贸易战中没有赢家。"美国优先"最终伤害的是全球利益。国际贸易的逻辑绝不是"我要赢，所以你必须输"。2018年中美双边贸易进出口总值为6 335.2亿美元，这充分说明两国早已紧紧联系在一起。但2019年，中美两国贸易额为5 412.23亿美元，同比下降14.6%。其中，中国对美国出口为4 185.09亿美元，同比下降12.5%；自美国进口为1 227.14亿美元，同比下降20.9%。这说明，贸易战对中美双方都有所损害，与其单方面挑起贸易战，不如"敞开合作的大门"，合作共赢未来。

参考范文

莫学蜘蛛各结网，要学蜜蜂共酿蜜

老吕写作助教　张英俊

波音收购麦道以抗衡来自空客的竞争，这一成功的商业案例再次证明了合作的意义。合作能促进互利共赢，企业应莫学蜘蛛各结网，要学蜜蜂共酿蜜。

合作是企业长远发展的必由之路。从12306和阿里云强强联合到华为和科大讯飞携手共赢，在经济全球化的背景下，不同企业的资源禀赋不同、竞争优势各异，只有通过资源整合、力量凝聚，才能实现取长补短、优势互补，增强竞争力和抗风险能力，最终实现自身和整体的利益最大化。

遗憾的是，当今社会，企业"各自为政"的例子依然屡见不鲜。这是因为市场中合作双方由于信息接收水平不一致，往往容易出现相互猜忌、利益侵犯的情况，产生信息不对称导致的道德风险。当合作产生了收益，合作伙伴就仿佛从攻坚克难时的"垫脚石"，变成了要分一杯羹的"绊脚石"。如此思忖，又何必敞开"合作的大门"？

但是，管理者应该意识到，这样的行为并非长久之计。在全球化时代，企业所面临的挑战是共同的，命运是共同的。若只想着"烧自己的火，热自己的锅"，好技术不分享，好策略难实施，只会造成企业发展"中梗阻"。正如波音、麦道选择联手，合作共赢才是大势所趋。

当然，企业合作也需注意方式、方法。首先，企业应找准定位，全面分析自身优势和瓶颈，谨慎选择合作伙伴，通过合作来补齐短板，达到共赢；其次，为了更好地合作，企业应提前签订好契约，规定好双方的权利和义务，确保双方利益均等，避免"遇事相互拆台，履责相互推诿"的隐患发生。只有遵循相互尊重、平等相待的合作原则，才能建立起长远、稳固的合作关系。

"孤举者难起，众行者易趋。"企业应莫学蜘蛛各结网，要学蜜蜂共酿蜜。

（全文共670字）

学生习作展示及点评

1. 习作一

在竞争中合作

老吕 MBA 班学员　刘月

古语有云:"一根竹竿容易弯,三缕麻纱扯脱难。"欧洲各国面对波音和麦道两家公司的垄断,放下竞争寻求合作,研制新型客机。面对新的竞争,波音和麦道两家公司也选择合作。这说明,<u>在市场竞争中合作才能共赢①</u>。

竞争与合作不是敌对关系。有人认为,物竞天择,有竞争就不能有合作。其实不然,竞争中的合作无处不在,<u>在考研学习中互帮互助、取长补短②</u>,在竞技比赛中团结协作、永争第一,在企业竞争中也有信息交流、技术共享。

既竞争又合作才能真正地成功。合则两利,分则两害,具有合作精神越来越重要。<u>习总书记提出的"一带一路"倡议,随着越来越多的国家加入,沿途各国经济得到快速发展。华为之所以能够取得成功,就是将合作定为企业的发展主题,通过与各地区的通信公司合作,迅速扩大占领各地区市场,增加企业效益。通信公司也在合作中降低了设备购买成本,获得了收益③</u>。由此看来,在竞争激烈的市场中,合作双赢才是赢。

没有合作的竞争,是孤独的竞争,获得的成功只是短暂的。当今很多企业在竞争中不愿去合作,很重要的一个原因是,在合作的时候需要把利益给合作伙伴分一杯羹,丧失了原本可以全部获得的收益。<u>例如,战国时期,秦国采取张仪的策略,联合各国迅速崛起,统一全国。反观赵国、齐国等六国如果采取合作,就可以抗衡强大的秦国,但是各国都有各自的打算,为了各自的利益而相互竞争,放弃合作,最后被秦国一一灭国④</u>。可见,只注重竞争会很快失败,懂得合作才能赢得长久。

合作与竞争是相辅相成的,<u>大到国家的战略合作,小到企业的协同发展、个人的发展问题,竞争中都不要忘记合作⑤</u>。在合作中,合作双方信息互通有无,明确自身的短板和不足之处,找准自身的定位,通过合作取长补短,才能在激烈的市场中取得竞争优势。

合作共赢是一种生存的智慧,也是一种发展的策略。所以,在竞争中合作,才能赢得长久。

标题可以。

①开头段落有些啰唆,须简化。

②本段指出"竞合"关系,很好。但是"在考研学习中……"这一例子格局不高。记住,我们的身份定位应该是管理者,而不是学生。
③例子的使用突兀,两个例子像是突然跳出来的,应该有适当的过渡词或过渡句。

④例子需要精简。
⑤写文章应该有定位,从"国家"到"企业"再到"个人",看起来全面,实则混乱。再加上前面的例证也是一会儿国家,一会儿企业,论证对象太多,会导致文章说服力下降。

结尾回扣材料会更好。

总评

本文立意明确，分论点清晰，能围绕论点展开论证，但文章存在一些瑕疵，可评为二类卷偏下，分数区间为 24~27 分。

2. 习作二

合作才能共赢

老吕弟子班学员　Zoo

20 世纪中叶，欧洲各国采取合作的方式，共同阻止美国在民用飞机市场上的垄断。而面对新的竞争市场，波音、麦道重组成为一家新的波音公司，以此抗衡来自欧洲的挑战①。由此可见，在日益激烈的市场竞争中，合作才能共赢。

首先，企业的存在就是为了追逐利益最大化，而市场的份额是恒定的，如果企业想要发展，就要侵吞他方利益②。在竞争如此激烈的环境中，一些自身实力不是极强的企业，一意孤行的结果就是逐渐被淘汰。那么，何不学习欧洲各国民用飞机企业，暂时放下竞争，通过合作来抵御更强的竞争对手③？

其次，合作可以使企业资源互补，实现规模经济，集中优势，也有利于技术创新。正如现在的"奔驰"汽车，是由原来的奔驰和戴姆勒两家汽车公司组成的。这两家本是竞争对手，为了对付福特汽车，他们一致对外，分别把自己擅长的技术整合在一起，成立了戴姆拉本茨有限公司，一跃成为世界屈指可数的汽车大亨。通过合作，两家企业从原有行业霸主福特手中夺取了可观的市场份额，铸造了自己的汽车神话④。材料中的波音和麦道也是如此。

⊙问题④可改为：合作能更好地促进发展。这是因为资源具有稀缺性，再强势的企业也不可能占有全部资源，再厉害的企业也必然有其短处。这时，通过合作就可以整合资源，取长补短；集中优势，形成规模经济，从而降低成本，提高利润。

但是，有些企业仍固执己见，不愿合作，又是为何？一方面，是为"险"所困。因为合作的伙伴之间往往也存在竞争，如果对方趁着合作机会窃取了己方的核心技术，那就会得不偿失。所以，有些企业宁愿自己独自挣扎前行，也不愿合作共赢⑤。另一方面，是为"贪"障目。合作意味着资源共享，而最终收益也应适当分配，可自利性偏差让我们常常从好的方面看待自己，将功

---

①阅卷人看材料看了一万遍，当他看到你开头大段的材料时，会认为这是无用段落，会直接跳过不看。因此，给材料作文的开头一定要简洁。

②首先，本段的分论点不明确。其次，这句话的立场有问题。企业确实是为追求利益而设立的组织，但这并不意味着"企业想要发展，就要侵吞他方利益"，而且"侵吞"含有贬义。

③"一意孤行的结果就是逐渐被淘汰"过于绝对，而且它作为一个判断缺少论据支持。

④说理不够，例子来凑。

⑤此句应该删掉，因为此句是结论句，应该在原因分析完成后再进行总结。

劳归于自己，错误推脱给别人，于是在利益分配时更不愿让利一分，希望所有利益都能归属自己。

可是这只是合作过程中存在的一些风险和冲突，我们可以借助外部合同以及法律的约束、加强自身契约精神等措施来规避这些问题⑥。

"单丝不成线，独木不成林。"要想取得成功，合作才是硬道理。

⑥此段篇幅过短，说服力也不够。因为，在上一段中你告诉我合作有这么多风险、这么多问题，我都被你搞怕了，这一段你三言两语又想骗我回去搞合作？结尾没有问题。

总评

全文的结构是"正反析驳"结构。其中，"正"写了两段。但是，"驳"的部分力度不够，影响了全文的说服力。

本文第二段分论点不明确，第三段出现大段例证。其实，这两段可以合二为一，用说理和简单的例证写明合作的重要性。

总之，本文立意尚可，但文章的说服力有限，可评为三类卷偏下，分数区间为15~18分。

考场小贴士1

在论说文中，分论点必须十分明确。一方面，这可以使文章结构清晰；另一方面，方便阅卷人迅速掌握你的行文脉络，快速给你一个理想的分数。

考场小贴士2

"正反析驳"结构中，"驳"的部分必须要有，而且要有说服力，文章才可以说服别人。

例如：

老吕：做我女朋友吧。

冬雨：不行。

老吕：你看，你如果做我女朋友，我可以疼你、爱你、关心你（正）。要不，你一个人多么孤单寂寞冷（反）？当然，我知道你纠结的一点是我年龄比你大（析）。但是，年龄比你大一点，才更懂事，更疼你呀（驳）。所以，还是做我女朋友吧（总结全文）。

让我们把"驳"去掉再读一遍：

老吕：你看，你如果做我女朋友，我可以疼你、爱你、关心你（正）。要不，你一个人多么孤单寂寞冷（反）？当然，我知道你纠结的一点是我年龄比你大，这个没办法，我年龄确实比你大（析）。

冬雨会怎么说？她会说："对呀，你这个糟老头子还想做我男朋友？"

可见，没有"驳"，"正反析驳"结构不成立，论证就没有说服力。

2014 年管理类联考论说文母题思路详解

真题原题

论说文：根据下述材料，写一篇 700 字左右的论说文，题目自拟。（35 分）

生物学家发现，雌孔雀往往选择尾巴大而艳丽的雄孔雀作为配偶，因为雄孔雀尾巴越大越艳丽，表明它越有生命活力，其后代的健康越能得到保证。但是，这种选择也产生了问题：孔雀尾巴越大越艳丽，越容易被天敌发现和猎获，其生存反而会受到威胁。

审题立意

1. 命题背景

2014 年的这道题目，考的是一则寓言故事，材料来源于《哈佛商业评论》的一篇关于"孔雀效应"的文章。雌孔雀在择偶时，会以雄孔雀的尾巴大小为标准。尾巴越大，表明雄孔雀越健康，越有优势。这样，大尾巴的基因得到保护，一代代传下去。刚开始的时候，这是优胜劣汰；可是很多代以后，这种单向选择给优胜者带来了问题：尾巴越来越大，行动变慢，更容易被天敌猎获。于是到了一定阶段，孔雀的数量就下降了。

实际上，时常陷入选择困境的又何止孔雀？如同"孔雀的选择"一样，在企业经营过程中，"管理者的抉择"也同样需要承担风险。决策的风险何在？信息的不完整与不对称、决策者本人决策能力有限、对市场情况的误判、宏观环境的制约等，都会是决策产生风险的原因。

毫无疑问，选择带来的机遇与风险并存。当管理者站在"选择的坐标系"时，要顾大局、想长远、全盘考虑、均衡博弈，切忌单纯从个体与局部角度看得失、论成败。要敢于"险"中求胜，更要对风险有把控和防范能力。如此，企业才能在激烈的市场厮杀中得以立足、长远发展。

2. 审题立意（"克罗特"审题立意法）

步骤	内容	分析
K	抓关键 （key words）	主题词：选择。 关键句：这种选择也产生了问题：孔雀尾巴越大越艳丽，越容易被天敌发现和猎获，其生存反而会受到威胁。（需要注意的是，材料中出现了转折词"但是"，后面跟随着关键句。）

续表

步骤	内容	分析
R	析原因 找寓意（reasons）	本题是比较典型的故事型材料的题型，出现的对象都是在以物喻人。管理类联考的本质在于"管理"，所以，站在管理者的角度来看，有以下三方面的寓意： ①孔雀的"选择"，寓意着管理者在企业经营中做出的决策或选择。 ②大而艳丽的尾巴使生存受到威胁，寓意着风险。 ③雄孔雀的尾巴大而艳丽是具有生命活力的象征，同时，却也使其生存受到威胁，寓意着事物具有两面性，凡事有利亦有弊。
O	定对象（objects）	材料中出现了两个对象：雌孔雀和雄孔雀。 无论站在哪个对象的角度去立意，只要能够自圆其说，通过论证分析使得别人认同你的观点即可。 ①站在雌孔雀的角度立意：选择与风险、决策与风险、选择带来的得与失。 ②站在雄孔雀的角度立意：想要成功，就要敢于承担风险、付出代价。
A	辨态度（attitude）	命题人没有明显的主观感情色彩或思想倾向，但文中出现了两次关键词：选择，所以立意更倾向于"（雌孔雀的）选择带来的机遇与风险"。
T	定立意（theme）	结合以上四步分析，本题可以确定立意为——选择带来的得与失、风险与价值的抉择。

母题母理分析

序号	步骤	分析
1	目标与收益	（1）经济人假设 　　如同"孔雀的选择"是为了让后代健康，管理者的选择是为了使自己、使企业的利益最大化。 （2）勇于承担风险 　　①"孔雀择偶"使其承担了生存的巨大风险，但同时也保证了后代的健康发展，提升了后代的生存能力。对企业而言，风险同样伴随着机遇，敢于冒险、勇于担险，更能够革新自我竞争力，进而在激烈的市场竞争中启动和保持获利性增长。 　　②风险与收益往往成正比，风险越大，收益越大。 （3）规避风险 　　雌孔雀若为了"保平安"而选择尾羽小的雄孔雀，虽无法保证后代健康发展，但短期来看，可以保证自己被天敌捕获的风险大大降低。企业亦然，一味规避风险、固守现状，短期内仍可获利。

续表

序号	步骤	分析
2	成本与风险	(1) 沉没成本 　　一旦选择错误,将会产生巨大的、无法挽回的沉没成本。另外,承担风险的结果未知,一旦失败,之前的投入可能都会成为沉没成本,造成难以挽回的损失。 (2) 理性 　　"孔雀的选择"也许只是"荷尔蒙下的冲动",可管理者作为"理性经济人",需要全盘考虑、理智决策,若盲目做出错误的选择,可能会招致更大的风险和损失。 (3) 机会成本 　　很多时候,选择之所以困难,是因为每种选择都需要承担机会成本。
3	条件与约束	(1) 资源稀缺 　　对于企业来说,时间、技术、经济等资源都是稀缺的,这使得企业做出的选择往往与自己的初心南辕北辙。 (2) 路径依赖 　　出于对原有业务的"路径依赖",企业丧失了"冒险"的动力。 (3) 信息不对称 　　市场信息是不对称的,当企业处于信息劣势方时,承担风险极有可能遭受重创。
4	方法与行动	(1) 成本收益分析法 　　企业需要对内外环境、事情进展进行全面分析,科学预测风险大小及自身的抗风险能力。 (2) 墨菲定律 　　企业需建立风险防范与规避机制,并确保其得到有力执行。

母题母理应用

思路	母理	分析
冒险的收益与必要性	资本资产定价模型	根据资本资产定价模型,多数情况下,风险越大,企业获得超额收益的概率也越大。这就更需要管理者在进行决策时,谨慎分析,在看到收益性的同时,也要看到风险性,要进行风险控制,理性决策。

续表

思路	母理	分析
冒险的收益与必要性	风险报酬交换律	财务管理中有一种理论叫"风险报酬交换律"：在投资报酬率相同的情况下，人们都会选择风险小的投资，结果竞争使其风险增加，报酬率下降。最后的结果是，高风险的项目必须有高报酬，否则就没有人投资；低报酬的项目必须风险很低，否则也没有人投资。因此，企业家的冒险精神和战略眼光，往往决定了企业发展的上限。
	必要性	一方面，企业的外部经营环境是不断变化的，比如政治法律环境、人文科技环境、市场竞争环境、消费者的需求等都在变化，这就不可避免地给企业经营带来不确定性，风险随之产生。另一方面，企业的内部管理也存在风险：研发能出成果吗？营销投入有效吗？是否需要扩大生产规模？人力资源战略符合企业发展要求吗？这一系列的问题使得企业经营不可能完全避免风险。既然风险无法避免，那么企业家就应该有点冒险精神。
	马太效应	当下市场竞争激烈，若一味规避风险、缺乏冒险精神，极有可能让企业与机遇失之交臂，进而陷入竞争劣势。而由于马太效应的资源聚集影响，企业最终很有可能陷入被消费者和市场抛弃的境地。
冒险的成本与风险	机会成本	任何一种选择，都可能要承担风险。材料中的雄孔雀选择长出漂亮的尾巴来吸引异性，也就意味着承担被天敌捕获的风险。而对于企业而言，机会成本的存在加大了决策的风险，因为，你的一项决策所付出的人力、物力、财力本可以用于其他方面。
	沉没成本	一旦孔雀被天敌捕获，丧失了生存的机会，又何谈保障后代的健康发展？企业"险"中求胜的行动一旦失败，之前的投入可能都会成为沉没成本，造成难以挽回的巨大损失。
	路径依赖	事实上，重新选择的机会成本太大，跟随原定路线看起来省时、省力，从而使企业和管理者极易产生路径依赖，失去重新选择和承担风险的能力。
	光环效应	从企业经营角度来看，利益和风险共存，而由于"光环效应"，企业往往只看到可观的利益，而忽视潜在的风险。在此情况下，极易做出非理性的判断，进而影响公司的日常经营。

续表

思路	母理	分析
冒险的约束与条件	主观偏好影响	选择往往会受到主观偏好的影响，而主观偏好不一定是理性的。因为不同偏好会导致不同的选择，这使得管理者们可能无法达成一致，导致决策效率降低、管理成本增加。
	资源稀缺性	自然资源有限，雌孔雀未必可以选择到利于后代发展的雄孔雀，因此，也可能无法确保后代的健康发展。同样，对于企业来说，时间、技术、经济等资源都是稀缺的，企业做出的选择会因此受到限制或影响。
	信息不对称	在信息不对称的情况下，事情的发展往往事与愿违。当企业处于信息劣势方时，冒险就意味着承担更大的风险。
方法与行动	墨菲定律	首先，企业要提高决策者的风险意识，谨慎决策；其次，企业需建立一套有效的风险防范与规避机制；同时，也要建立完备的风险预警监控体系，并确保其得到有力执行。
	定位理论	企业应当准确分析市场，结合自身优势和事件发展状况，寻找到合理定位，在全盘考虑的基础上做出正确的选择。
	政府监管	除了依靠企业自律外，政府应制定更有针对性的法律、更严格健全的制度来保障企业合规经营。面对信息不对称等方面的难题，政府这只"手"可以发挥更大的作用。此外，政府也要加强宏观调控，进一步提高政策支持力度和靶向性，助力企业提升风险防范能力。
	沉没成本	企业在发现选择不当时，要懂得及时止步，分析现状，针对实际情况再做出新的选择和行动，切勿因为沉没成本而盲目选择、盲目冒险。这种盲目往往会导致企业遭受更大的损失。

母例素材

1. 名人名言

（1）祸兮，福之所倚；福兮，祸之所伏。（《老子》）

（2）愚蠢的行动，能使人陷于贫困；投合时机的行动，却能令人致富。（克拉克）

（3）人生中最困难者，莫过于选择。（莫尔）

（4）求生，就是在风险与收益之间平衡取舍。（贝尔·格里尔斯）

（5）欲思其利，必虑其害；欲思其成，必虑其败。（诸葛亮）

（6）天下者，得之艰难，则失之不易；得之既易，则失之亦然。（苏轼）

（7）承担风险，无可指责，但同时记住千万不能孤注一掷。（乔治·索罗斯）

（8）不少画家害怕空白画布，但空白画布也害怕敢冒风险的、真正热情的画家。（梵高）

（9）航海者虽然要比观望者冒风险，但是却有希望达到彼岸。

🔔 2. 母例素材

（1）2019年，5G产业迎来商用落地之年。5G正在成为万物互联的新型关键基础设施。然而，在我们选择享受和应用5G所带来的巨大赋能时，前所未有的安全风险也随之而来。网络切片技术使边界变得模糊，网络空间与物理空间紧密相连时，黑客也凭借"5G东风"乘势发动攻击，物联网、车联网、工控等关键基础设施首当其冲，成为重点攻击对象。可以说，在5G浪潮之下，网络安全也面临着百年未有的风险。

（2）新兴技术推动了金融科技的发展，同时也带来了潜在的风险。若是急于在并不牢固的地基上搭建城堡，很可能因小失大。

大数据：大数据的应用可以聚合和分析大规模数据集，但是大数据也会在个人金融信息的收集和使用方面造成潜在的风险，导致个人隐私泄露。

人工智能：随着人工智能在金融领域应用的加快，未来也会出现潜在的风险，比如人工智能算法的公平性和伦理问题，如何确保人工智能算法的安全性和稳健性等。

区块链：区块链作为一种新兴的、具有广泛前景的革命性技术，可被广泛地应用到医疗、溯源、慈善、金融等领域，例如，在"新冠肺炎"疫情期间，区块链技术就在慈善捐赠管理溯源平台、防疫物资信息服务平台等多个场景落地。然而，区块链技术的应用也会产生链上数据泄露、商业敏感信息被曝光等不可预估的风险。

（3）在《达尔文经济学》一书中，康奈尔大学的经济学家弗兰克提到，由于同样的原因，美洲大角赤鹿灭绝了：这种鹿的角越来越大，很容易被丛林中的树枝挂住，成为猛兽的盘中餐。

参考范文

敢于冒险，理智涉险

吕建刚

材料中，雌孔雀的选择也同时带来了风险。其实，企业的经营决策也往往伴随着风险。企业经营既要敢于冒险，又要理智涉险。

企业的经营风险是客观存在的。一方面，企业的外部经营环境是不断变化的，比如政治法律环境、人文科技环境、市场竞争环境、消费者的需求等都在变化，这就不可避免地给企业经营带来不确定性，风险随之产生；另一方面，企业的内部管理也存在风险：研发能出成果吗？营销投入有效吗？是否需要扩大生产规模？这一系列的问题使得企业经营不可能避免风险，那么企业家就应该有点冒险精神。

而且，收益与风险成正比。财务管理中有一种理论叫"风险报酬交换律"：在投资报酬率相同的情况下，人们都会选择风险小的投资，结果竞争使其风险增加，报酬率下降。最后的结果是，高风险的项目必须有高报酬，否则就没有人投资；低报酬的项目必须风险很低，否则也没有人投资。因此，企业家的冒险精神和战略眼光，往往决定了企业发展的上限。

当然，敢于冒险，不是盲目冒险。管理者应该清楚，所有的决策都是在信息不对称、不完整的情况下做出的，再加上决策者能力不同、风险偏好不同，这使得很多决策并不科学。这种决策失误对于企业的经营来说往往是致命的，因此，管理者既要敢于冒险，也要学会理性分析、理智涉险。

理智涉险的关键在于用科学的方法来预测风险与效益。SWOT 分析就是一套很好的工具，企业通过对自身优劣势的认识，并结合对外部环境中的机会与威胁的评估，来预测风险的大小与自身应对风险能力的高低，从而决定是否进行该项决策。另外，除了预估与防范，更要把决策的权力放在"笼子"里。决策者做出的决定，需要经过有效的监督与控制，避免"一言堂"。

文艺复兴时期的法国作家拉伯雷曾说过一句话："不敢冒险的人既无骡子又无马，过分冒险的人既丢骡子又丢马。"企业经营要敢于冒险，更要理智涉险，争取得了骡子也得马。

（全文共 764 字）

学生习作展示及点评

1. 习作一

冒点风险又何妨

老吕弟子班学员　缪一馨

> 标题合理。

雌孔雀为了后代的健康，冒风险选择尾巴大而艳丽的雄孔雀作为配偶，正印证了古人所言："不入虎穴，焉得虎子。"收益并非从天而降，有时冒点风险又何妨呢？

> 开头段没有问题。

第 4 章　管理类联考论说文真题超精解

人不经"险"难成才，业不经"险"难成功。古有刘邦造反、李世民兵变，正是冒着断头的风险，才成就一番帝王霸业。今有马云创业，放下安逸生活，在商海浮沉中激流勇进，才有了阿里巴巴的传奇。可见，获得成功，取得收益，都非谈笑而来，皆要冒险取之。

> 表达不错。

"不入虎穴，焉得虎子"的道理相信大多数人都懂，然而做到这一点并不容易。一方面，在自保心理的驱使下，安于现状才是大多数人的处世哲学。对于很多人来说，眼下的利益才是最重要的，为什么要为了未知的利益而舍身去冒险。另一方面，对于企业来说，冒险是需要承担机会成本的，在行动过程中，很可能会因此失掉其他既得利益，一旦失败，便将是企业不小的损失。

> 画线句子使用了母理：机会成本。

有人会说："高风险未必能有高收益，冒险而失败的事数不胜数。"诚然，不是每个人都会成为马云，不是每个企业都可以像阿里巴巴那么成功。但是，拒绝冒险，就能避免风险吗？不能。因为生存在这世上本身就是一种冒险，吃饭可能被噎，走路可能被撞，企业可能被市场淘汰。但你能因为这些就停止进食，拒绝出门，甚至不办企业吗？既然风险客观存在，我们不如主动面对。

> 驳斥写得很好。

当然，冒险不等同于冒进，在承担风险的同时，也要充分考量，用科学的方法来预测风险与收益，冷静分析后果和对策才能让冒险行为更有效率，让收益来得更有保障。

"人生若不是大胆地冒险，便是一无所获。"孔雀凭本能尚能实践这个道理，更何况我们。若真正渴望成功，冒点风险又何妨。

> 结尾简洁大方，回扣材料。

总评

全文来看，中心明确，结构完整，层次较清楚，语句通顺，书写清晰，理论深度再增加一下会更好。可评为二类卷偏上，分数区间为 27～29 分。

2. 习作二

有风险也可选择

老吕弟子班学员　李牛牛

雌孔雀选择配偶时，往往选择尾巴大而艳丽的雄孔雀，以保证后代健康，但是这种选择也冒着被天敌发现和猎获的风险。在我看来，冒这点风险又何妨？有风险也可做选择。

吃感冒药都有副作用，但这点副作用并不能阻止我们追求更大的利益；赤壁之战中，孙权虽知投降可保一时平安，但他仍然决定冒着兵败的风险开战，最终成就了一段佳话；马云放弃了稳定的教师工作，敢于冒着失败的风险创业，最终成就了阿里巴巴商业帝国①。可见，要想获得更大的收益，偏安一隅是行不通的，更大的收益往往是给那些勇于尝试、敢于冒险的人。

人们往往害怕自己做出的选择得到的不是预期效果，使自己过去的付出成为沉没成本。但生活中的选择往往是收益与风险并存，要想获得更大的收益，必然要冒一定的风险，只有好处没有风险的选择并不常见②。企业开发新产品可能会有血本无归的风险，难道企业就要死守老本，不敢前进吗？大学毕业生找工作，可能找到的是一份自己不喜欢或不适合的工作，但如果不勇于尝试，只会丢失更多发展机遇，浪费大好青春。

⊙问题②建议改为：生活中往往收益与风险并存，要想获得更大的收益，必然要冒一定的风险。

当然，我们所提倡的也不是只顾利益毫不考虑风险③。贩毒以极高的利益吸引许多亡命之徒奋不顾身④，就像马克思所说："当利润高达100%时，他们敢于践踏人间一切法律；当利润达到300%时，甚至连上绞刑架也毫不畏惧"。这些毒贩为了获得那极高的利润，冒着妻离子散、身陷囹圄的风险也毫不畏惧。他们的行为最终只能使自己成为危害国家、人民的毒瘤，堕入深渊⑤。

⊙问题⑤建议改为：贩毒能获得极高的利润，但是危害国家、危害人民、触犯法律，这种冒险是万万不可行的。

当今世界瞬息万变，竞争与机遇并存，我认为在坚守法律和道德的前提下⑥，勇于尝试，敢冒风险才是最佳选择。

---

①三个例子的使用有问题：一是三个例子差异太大，使用这样的例子应该有过渡。二是安排例子时，应该有逻辑关系，是从古到今，还是由小到大，等等。
另外，本段段首最好加上分论点，这样才能方便阅卷人阅卷。
②建议在段落开头简明扼要地点出分论点。建议将第一句删除，将第二句精简。
③让步句使用不当。让步句应该是前面承接上文，后面开启下文。但此处上文并不是谈"利益"。
④这个例子在此处多余。
⑤表达啰唆，且论说文不是散文，不必出现过多的修饰词来抒情。
⑥多余。

> **总评**
>
> （1）分论点不明确，这会影响阅卷人阅卷。
> （2）例子的使用存在多处不当，逻辑关系不好。
> （3）可评为四类卷，分数区间为 11~17 分。

> **考场小贴士**
>
> 给材料作文的开头段要简洁明了，不要大段引述材料。

2015 年管理类联考论说文母题思路详解

真题原题

论说文：根据下述材料，写一篇 700 字左右的论说文，题目自拟。（35 分）

孟子曾引用阳虎的话："为富，不仁矣；为仁，不富矣。"（《孟子·滕文公上》）这段话表明了古人对当时社会上"为富""为仁"现象的一种态度，以及对两者之间关系的一种思考。

审题立意

1. 命题背景

2015 年的这道题目，考的话题是"为富，不仁矣；为仁，不富矣"，材料源于《孟子·滕文公上》。

2014 年 7 月，习近平主席在访问韩国国立首尔大学时，发表过题为《共创中韩合作未来 同襄亚洲振兴繁荣》的演讲，他说道："倡导合作发展理念，在国际关系中践行正确利益观。'国不以利为利，以义为利也。'在国际合作中，我们要注重利，更要注重义。中华民族历来主张'君子义以为质'，强调'不义而富且贵，于我如浮云'"。

富，即利也；仁，即义也。这是中国哲学史上一个重要的话题——"义利之辨"。其实，义利观这个问题，我国领导人这几年一直在强调，比如，2015 年李克强总理在访问拉美时，强调"'正确义利观'下谈钱不伤感情"，等等。

另外，本文与 2009 年的管理类联考真题"由三鹿奶粉事件所想到的"有一定的相似性，可互相参考。

2. 审题立意("克罗特"审题立意法)

步骤	内容	分析
K	抓关键 (key words)	主题词：为富、为仁。 关键句：对两者之间关系的一种思考。
R	析原因 找寓意 (reasons)	题干很直白，不用找寓意。
O	定对象 (objects)	如果把"富"和"仁"的关系理解为对立的，可以立意为"重义轻利"，但不宜写成"重利轻义"。 如果把"富"和"仁"的关系理解为相辅相成的，可以立意为"仁富兼得"。
A	辨态度 (attitude)	三观要正，切不可写成见利忘义的文章。
T	定立意 (theme)	结合以上四步分析，我们可以发现，立意应为"为富"和"为仁"之间的关系，参考立意： ①"为富"是"为仁"的物质基础。 ②"为仁"是"为富"的精神保障。 ③在"仁"的前提下追求"富"是应当被提倡的。 ④"仁"与"富"相辅相成。

母题母理分析

序号	步骤	分析
1	目标与收益	(1) 资产 企业为仁实际上是筑造了一种无形资产。 (2) 财富积累/协同效应 当追求仁义与扩大自身利益高度契合时，两者会形成协同效应，促进财富的积累。 (3) 马太效应 富者越富，为富会进一步提高资源的聚集程度。
2	成本与风险	(1) 短期 为仁往往需要付出相应的经济利益，短期来说，是与企业的目标相违背的。 (2) 长期/光环效应 长期来看，企业为仁可以形成光环效应，有利于品牌及消费者口碑的建立，可以降低企业的营销成本。 (3) 破窗效应/劣币驱逐良币 不仁损害了企业的信誉，提高了市场上的交易成本，甚至有可能产生"破窗"，进而导致劣币驱逐良币的互害现象。

续表

序号	步骤	分析
3	条件与约束	（1）短视心理 　　当短期利益极具诱惑性时，人的侥幸心理会作祟，认为弃义的成本对于高额的利益而言不值一提。 （2）资源稀缺 　　为仁需要成本，而企业资源往往是有限的。 （3）信息不对称 　　商家往往是信息优势方，即使做出以次充好等不仁之事，也很难被发现。 （4）劣币驱逐良币 　　当市场上的商家都倾向于以次充好时，会形成逆向淘汰的效应。
4	方法与行动	（1）定位理论 　　企业应对自身有明确定位，在为富、为仁二者之间合理平衡。 （2）强化理论 　　对为仁的企业进行奖励，对为富不仁的企业予以惩罚。

母题母理应用

思路	母理	分析
为仁的收益	经济人假设	"仁"表面上看来会消费企业的资源，但实际上，"仁"意味着货真价实、童叟无欺，这正是企业诚信经营的表现，有利于品牌的建立，从而在未来增加企业的收入。
	物质与精神	"仁"是"富"的精神保障。当今社会，见利忘义者并不鲜见：毒奶粉、地沟油、毒疫苗、毒跑道等事件屡见不鲜。这是为何？究其原因，是这些人、这些企业丢掉了仁义，只为求富。然而，这些"富"并不长久，很容易"东窗事发"，使当事人锒铛入狱。须知"厚德载物"，"富"需要"仁"作为精神保障。
不为仁的原因	收益成本分析	为仁需要一定的投入，而这些投入并不能直接产生经济效益。因此，为仁看起来与企业追求利润的目标相违背。
	资源稀缺	为仁需要成本，而企业资源往往是有限的。企业逐利的动机使得他们不愿意把有限的资源，投入到与利润无关的事情上。
	信息不对称	信息不对称的存在，为某些为富不仁的行为提供了外部条件——商家往往是信息优势方，即使做出以次充好等不仁之事，也很难被发现。
不为仁的恶果	劣币驱逐良币	当市场上的商家都倾向于做以次充好、鱼目混珠之事时，会形成逆向淘汰的效应，导致互害的劣币驱逐良币的结果。

续表

思路	母理	分析
为富的原因	经济人假设	每个人都有权利、有自由去追求自己的合法利益。多一点理性，做一些权衡，更好地为自己考虑，也无可厚非。很多人看到别人的利益，就鄙夷之，甚至仇恨之，但转过身来自己面对利益时，却是一副唯利是图的丑恶嘴脸，实在可笑。面对财富，与其是一副欲言又止、欲拒还迎、遮遮掩掩的样子，还不如大大方方去追求自己的合法利益。
为富的原因	提高劳动生产率	财富本身其实就是社会发展的推动力。企业家为了追求财富生产产品、提供服务，职工为了追求财富钻研技术、勤奋工作，这不正好推动了生产力的发展吗？而生产力的发展，才是提高大家生活水平的真正保障。对财富的追求，使得社会发展了、技术进步了，大家的生活也随之变好了，这不正是"仁"的最好体现吗？
方法与行动	强化理论	政府应完善当前的法律法规，对为仁的企业进行奖励，对为富不仁的企业予以惩罚，借由完备的规则及市场机制，让整个社会变得更好。
方法与行动	定位理论	企业应以"打造品牌"为中心，以"服务消费者"为基本点，在为富、为仁二者之间合理平衡，以创造充足的经济利润为前提，为消费者创造利益，促进社会整体收益的增加。

母例素材

1. 名人名言

（1）商业合作必须有三大前提：一是双方必须有可以合作的利益，二是必须有可以合作的意愿，三是双方必须有共享共荣的打算。此三者缺一不可。（李嘉诚）

（2）世界上有两根杠杆可以驱使人们行动——利益和恐惧。（拿破仑）

（3）私欲之中，天理所寓。（王夫之）

（4）精明的人是精细考虑他自己利益的人，智慧的人是精细考虑他人利益的人。（雪莱）

（5）凡百事业，收效愈速，利益愈小；收效愈迟，利益愈大。（孙中山）

2. 母例素材

（1）恒大投身于仁，仁富兼得

恒大集团 23 年如一日地投身公益慈善，肩负起了一家龙头房企应有的使命和责任。恒大认为，奉献社会与追逐利润并不矛盾。企业回报社会的成本虽高，但其会带来良好的社会反响，符合消费者的心理期望，从而在未来可以收获更多的益处。

（2）利义共生，神威药业的成功

"非典"期间，板蓝根一下子成了抢手药，供不应求。不少小企业从眼前利益出发，不顾大义，大肆涨价赚钱。面对这种情况，石家庄神威药业坚守企业口号"以义取利，利义共生"，毫不犹豫地选择降价，并千方百计扩大生产，平稳市场上的药价。这些药企固然是商业企业，重视利益，但从长远看，放弃眼前的小利而选择大义，却能赢得长久的信誉。果然，"非典"过后，神威药业销售业绩一片大好。

(3) 邓小平鼓励义中取利，合法致富

改革开放的总设计师邓小平，以惊人的胆识，提出了"可以让一部分人通过诚实劳动、合法经营先富起来，先富带动后富"的主张。他说："不能认为所有追求财富的人都是腐朽的、堕落的，只要在法律和社会主义道德范围内，合法获取的财富就是值得肯定的。"

参考范文

以仁求富，善莫大焉

吕建刚

孟子曾说："为富，不仁矣；为仁，不富矣。"孟子虽贵为"亚圣"，但窃以为此言差矣。在我看来，以仁求富，善莫大焉。

首先，每个人都有权利、有自由去追求自己的合法利益。多一点理性，做一些权衡，更好地为自己考虑，也无可厚非。很多人看到别人的利益，就鄙夷之，甚至仇恨之，但转过身来自己面对利益时，却是一副唯利是图的丑恶嘴脸，实在可笑。面对财富，与其是一副欲言又止、欲拒还迎、遮遮掩掩的样子，还不如大大方方去追求自己的合法利益。

其次，财富本身其实就是社会发展的推动力。企业家为了追求财富而生产产品、提供服务，职工为了追求财富而钻研技术、勤奋工作，这不正好推动了生产力的发展吗？而生产力的发展，才是提高大家生活水平的真正保障。对财富的追求，使得社会发展了、技术进步了，大家的生活也随之变好了，这不正是"仁"的最好体现吗？所以，"富"非但与"仁"不是对立的，反而是"仁"的物质保障。红顶商人胡雪岩曾经说过"要想做好事，手中先有钱"，恐怕说的也是这个道理。

所以，我们反对的不是"富"本身，而是见利忘义、为富不仁。

俗话说："君子喻于义，小人喻于利。"这里的"小人"，就是唯利是图、见利忘义的人。其实，利益不是不变的真理，仁义也不是古板的说教。如果一个人心中只剩下一个"利"字，一味见钱眼开，对高尚嗤之以鼻，恐怕会在追求财富的道路上误入歧途。"毒奶粉""地沟油""瘦肉精"、苏丹红、加洗衣粉的油条、加漂白剂的面粉，无一不是见利忘义的产物，但这些人和企业的最后结果怎样？要么被消费者唾弃，要么被法律严惩，堕入深渊。

王安石曾说："聚天下之人，不可以无财；理天下之财，不可以无义。"所以，为富者，切记为仁；为仁者，不忘求富。只有这样，才能推动社会和谐有序地发展！

（全文共725字）

学生习作展示及点评

1. 习作一

求富路上，仁义随行

老吕母题特训营学员　张弛

古语有云："为富，不仁矣；为仁，不富矣。"依我之见，仁与富的关系不是割裂的，而是相互影响、相互作用的。求富路上，仁义随行。

见利忘义，必不可取。菲尔丁曾说："把金钱奉若神明，它就会像魔鬼一样降祸于你。"如果一个人心中只剩下一个"利"字，而将仁义抛到脑后，一味见钱眼开，只会在求富路上误入歧途。<u>"毒奶粉""地沟油""瘦肉精"，这些企业满口仁义道德，一肚子见利忘义。他们禁不住成本低廉、获利迅速的诱惑，在短期利益面前败下阵来①。</u>然而，随着信息愈发公开透明，违法成本愈发高昂，他们最终也难逃法律的制裁。因此，"仁"是"富"的警戒线，越线之后，必将滑向万丈深渊。

取义否利，也不可行。亚当·斯密认为："人的一切行为都是为了最大限度地满足自己的私利，以获取经济报酬。"<u>但是这种利己的本性，却促进了劳动生产率的提高，使整个社会获得最好的福利状态，这就是"经济人假设"告诉我们的道理。可见，人们在追求利益的同时，往往更有效地促进了社会的利益②。</u>如果人人只说仁义至上，闭口不谈利益财富，那么将会导致一个效率低下的人情社会，而非利益驱动、发展快速的现代社会。因此，"富"为"仁"提供了物质上的保障。

所以，求富路上，仁义随行。<u>以盈利为目的的企业应当具备足够的社会责任感，因为能力越大，责任越大，为了给国家交税、给员工发工资、给社会解决就业，企业也必须盈利③。</u>而一个既有社会责任感又具备盈利能力的企业才能收获消费者的信任，而市场也会给予其相应的回报。所谓，"义以生利，利以丰民。"当是如此。

⊙问题③建议改为：所以，求富路上，仁义随行。一方面，以盈利为目的的企业应当具备足够的社会责任感，因为能力越大，责任越大；另一方面，为了给国家交税、给员工发工资、给社会解决就业，企业也必须盈利。

王安石曾说："聚天下之人，不可以无财；理天下之财，不可以无义。"可见，仁与富并不矛盾，求富路上，仁义二字当常挂心头，常伴吾身。

批注：

标题很好。

引材料＋过渡句＋论点句。

① "毒奶粉""地沟油""瘦肉精"，这些例子确实挺好，但是它们是我十年前针对"三鹿奶粉事件"写出来的例子。你们现在写文章时，可以用一些新例子，比如长春长生疫苗，等等。

② 母理：经济人假设。

③ 此句连词使用不当，以致影响了其逻辑性。

> **总评**
>
> 本文结构严谨，论证有力，语言表达流畅。虽有小细节尚待完善，但瑕不掩瑜，仍可评为一类卷，分数区间为 30～35 分。

> **考场小贴士**
>
> 管理类联考考试，拼的是速度，比的是时间。在考场上，写作部分不必刻意追求完美。论点明确、逻辑清晰，足以帮你拿到一个较为理想的分数。

2. 习作二

"为富"也要"为仁"

老吕母题特训营学员　圆圆

孟子曾言："为富，不仁矣；为仁，不富矣。"但对于当今社会而言，二者未必不能共存。为富可以为仁，同时，也倡导要为仁先为富。 ← 标题不错。

为富是指积累财富的结果，而为仁是指使用、支配财富的过程或方法①。 ← ①"为仁"定义不当。

⊙问题①建议改为：

为富是个人财富的积累，而为仁则是对他人利益的兼顾。

为富和为仁并不矛盾，是可以共存的②。首先，如果一个个体积累的财富连最基本的生存问题都不能解决，又怎么去苛求他去为仁呢，这是不现实的。为富为为仁创造条件。人只有在满足了基本需求之后，才有余力去考虑更高层次的精神追求。"仓廪实而知礼节，衣食足而知荣辱。"就是这样的道理。 ← ②分论点要总领整个段落，此处表达不当。

⊙问题②建议改为：为富是为仁的先决条件。

再者，为富必须先为仁③，趋利避害是人的本性，而要想在现在的市场经济中获得利益，就必须自我实现，通过利他，人们可以满足自身更高层次的需求④。正所谓"先义后利者荣，先利后义者辱"，不外如是。为仁可以更好地帮助个体达到预期目标，实现自我价值，从而更有利于为富目标的达成。 ← ③论点，要用句号与之后的分析隔开。
④本句有两个问题。第一，"趋利避害"和后面的话是让步关系，应该加连词"尽管"；第二，"自我实现""更高层次的需求"与前面的"获得利益"无关。

⊙本段建议改为：

再者，为富必须先为仁。尽管趋利避害是人的本性，但要想在现在的市场经济中获得利益，就必须遵从相应的市场制度，避免为富不仁的行为，否则会受到相关法律的制裁。这正应了一句老话："先义后利者荣，先利后义者辱。"

虽是如此，为富不仁未必不会发生。<u>在当今社会的转型阶段，追逐利益依旧是每个人的本性，而人们缺乏自律意识⑤</u>，不足以对自我进行有效的约束，进而导致许多人为实现财富的积累，不择手段。在一般人难以抵挡的诱惑面前，纷纷缴械投降。

⑤此处将一个可能发生的行为，描述成一个必然发生的行为，存在不当。

⊙本段建议改为：

当然，现实生活中，为富不仁的现象也时有发生。这是因为，不管社会处于什么样的发展阶段，人们趋利避害的天性是不会变的。如果缺乏自律意识，不能对自我进行有效的约束，就会有人为实现财富的积累，不择手段，在利益面前，缴械投降。

为富不仁的手段使得<u>大多数人</u>有羞愧感，即便如此，仅仅依靠人们的自律来抵挡强大的利益诱惑依旧是不现实的。因此，要实现为富先为仁的<u>良性</u>制度，就<u>必须</u>确保为仁者能够实现预期的目标，即精神和物质的双重满足，通过<u>制度</u>来保证为仁是可以为富的。没有完善的制度约束人们的行为，以及低成本的违法，<u>势必</u>会驱使人们追逐利益，为了短期利益，做出伤害他人的行为。⑥

"为仁"须先"为富"，"为富"可以更好地"为仁"。要辩证地看待二者之间的关系，社会的发展离不开两者的协同进步。

⑥本段有两个问题：第一，要实现"良性制度"，要"通过制度……"，这是循环论证；第二，过多地使用"势必"等绝对化的程度词。

结尾没有问题。

总评

文章论点明确，结构完整，论证也较为有力。但行文细节上待优化的地方太多，影响了得分。本文可评为二类卷，分数区间为24~27分。

考场小贴士

"是什么"的部分，如果材料的关键词本身就很简单，就没必要去写。像此篇的"为仁"，其实是人人都懂的一个概念，没必要做过多解释。

另外，管理类联考的写作，不必追求多么华丽的辞藻，把道理讲得明，把关系拎得清，就是好文章。

2016 年管理类联考论说文母题思路详解

真题原题

论说文：根据下述材料，写一篇 700 字左右的论说文，题目自拟。（35 分）

亚里士多德说："城邦的本质在于多样性，而不在于一致性。……无论是家庭还是城邦，它们的内部都有着一定的一致性。不然的话，它们是不可能组建起来的。但这种一致性是有一定限度的。……同一种声音无法实现和谐，同一个音阶也无法组成旋律。城邦也是如此，它是一个多面体。人们只能通过教育使存在着各种差异的公民，统一起来组成一个共同体。"

审题立意

1. 命题背景

2016 年的这道题目，考的话题是"多样性与一致性"。这段材料源自亚里士多德的《政治学》。当年在考场上看到此话题的同学，大多很迷惑，感觉无从下笔，认为这一年的题目出得太难了。那么，为什么会出这样一道题呢？

实际上，这道题应该追溯到 2015 年，该年 5 月 18 日，习近平主席在参加中央统战工作会议时，在会上指出："做好新形势下统战工作，必须正确处理一致性和多样性关系，统一战线是一致性和多样性的统一体，只有一致性、没有多样性，或者只有多样性、没有一致性，都不能建立和发展统一战线。"

了解了以上背景，我们自然能了解为什么这一年会出这样一道题。

2. 审题立意（"克罗特"审题立意法）

步骤	内容	分析
K	抓关键 （key words）	主题词：多样性、一致性。 关键句：城邦的本质在于多样性，而不在于一致性。
R	析原因 找寓意 （reasons）	多样性代表的是人们之间资源以及技能的差异，这种差异奠定了市场经济的基础，并且给高效的社会分工提供了基本条件。一致性代表的是人们共同的目标、行为准则、价值观，这种统一性能确保国家的长治久安。

续表

步骤	内容	分析
O	定对象 (objects)	材料中引用了亚里士多德的话,仅仅涉及亚里士多德一人的思考,故此部分无须考虑。
A	辨态度 (attitude)	命题人虽然没有表现出任何感情倾向,但命题人既然引述了亚里士多德的话,说明他是认可这段话的,故此题宜认同材料的观点,不宜反驳材料的观点。
T	定立意 (theme)	结合以上四步分析,我们可以发现,因为材料的观点相对抽象,想要反驳其观点比较麻烦,故可选择正面立意,支持其观点。材料中明确表明了多样性相对于一致性更重要,故本题可以确定立意为——包容多样性,促进一致性。

母题母理分析

序号	步骤	分析
1	目标与收益	(1) 多样性 奠定了市场经济的基础。 给社会分工、信息的交流提供了基本条件。 (2) 一致性 确保国家的长治久安。 局部上的一致性可以提高效率。
2	成本与风险	(1) 一致性 单纯追求一致性会导致社会、市场失去活力。 缺失了一致性,会导致社会管理成本大大增加。 (2) 多样性 没有引导的多样性对于社会来说是一种灾难。
3	条件与约束	(1) 道德及准则 道德及准则是一致性的部分体现。 (2) 资源稀缺 包容并发展多样性需要耗费大量资源,而资源是有限的。
4	方法与行动	(1) 洛克忠告 通过设立规则来维持一致性。 (2) 强化理论 通过正向激励来促进多样性。

第 4 章　管理类联考论说文真题超精解

母题母理应用

思路	母理	分析
多样性的收益与必要性	资源稀缺性	每个人拥有的资源是多样的，为了获得其他资源，人与人之间要进行交换，而交换正是市场的基石，现代经济得以发展也是源于市场经济的发展。
	社会分工机制	企业、国家可以高效运转的原因之一，在于现代的社会分工机制。之所以能分工合作生产，是因为每个人拥有的长处、技能是多样性的。每个人各司其职，做其擅长的事情，可以减少工作转移时的效率损失，大大提高资源利用的效率。
	信息不对称	因为每个人掌握的信息是多样性的，这为思想的交流提供了基本条件。不同于物物交换，思想的交换实际上是一个"做大蛋糕"的过程。正如萧伯纳所言："你有一种思想，我有一种思想，彼此交换，我们就都有了两种思想，甚至更多。"
	文化多样性	文化发展需要多样性。文化的差异不仅体现了不同民族的历史与发展，更对文化贸易有直接促进作用，因为相对于熟知的事物而言，人们对新鲜的事物更具消费意愿。
一致性的必要性	公共地悲剧	没有引导的多样性对于社会来说是一场灾难。包容多样性的发展，不意味着纵容，多样性也需要一致性的协调和制约，这样才能发挥其应有的作用。倘若人人由着自己的性子来，肆意追逐自身的利益，其结果只能是对公共资源产生破坏，形成"公共地悲剧"。
	规则约束	人类共有的道德及规则是一致性的体现之一。规则约束了人行为的下限，而道德可以体现人行为的上限，上下限通备，国家方能长治久安。
	社会分工机制	高效的分工机制，除了需要整体的多样性，也需要局部的一致性。分工机制的核心在于可以让不同专业的人做其擅长的事。而局部上的一致性可以保持一群人的高效状态，这是现代工业大批量生产的保障。
过度追求一致性或者缺乏一致性的问题	破窗效应	单纯追求一致性会导致社会、市场失去活力。一致性固然可以提升效率，并且能确保社会的安稳运营，然而仅追求一致性是单调的，而单调的市场往往会因同质化而走向衰败。美妙的乐章需要不同的旋律，社会的和谐也需要多样性的发展。亚里士多德所言，正是此理。 　　缺失了规则、道德等一致性的指引，会增加社会管理的成本。规则和道德的缺位，会使得某些人做出逾矩之事，而坏的行为往往会形成"破窗"，进而形成仿效之风。长此以往，违规的人多了，守则的人少了，高昂的管理成本往往使社会和谐难以为继。

续表

思路	母理	分析
方法与行动	洛克忠告	资源有限，为了能够更好地发展多样性，我们应提高资源的利用效率。为了达到这一目的，我们应设立统一的规则并严格执行，因为正如洛克忠告所言：没有令行禁止的统一规则，就没有高效率。
	强化理论	如何包容发展多样性？正向强化往往会有良好的作用。对于能促进多样性的行为，我们予以相应的激励措施，其行为便会反复出现。长此以往，多样性的发展自然得到了保障。

母例素材

1. 名人名言

（1）同一种声音无法实现和谐，同一个音阶也无法组成旋律。（亚里士多德）

（2）万人操弓，共射一招，招无不中。（《吕氏春秋》）

（3）声一无听，物一无文，味一无果，物一不讲。（《国语·郑语》）

（4）君子和而不同，小人同而不和。（《论语》）

（5）个性就是差别，差别就是创造。（爱迪生）

（6）人们生而平等，但又生来个性各有千秋。（弗洛姆）

（7）一棵树上很难找到两片叶子形状完全一样，一千个人之中也很难找到两个人在思想情感上完全协调。（歌德）

2. 母例素材

（1）华特迪士尼公司完成了以713亿美元收购福克斯娱乐公司的交易。前福克斯影业公司董事长、现任索尼电影公司首席执行官的汤姆·罗斯曼说："这对学习电影史的学生来说是悲哀的一天，我认为这对观众来说也可能是悲哀的一天。市场的多样性只会减弱。"

（2）生物多样性是指一定范围内多种多样活的有机体（动物、植物、微生物）有规律地结合所构成稳定的生态综合体。这种多样性包括动物、植物、微生物的物种多样性、物种的遗传与变异的多样性及生态系统的多样性。其中，物种的多样性是生物多样性的关键，它既体现了生物之间及环境之间的复杂关系，又体现了生物资源的丰富性。

（3）我国采用全国统一的法律体系，但又尊重各地区、各民族的差异，地方性法令、民族区域自治法就是这一方面的体现。

参考范文

包容多样性，促进一致性

老吕团队　崔二胖

亚里士多德的这段话表明了：城邦的基础是一致性，本质是多样性，教育是联结二者的重要手段。这对当今社会仍然具有很大的参考意义。

一致性即社会公民之间所公认的道德规范及法律法规。多样性则代表了不同个体之间的资源、信息及技能差异。一致性虽然是社会稳定必不可少的条件，但对于社会运行来说，多样性往往更重要。

多样性是社会发展的"垫脚石"。每个人拥有的资源是多样的，为了获得其他资源，人与人之间要实行交换，而交换正是市场的基石，现代经济得以发展也是源于市场经济的发展。同时，企业、国家得以高效运转，原因在于现代的社会分工机制。每个人拥有的长处、技能的多样性，为分工提供了前提条件。与此同时，此种机制使得每个人可以各司其职，可以减少工作转移时的效率损失，大大提高资源利用的效率。

同时，每个人掌握的信息是多样性的，这为思想的交流提供了基本条件。不同于物物交换，思想的交换实际上是一个"做大蛋糕"的过程。正如萧伯纳所言："你有一种思想，我有一种思想，彼此交换，我们就都有了两种思想，甚至更多。"

而一致性是社会稳定的必要条件。规则约束了人行为的下限，而道德可以体现人行为的上限，上下限通备，国家方能长治久安。试想，如果缺失了这种一致性的约束，多样性缺失了引导，便极有可能破坏社会的稳定性，形成"破窗"的局面。除此之外，一致性也是有一定限度的。倘若一味追求社会成员间的统一，不考虑个体差异的存在，甚至排斥个性发展的话，那么容易导致社会的信息、资源交流失去活力。

综上，尊重多样性，不失一致性，才是促使社会和谐稳定的"良药"。

（全文共659字）

学生习作展示及点评

1. 习作一

"和而不同"促和谐

老吕弟子班学员　莱萌缇

亚里士多德对于城邦的理解,直至今天仍有指导意义。<u>在文明高度发展的当今社会,</u>我们更应通过共同规范维持社会内部的一致性,鼓励和促进社会多样性发展。

多样性是促进社会进步发展的重要驱动力。一个社会的多样性,主要表现在其内部成员在需求、技能、思维以及价值观等方面存在广泛差异。正是这种差异,使得社会各行各业都不乏实力高超的优秀人才,他们为了满足自身和他人的各种需求,积极探索,大胆创新,敢于成为所在行业的变革者甚至新领域的开拓者,推动社会不断向前迈进。

然而,若只有多样性而没有一致性,就"无法组建城邦"。一致性在于社会内部成员对契约意识、法律意识和道德意识等规范意识的普遍认同。如果社会成员普遍缺乏这些意识,就无法避免自由交易中的欺诈行为,从而导致人与人之间的不信任和过度防范,加重社会运行成本,影响社会的和谐与稳定。

但需要注意的是,一致性也要有一定限度。单一的思想观念以及严苛的规则制度虽然能保障根基的稳固,但也会在无形中扼杀个性,熄灭先进思想的火种。一致性最重要的意义在于建立底线,协调各方利益关系,保障人们的行为有序进行,因此,其本身不能设置得过高,否则将限制个人或团体向上进步成长的空间。

社会共同体的建立,需要通过教育来实现。在国内义务教育高度普及的今天,加强学校素质教育,从小培养学生正确的价值观念,是保障一致性的一种成本相对低廉、效果比较显著的举措。通过教育引导公众接受主流价值观,让人们认识到公序良俗及制度规则的重要性和好处,进而共同遵循,如此沟通合作也就更有效率,社会更可能走向和谐。

用教育树立起共同的规范意识,保证多样性与一致性的和谐统一,方可谋求社会的稳定和谐发展。

旁批:

- 标题不错。

- 画线句子中"在……的今天"这样的话,多数是废话。开头要简洁明了。

- 多样性的作用。

- 一致性的作用。

- 让步段。

- 怎么做。

- 结尾简洁大方,回扣材料。

> **总评**
>
> 本文立意明确，说理深刻，可评为一类卷，分数区间为 28~32 分。但实际上这是平时练习时写出来的文章，在考场上想写出这种纯说理的文章，难度是很大的。灵活地使用母理并辅以简单的例证，会极大地降低写作难度。

2. 习作二

既求同，也存异

老吕弟子班学员　杨浚艺

亚里士多德关于城邦"多样性"与"一致性"的分析，蕴含了古人的哲理。诚然，社会就是"多样性"与"一致性"的辩证统一，大家需要既求同，也存异。

求同，使社会具有组织性。亚当·斯密的"经济人假设"指出：人的一切行为都是为了最大限度地满足自己的私利，人是追求自身利益最大化的"经济动物"。所以，人们会出于共同的利益目标，把一个个没有组织的个体团结起来形成群体，集中力量干大事①。人们拥有共同或相近目标的时候，就容易达成某种共识，从而产生了"1+1>2"的效果。我国正处于社会主义初级阶段，为了实现中华民族的伟大复兴，中国共产党创造性地实施"政治协商制度"，从而更好地实现经济发展、社会繁荣②。

存异，使得通向目标的道路多了一些可能。俗话说："一花独放不是春，百花齐放春满园。"正是有了不同的颜色、不同的声音，这个社会才更有多样性，更增风采。经济发展关系国计民生，我国的经济制度以公有制为主体、多种所有制经济共同发展，就使得民营经济等多种经济主体的创新源泉充分涌流，经济创造活力充分迸发，从而实现了社会主义制度的自我完善和发展③。

当然，求同和存异需要领导人无限的智慧去完成顶层设计④。"求同"并非盲目地追求形式上的单调统一；"存异"也不是让任何声音都必须高歌猛进。建立适合企业的运行机制，让其发展有章可循，并配以有效的监督措施，让民众的声音得以传播。

"君子和而不同。"只有争取利益各方最大相似，调和各方的对立关系，才能使组织有效、有序发展⑤。

⊙本段建议改为：

"君子和而不同。"通过教育使存在着各种差异的公民统一起来组成一个共同体，能使社会和谐。

标题不错。

①这段话的逻辑有问题。经济人假设是描述人的"自利"本性的理论，用来证明"求同"有些牵强。

②此处可替换为习近平主席的金句、时政金句等更经典和凝练的句子。

③不建议使用这样的例子。不是例子不好，而是它太"大"了。写经济制度、社会制度，超出了多数考生的能力范围。

④此句与后文无关，可删除。

⑤最后这句话不能呼应文章标题《既求同，也存异》。

> **总评**
>
> 本文结构清晰，能围绕主题展开论证。说理的逻辑性和例证的使用都有不当之处，可评为三类卷，分数区间为 18~21 分。

2017 年管理类联考论说文母题思路详解

真题原题

论说文：根据下述材料，写一篇 700 字左右的论说文，题目自拟。（35 分）

一家企业遇到了这样一个问题：究竟是把有限的资金用于扩大生产呢，还是用于研发新产品？

有人主张投资扩大生产，因为根据市场调查，原产品还可以畅销三到五年，由此可以获得丰厚的利润。

有人主张投资研发新产品，因为这样做虽然有很大的风险，但风险背后可能有数倍于甚至数十倍于前者的利润。

审题立意

1. 命题背景

20 世纪 90 年代以来，全球经济格局进入深刻调整期。越来越多的国家开始意识到推动经济发展从生产要素驱动和投资驱动转向创新驱动的重要性和紧迫性。为了促进创新发展，获取新的国际竞争力，世界各国都出台了各自的创新发展战略。美国在 2009 年、2011 年、2015 年发布了三版《美国创新战略》，指导美国政府工作，以确保美国能够继续引领创新经济、发展未来产业，并利用创新来解决国家发展中遇到的挑战。

2016 年 5 月，中共中央、国务院正式发布《国家创新驱动发展战略纲要》（以下简称《纲要》），即日起实施。《纲要》指出，"创新驱动就是创新成为引领发展的第一动力，科技创新与制度创新、管理创新、商业模式创新、业态创新和文化创新相结合，推动发展方式向依靠持续的知识积累、技术进步和劳动力素质提升转变，促进经济向形态更高级、分工更精细、结构更合理的阶段演进。"

当前，我国创新驱动发展已具备发力加速的基础，经过多年努力，科技发展正在进入由量的增长向质的提升的跃升期。同时，也要看到，我国许多产业仍处于全球价值链的中低端，一些关键核心技术受制于人，发达国家在科学前沿和高新技术领域仍然占据明显领先优势。

2. 审题立意（"克罗特"审题立意法）

步骤	内容	分析
K	抓关键 （key words）	主题词：是……还是……、虽然……但……、数倍甚至数十倍。 关键句：投资研发新产品，这样做虽然有很大的风险，但风险背后可能有数倍于甚至数十倍于前者的利润。
R	析原因 找寓意 （reasons）	第一，扩大生产；第二，研发新产品。
O	定对象 （objects）	企业管理者。
A	辨态度 （attitude）	本题既可以支持扩大生产，也可以支持研发新产品。一般来说，多数同学会写支持研发新产品，因为更符合"大众创业、万众创新"的大环境。
T	定立意 （theme）	①扩大生产，理性发展。 ②敢于冒险，研发新品。

母题母理分析

序号	步骤	分析
1	目标与收益	（1）扩大生产 ①经济人假设：扩大生产现有产品，使得个人、企业当前的利益最大化。 ②市场需求变幻莫测，导致创新成本高、风险大，生产老产品则可以有效降低成本、规避风险。 （2）研发新产品 ①创新：企业通过创新，可以打造符合时代需求的新产品，创造出新的需求，形成差异化优势和技术壁垒，提高企业存活率，增加企业利润。 ②机遇：研发新产品有风险，但同样伴随着机遇。敢于冒险创新的企业，更能够革新自我竞争力，进而在激烈的市场竞争中保持获利性增长。 ③经济人假设：研发新产品，可能有数倍于甚至数十倍于扩大生产现有产品的利润。

续表

序号	步骤	分析
2	成本与风险	(1) 马太效应 　　当下市场竞争激烈，缺乏冒险精神、一味因循守旧，极有可能让企业与新的机遇失之交臂，进而陷入竞争劣势。 (2) 瓶颈理论 　　企业作为一个有机整体，势必存在着限制效率提高的瓶颈。若企业一味止于短视、拒绝创新，瓶颈无法打破，效率也就无法得到提升。 (3) 机会成本 　　研发新产品意味着要承担机会成本。企业冒险创新，也意味着没有更多的资金扩大原有产品的生产。 (4) 沉没成本 　　面对变幻莫测的市场，创新者有时无法准确地把控市场需求。一旦创新失败，之前的投入可能都会成为沉没成本，造成难以挽回的损失。 (5) 盲目跟风 　　企业若是为了追求超额利润，盲目投资创新，忽略了原有业务，也会给企业带来损失。 (6) 公共地悲剧 　　企业创新，也可能面临着被"搭便车"的风险。企业创新的成本和风险要独担，成果却很有可能被没有投入的其他企业共享，造成公共地悲剧。
3	条件与约束	(1) 资源稀缺 　　企业的时间、技术、经济等资源都是稀缺的，这使得企业在创新时会面临较大的阻力。 (2) 路径依赖 　　出于对原有业务的"路径依赖"，企业往往会丧失"冒险创新"的动力和能力。 (3) 信息不对称 　　市场信息是不对称的，当企业处于信息劣势方时，冒险创新极有可能遭受重创。 (4) 瓶颈理论 　　若企业守旧不创新，原有的业务模式、技术水平极有可能形成瓶颈，制约企业的生产效率，变相地提高企业的运营成本，从而更不利于企业创新。
4	方法与行动	(1) 供需关系 　　企业需要准确分析市场，把控市场需求，由此掌握创新方向，确保创新的产品与市场需求匹配。 (2) 定位理论 　　企业需要找准自身定位，科学预测创新带来的风险大小及自身的抗风险能力，及时采取措施规避风险。

第 4 章　管理类联考论说文真题超精解

续表

序号	步骤	分析
4	方法与行动	（3）评估收益与风险 　　正确评估创新所带来的收益与风险，拒绝一味因循守旧，也要避免盲目创新。 （4）强化理论 　　企业需建立创新激励制度与风险防范机制，并确保其得到有力执行；政府应当颁布和完善相应法律法规，保障创新者的合法权益。 （5）合作 　　企业间可以相互合作、取长补短，既可以分散风险，又可以携手创造更大的收益。

母题母理应用

思路	母理	分析
扩大生产的收益	波士顿矩阵	谋利是企业的天性，如果扩大生产能有利于企业赢利，那么这样做有何不可呢？"根据市场调查，原产品还可以畅销三到五年，由此可以获得丰厚的利润"，这说明原产品实际上是"波士顿矩阵"这一理论所描述的现金牛产品，这一类业务是企业最大的利润来源，因此，扩大生产是理性选择。
	风险回避	与研发新产品不同，扩大生产旧产品，不必引进创新人才，不必投入创新资源，不必承担创新风险，可以说是一种几乎无风险而且也有充足利润回报的选择。
	规模效应	多数产品的研发都是从创新始，以规模化生产终。这是因为研发成果需要规模化才能产生效益——规模效应所带来的边际成本的下降、边际效益的提高是企业的利润来源。因此，拒绝扩大生产是违背管理常识的。
	马太效应	扩大生产并不意味着拒绝创新。因为，通过扩大生产能获取更多的利润，有了更多的利润才有更多的钱去研发创新，这其实正是马太效应的原理。以互联网行业为例，阿里巴巴、腾讯、百度、字节跳动等巨头们，凭借大规模的资本和流量优势，进行了大量的创新，同时又通过并购新型创新企业扩充着自己的商业版图。

续表

思路	母理	分析
扩大生产的问题	路径依赖	事实上，创新的风险和成本太大，跟随原定路线、扩大现有产品的生产线倒是看起来省时、省力。出于对原有业务的"路径依赖"，企业和管理者极易失去创新和冒险的动力。柯达在数码时代的困局、诺基亚在手机领域的失败，皆因如此。
	瓶颈理论	企业作为一个有机整体，势必存在着限制整体效率提升的瓶颈。只有开拓创新，才能形成"解决瓶颈—提升效率"的良性循环。一味安于现状、因循守旧，企业始终无法突破现有的发展瓶颈，生产效率也就无法得到提升，变相导致管理成本增加。
	机会成本	企业若醉心于现有产品、满足于当前利润，往往会忽略创新机遇，错失市场风口。
研发新产品的收益	资本资产定价模型	创新有风险，但风险通常也伴随着机遇。根据资本资产定价模型，多数情况下，风险越大，企业获得超额收益的概率越大。企业敢于冒险、开拓创新，获得的收益也将是扩大生产所产生的收益的数倍甚至是数十倍。
	边际成本	创新，意味着全新产品的生产、工作方法的革新、制度流程的改善、先进设备的使用等。长期来看，可以使企业的生产效率提高，从而降低企业现有的边际成本，提高企业利润。
	差异化战略	旧产品最大的问题在于，它往往会随着时间的发展成为同质化产品，进而稀释利润。此时，只有通过不断地研发新产品，才能形成差异化竞争，获得超额利润。
研发新产品的成本与风险	信息不对称	由于信息不对称，新产品的市场预期可能存在极大不确定性。若是管理者缺乏敏锐的市场信息调研能力，很可能在"创"出新产品时，消费者的偏好又发生改变，企业花费了巨大人力、物力、财力创新出的产品也可能变成"过时品"。
	资源稀缺性	企业资源有限，企业可能会因为资源的限制导致只能固守现状"生产老产品"，却没有能力和条件去开辟新的产品条线。此外，企业的时间、技术、经济等资源都是稀缺的，这使得企业即使走上了创新之路，在研发新产品时也会面临较大的阻力。
	利益损失风险/短视心理	保护自身利益是人的本能，研发新产品，就要面对放弃既得利益或短期利益的情况。在自身利益受到动摇的情况下，企业可能会因为想要抓住眼下的短期利益，而放弃冒险创新。

续表

思路	母理	分析
方法与行动	定位理论	企业应当准确分析市场情况，结合自身优势和实际情况，寻找好自己的定位，从而确保自己的产品在符合市场需求的同时，也可以在消费者头脑中建立良好预期，进而建立起"强势品牌"，形成竞争优势。
	强化理论/墨菲定律	首先，企业要提高管理者的创新意识和冒险精神，健全创新激励制度，让企业内部的创新源泉充分涌流；其次，企业需建立一套有效的风险防范与规避机制，在创新的过程中，加强对风险的把控能力；此外，企业需要培养"鼓励创新，允许失误"的宽容氛围，并确保其得到有力贯彻。
	减少主观偏好影响	企业在选择"扩大生产"还是"研发新产品"时，往往会受到主观偏好的影响，主观偏好不一定是理性的。保守型管理者倾向于因循守旧，而激进型管理者偏好于创新。因为不同偏好会导致不同的选择，管理者可能无法达成一致，进而导致决策效率降低、管理成本增加。

母例素材

1. 名人名言

（1）不入虎穴，焉得虎子。（《后汉书·班超传》）

（2）人生要不是大胆地冒险，便是一无所获。（海伦·凯勒）

（3）万无一失意味着止步不前，那才是最大的危险。为了避险，才去冒险，避平庸无奇的险，值得。（杨澜）

（4）不敢冒险的人既无骡子又无马，过分冒险的人既丢骡子又丢马。（拉伯雷）

（5）求生，就是在风险与收益之间平衡取舍。（贝尔·格里尔斯）

（6）不要在已成的事业中逗留着！（巴斯德）

（7）天下者，得之艰难，则失之不易；得之既易，则失之亦然。（苏过）

（8）只有先声夺人，出奇制胜，不断创造新的体制、新的产品、新的市场和压倒竞争对手的新形势，企业才能立于不败之地。（黄汉清）

（9）企业的成败在于能否创新，在企业特殊困难时期，更需要有这种精神。（黄汉清）

2. 母例素材

（1）矢志创新的探险者，词典里绝无"畏险"二字。当年，马伟明准备攻关电磁发射技术这个世界性难题，有人质疑他"是不是疯了"。但他坚信，中国需要这项创新技术，风险再大也要干。不服输的马伟明，带领团队在电磁发射技术领域取得全面突破，研发的多型装备属国际首创。可见，只有敢于挥洒"闯"的汗水，播下"创"的种子，才能激活创新的动能，书写创造的史诗。

（2）小米公司成立不到10年，便卖出数亿部手机，智能可穿戴产品跻身全球市场前三。小米靠的是什么？正是商业模式的创新：开发设计环节，消费者、供应商可通过论坛、微博、微信、QQ等方式参与；制造环节，寻求全球分工合作，迅速将用户线上、线下反映的需求在产品上体现；销售环节，以电商直销为主，去除中间渠道，大幅降低营销费用。模式创新，让企业觅得赶超的捷径。

（3）在经济全球化的时代潮流中，抓创新就是抓发展，谋创新就是谋未来。从"嫦娥"探月到"长五"飞天，从"蛟龙"入海到国产航母入列，从"智能高铁"风驰电掣到"中国天眼"开放运行……近年来，中国持续加大创新投入，全球创新指数排名不断提升，跑出了一条令世界瞩目的创新发展之路。世界知识产权组织发布的《2019年全球创新指数》报告显示，中国排名从2016年的第二十五位迅速攀升至2019年的第十四位，居中等收入经济体首位。

参考范文

1. 范文一

着眼未来，研发新品

老吕团队　芦苇

企业拥有有限的资金时，是应该用于扩大生产还是研发新产品呢？基于企业未来发展的角度来看，应该用于研发新产品。

有些人认为在原产品还可以畅销三到五年，获得丰厚的利润的时候，应加大资金投入，扩大生产。殊不知，产品本身的生命周期可能并不足以支撑接下来的三到五年。市场行情瞬息万变，消费者的喜好也随时会发生改变，想要依靠一个优势产品便立于不败之地显然是不现实的。

曾经盛极一时的胶卷帝国——柯达公司就是因为没有看清市场变化之快，一味地扩大胶卷的生产量，却在短短几年之内迅速衰败，泯然于众人。

正所谓"科学技术是第一生产力"，而创新又是引领发展的第一动力。只有利用科学技术进行创新，研发出顺应消费者喜好的新产品，才能够不断提升企业的核心竞争力，使自己的企业产生与对手企业的差异化优势，才能使本企业始终处于行业的前沿位置，不被时代的浪潮所淘汰。

然而许多企业害怕创新，墨守成规。这主要因为企业领导者的能力不足，无法在短时间内对快速变化的形势做出准确的判断，从而无法做出创新的决定。另外，政府对于企业产品的创新并没有建立完善且行之有效的制度保护，使得很多企业担心自己辛苦研发出的新产品反而便宜了他人。

针对这些问题当然可以采取有效的措施应对。首先，公司内部应建立学习型组织，通过不断地互相学习和灵感的碰撞，让企业的管理者可以对市场的变化做出快速的反应和正确的决策；其次，政府应对企业的产品创新建立完善的保护政策，健全产品专利保护机制，使得企业不怕创新，更勇于创新。

由此看来，研发新产品是企业繁荣发展的不二选择。立足于创新带来的机遇，冒点风险又何妨？

（全文共 669 字）

2. 范文二

理性选择，扩大生产

吕建刚

企业拥有有限的资金时，是应该用于扩大生产还是研发新产品呢？作为企业管理者，我认为应该理性决策，扩大生产。

首先，谋利是企业的天性，如果扩大生产有利于企业赢利，那么这样做有何不可呢？"根据市场调查，原产品还可以畅销三到五年，由此可以获得丰厚的利润"，这说明原产品实际上是"波士顿矩阵"这一理论所描述的现金牛产品，这一类产品是企业最大的利润来源，因此，扩大生产是理性选择。

其次，与研发新产品不同，扩大生产旧产品不必引进创新人才、不必投入创新资源、不必承担创新风险，是一种风险极小且利润回报丰厚的选择，我相信任何理性的经理人都不会放弃这样的选择。

而且，多数产品的研发其实都是从创新始，以规模化生产终。这是因为研发成果需要规模化才能产生效益——规模效应所带来的边际成本的下降、边际效益的提高是企业的利润来源。因此，拒绝扩大生产是违背管理常识的。

当然，有人认为，既然资金有限，投入了旧产品的扩大生产，不就影响了新产品的研发吗？这看起来很有道理，却忽视了企业并不应该拒绝负债。实际上，即使是一些很好的企业，也会有一定的资产负债率，因为这样更加有利于企业扩大规模，获取更丰厚的利润。因此，不论是生产旧产品，还是研发新产品，如果确有回报，进行融资或者举债不失为一种好的选择。

因此，选择扩大生产，并不意味着拒绝创新。事实上，通过扩大生产能让企业获取更多的利润，有了更多的利润才有更多的钱去研发创新，这其实正是马太效应的原理。以互联网行业为例，阿里巴巴、腾讯、百度、字节跳动等巨头们，凭借大规模的资本和流量优势，进行了大量的创新，同时，又通过并购新型创新企业扩充着自己的商业版图。

综上所述，扩大生产不失为一种风险较小的理性决策。

（全文共 712 字）

学生习作展示及点评

1. 习作一

着眼长远，敢于创新
老吕弟子班学员　张晓雪

"究竟把有限的资金用于扩大生产，还是用于研发新产品？"我赞同后者，当代市场瞬息万变，竞争激烈，要想获利，应着眼长久发展，敢于创新。

那么为何仍有企业选择投资扩大生产，坚持销售原产品呢？ 这是因为创新存在机会成本①，尤其当企业采用的旧方法、旧模式，产生过效果，取得过成就，更容易形成路径依赖②，不愿去冒险研发新产品。 而且，冒险的后果未知，一旦失败，就意味着我们之前的投入都变成了沉没成本③，很多人不舍得这样的成本出现。

然而，风险是具有普遍性的，就算你不创新，风险仍然存在，可能面临更严峻的、竞争更加激烈的市场环境。 更何况，"风险与收益是成正比的"，正如材料中的观点"风险背后可能有数倍于甚至数十倍于前者的利润"。 因此，研发新产品、创新，是企业的必然选择。

创新，可以降低企业的边际成本④，对企业特别有价值。 创新，意味着全新产品的投产、工作方法的革新、工作流程的改进、先进设备的使用，等等，这些都会推动企业生产效率的提高。 一旦投产，形成规模，企业的边际成本会大幅下降，未来创造的价值不可限量。

若企业选择原地踏步，故步自封，一味投资扩大生产，一味"复制粘贴"，长此以往，会大概率吸引竞争者进入市场当中，进而导致严重的产品同质化，最终形成互害的"劣币驱逐良币"⑤的局面。

那么，如何激励创新行为呢？ 对于企业来说，应建立容错机制，鼓励员工创新。 员工不怕犯错，自然愿意钻研"新点子"，改进新方法。 对国家来说，应正面强化创新企业的积极性，例如建设创新科技园，实施税收优惠、房租补贴措施等，如此才真正暖在了创新企业的心里。

在大竞争时代的这片"红海"中，勇于创新，是企业这只小帆突破重围的原动力！

旁批：

回扣材料，点明主题。

①母理：机会成本。
②母理：路径依赖。
③母理：沉没成本。

④母理：边际成本。

⑤母理：劣币驱逐良币。

结尾没有问题。

> **总评**
>
> 纯粹看文章质量，本文是一篇写创新的一类卷。问题在于，原题给了一个案例分析型的材料，对于这样的材料，我们要明确地回答选择继续生产旧产品，还是选择研发新产品，并说出理由。创新带来的种种好处，可以作为我们支持研发新产品的论据，但论点是创新则略有不妥。综上，本文可评为二类卷，分数区间为 24~29 分。

2. 习作二

企业发展应当创新

老吕 MBA 班学员　张雲霆

习近平总书记说"创新，像撬动地球的杠杆，总能创造令人意想不到的奇迹。"同样我也认为企业应投资研发新品，不断创新，才能长期发展。

创新是企业发展的第一助推器，谁能领先这一步，谁就能抢占市场先机。随着大竞争时代的来临，市场也变成了公司间厮杀的"红海"，而企业要启动和保持获利性增长，就必须超越产业竞争，开创全新市场。例如，红牛在初诞生之时，首创了"功能性饮料"，开拓了一片全新的市场，而红牛作为首创者，取得了先发优势，并以此奠定了行业龙头位置。

罗曼·罗兰曾说，"我创造，所以我生存。""胶卷大王"柯达的终结，是由于市场激烈的价格竞争以及数字成像技术对传统成像技术造成的冲击。柯达并未有效地应对技术落后的问题，由于担心胶卷销量受影响，决策者们一直未敢大力发展数字业务，而是选择扩大生产，不选择投资研发新品，最终被市场淘汰。

为什么有的企业不愿意创新呢？究其原因之一是投资研发新品要付出极大的机会成本。同时，在投资研发新品的过程中，也面临极大的不确定性，有可能产生沉没成本，企业无法从其前期投入中获取任何收益。前期也要为此付出大量的金钱、时间与资源，而企业本身可以利用这些资源获取一个相对稳定的收益。

创新可以展现企业的独特竞争优势，进而帮助企业赢得超额利润。如若企业守旧不创新，旧有的技术有可能会形成瓶颈，变相提高了企业的成本，制约着整体效率的提升。同时由于边际效益的存在，对单一项目的持续投入会导致收益的不断减少。因而企业若想保持获利性增长，在具备相应的资源条件下，应当选取创新战略。

李渔曾说，"变则新，不变则腐；变则活，不变则板。"与其投资扩大生产，还不如投资研发新品。这样，企业才能长期生存下去。

画线标题存在的问题与上文一样，论点最好直接与生产新产品相关，比如《勇于创新研发新品》。

正：正面论证创新的重要性。

反：反面论证不创新的后果。

析：分析不创新的原因。

驳：指出还是要创新。

总评

　　本文中心明确，语言也较为通顺，使用了正反析驳结构，结构也较为完整。如果纯粹考创新，本文可评为二类卷。但是，论说文是材料作文，本文的论证与材料关系不大，影响评分。因此，本文可评为三类卷偏下，分数区间为18~20分。

考场小贴士

　　案例分析型的论说文，在写作过程中要紧扣材料展开分析，脱离材料去写一个自以为很棒的立意，是不可能得到高分的。比如本年度的真题，我们可以去支持"研发新产品"本身，创新的种种好处可以作为我们支持研发新产品的论据，而创新本身不是论点。

2018年管理类联考论说文母题思路详解

真题原题

　　论说文：根据下述材料，写一篇700字左右的论说文，题目自拟。（35分）
　　有人说，机器人的使命，应该是帮助人类做那些人类做不了的事，而不是代替人类。技术变革会夺取一些人低端烦琐的工作岗位，最终也会创造更高端、更人性化的就业机会。例如，历史上铁路的出现抢去了很多挑夫的工作，但又增加了千百万的铁路工人。人工智能也是一种技术变革，人工智能也将促进未来人类社会的发展。有人则不以为然。

审题立意

🔔 1. 命题背景

　　2017年6月，首届世界智能大会在天津召开。会上，马云提出了一种新的理念——"机器人的使命，应该是帮助人类做那些人类做不了的事情，而不是代替人类"。他还举例谈到，刚开始出现铁路的时候，人人讨厌，说那些挑夫、挑担子的人都失业了。但是铁路出现以后，至少增加了两百多万的铁路工人。现在司机很多，无人机、无人汽车、无人驾驶出来以后，大批的司机可能就没有了，但这些人并非会永久失业。每次技术革命都会诞生很多新的就业，人类要去做更多有价值的东西，做人类应该做的事情，而不是去做机器要做的事情。

2017年3月5日，国务院总理李克强发表2017年政府工作报告，指出："要加快培育壮大包括人工智能在内的新兴产业。""人工智能"首次被写入全国政府工作报告；同年7月，国务院印发《新一代人工智能发展规划》，将人工智能上升至国家发展战略。

2018年的论说文在本质上延续了往年的考查形式，即材料立意+观点分析。考生既可以单独针对"人工智能"进行立意，如"拥抱人工智能，走创新之路""人工智能的双面性"，等等；也可以延展至宏观层面，辩证分析科技变革带来的机遇与威胁，可立意为"科技发展与危机预警""技术变革促进社会发展"，等等。

2. 审题立意（"克罗特"审题立意法）

步骤	内容	分析
K	抓关键 （key words）	主题词：……但又增加……、技术变革、促进发展。 关键句：人工智能也是一种技术变革，人工智能也将促进未来人类社会的发展。
R	析原因 找寓意 （reasons）	材料中，面对"人工智能"，出现了两种截然相反的声音：前者将其视为技术变革，持积极肯定态度；后者则不以为然，持消极否定态度。 无论是人工智能还是其他科技创新，技术的变革和发展都极大地推动了社会经济发展，是大势所趋。但同时，材料中也提到了人工智能"抢"饭碗的现象，所以考生需要辩证地分析科技变革的两面性。 在积极发展人工智能的同时，我们也要理性面对其带来的风险和弊端，应在监管上更具前瞻性，启动和完善相关的立法立规，让人工智能更好地服务人类，推动社会发展、时代进步。
O	定对象 （objects）	材料描述了面对"人工智能"，不同的人产生了相左的观点，未出现带有寓意的对象，故此部分无须考虑。
A	辨态度 （attitude）	结合材料中出现的"创造更高端、更人性化的就业机会""增加了千百万的铁路工人""是一种技术变革""将会促进未来人类社会的发展"等关键信息，考生可以明确，人工智能顺应了社会发展趋势，符合科技变革本质，对人类的进步利大于弊，因此，应对人工智能持积极支持态度。但同时，也要辩证分析、未雨绸缪，充分考虑到科技变革带来的风险与隐患，从法律、监管等各方面做好规划。
T	定立意 （theme）	结合以上四步分析，本题可以确定立意为——人工智能的危与机、人工智能的两面性、让人工智能在"红线"内发展等。

母题母理分析

序号	步骤	分析
1	目标与收益	（1）前景广阔 　　人工智能产业作为新一轮产业变革的核心驱动力和引领未来发展的战略技术，国家高度重视其发展。 （2）解放劳动力 　　人工智能的出现提高了社会生产力，使人类可以从烦琐而又低效的工作中走出来，投入到更有价值的工作中去。 （3）解决行业痛点 　　人工智能可以与家电、机器人、医疗、教育、金融等诸多行业紧密融合，将重塑行业的发展模式，有效解决行业痛点。 （4）促进经济发展 　　随着人工智能的普及、各行业生产力的高度发展，社会财富将不断增加，科技创新将成为推动中国经济高质量发展的新引擎。 （5）降低企业成本 　　人工智能使企业的生产效率和资源利用率大幅提高，有效降低企业的人力成本和运营成本。
2	成本与风险	（1）就业威胁 　　人工智能可能会引起一些现存工作岗位的消失，造成一部分人失业。 （2）社会财富分配不均 　　就业上的不平等，会导致社会财富收益权的不平等，造成强者愈强、弱者愈弱的局面，贫富极端不均衡。 （3）隐私泄露 　　人工智能技术很大程度上依赖着海量数据的收集和整理，大数据一旦泄露，将会对人们的生活造成难以挽回的损失。 （4）研发成本高昂 　　人工智能算法模型需要不断地优化和升级，硬件成本投入巨大。 （5）机会成本 　　人工智能的发展，需要长周期的研究和持续不断的经费支持。这些投入的成本，本可以用于经济发展的其他方面。 （6）沉没成本 　　如今绝大部分公司的人工智能技术还不够成熟，研发条件有限。一旦研发失败，之前的投入可能都会成为沉没成本，造成巨大的损失。

续表

序号	步骤	分析
3	条件与约束	（1）资源稀缺 　　人工智能的发展需要大量人力、物力、财力的投入，而社会资源是有限的，这往往会导致科技发展速度放缓甚至受限。 （2）发展瓶颈 　　目前，制约人工智能发展的基础设施、政策法规、标准体系亟待完善，只有不断完善其背后的法律、文化、伦理等"软科学"的建设，才能形成有利于我国人工智能健康成长的良性环境。 （3）信息不对称/数据孤岛 　　人工智能的发展将产生海量的数据，可这些数据之间并没有连接，不同部门的数据储存在不同的地方，极易形成数据孤岛林立、融合困难的局面，变相加大了数据的获取成本。 （4）底层技术差距 　　在硬件和底层技术方面，我国的实力与谷歌等全球科技巨头仍有一定差距。 （5）法律监管滞后 　　人工智能的发展正处于快速上升期，技术水平和质量参差不齐，而信息安全监管法律的产生具有较大的时间成本和知识消化成本，势必会远远滞后于人工智能新技术的应用和发展，这将对人工智能技术的应用和发展造成极大的不稳定性。
4	方法与行动	（1）积极面对 　　面对人工智能的发展，我们应当"理性拥抱变化，积极适应变革"，不断提升创新实践能力、数据分析能力和自我革新能力，以适应瞬息万变的信息社会。 （2）定位理论 　　企业需要找准自身定位，正确评估技术变革所带来的收益与风险，避免盲目跟风；同时，在推进技术发展的过程中，也要科学预测风险大小及自身的抗风险能力，及时采取措施规避风险。 （3）合作 　　政府和企业需创造良性竞争、开放合作的环境，在进行人工智能研发的过程中，通过合作最大限度地保证技术的安全性，避免出现"竞赛局面"，避免出现在安全标准上进行妥协的情况。 （4）强化理论 　　企业要牢固确立人才引领发展的战略地位，建立创新激励制度与风险防范机制；政府需要发挥主导及协调作用，与企业、社会合力培养人工智能领域优秀的复合型人才。

母题母理应用

思路	母理	分析
发展人工智能的目标与收益	推动经济发展	通过新一代人工智能和先进制造技术的深度融合，人工智能将成为新一轮工业革命的核心驱动力，进而推动全球科技发展步入新阶段，最终实现社会生产力的跃升和经济可持续发展。 在自由的市场机制及完备的规则之下发展人工智能，能使企业和政府获得自身的收益，还能促进国家甚至国际的经济发展。
	增强综合国力	放眼当今世界，谁牵住了科技创新这个"牛鼻子"，谁走好了科技创新这步先手棋，谁就能占领先机、赢得优势。创新是引领发展的第一动力，科技创新是提高社会生产力和综合国力的战略支撑。
	解放劳动力	人工智能的运用和逐步普及，代替了许多可以被代替的行业劳动，使人们可以从笨重的、重复的、机械的劳动中解放出来，转到更富智慧、更人性化、更高端的工作中去，有利于进一步提升人们的综合能力和生活品质。
	前景广阔	从明确人工智能为形成新产业模式的11个重点发展领域之一，到发布新一代人工智能发展规划、将人工智能上升至国家战略；从"十九大"报告强调推动人工智能和实体经济深度融合，到促进新一代人工智能产业发展三年行动计划发布……中国对人工智能的发展进行了战略性部署，明确了人工智能广阔的发展前景。
	重塑行业格局	人工智能与医院、物流、安防、教育、交通、金融等领域的结合，正推动行业发展模式和经济结构的转型。人工智能正全面创造新市场、新机会，全面重塑传统行业发展模式和格局，加速"赋能"产业变革，在推动经济繁荣、民生改善、保障国家安全等方面发挥着越来越重要的作用。
	催生新产业/创造新岗位	人工智能对就业市场的影响，既有替代与互补的作用，也产生了创造效应。随着互联网的发展和技术进步，每一个市场环节、产业链条都会被分解成多个部分，分工更加细化，从而催生更多新的产业、产品和服务，创造出更多的工作岗位。
发展人工智能的成本与风险	就业威胁	人工智能在各行业的普遍应用，极有可能引起大量现存的工作岗位的消失，尤其是一些简单、重复性的工作岗位，相应的员工也会失业。即使会有新的工种产生，这部分员工也可能因为无法胜任而失业。
	马太效应	人工智能的使用，有可能剥夺一部分劳动者的就业机会，进一步扩大收入差距，造成人与人、企业与企业，甚至国与国之间的快速分化，使强者愈强、弱者愈弱。

续表

思路	母理	分析
发展人工智能的成本与风险	成本	人工智能在研发、安装、维护等各方面，都需要大量的资金投入，这对于绝大多数企业来说，无疑是沉重且巨大的负担。没有充足的资金储备，人工智能技术就无法实现深入的基础研发和产业的快速发展，也就难以实现技术研发的突破和市场份额的提高，人工智能技术的应用和发展将面临巨大阻力。
	隐私泄露	随着人工智能技术的愈发成熟，伴随而来的人类隐私、安全、数据等风险也将出现。例如人脸识别技术，如果人脸图像等数据没有被妥善保管和合理使用，就会侵犯用户的隐私。再比如，用户在网站上的浏览行为也都会变成数据被沉淀下来，而这些数据的汇集都可能导致个人隐私的泄露。
	技术滥用	人工智能技术的滥用，可能会产生物理风险、数字风险和政治风险。 物理风险：不法分子可以入侵网络系统，将无人机或者其他无人设备变成攻击的武器。 数字风险：人工智能可以被用来自动执行网络攻击，它也能合成人类的指纹或声纹骗过识别系统。 政治风险：人工智能可以用来进行监视、煽动和欺骗，引发公众恐慌和社会动荡。
	机会成本	人工智能的发展有其自身规律，要取得重大突破，需要长周期的研究和持续不断的经费支持。加之我国人工智能发展水平与世界有着很大的差距，要追赶和超越，就需要更长的科研周期，这意味着需要承担巨大的机会成本。无论是人工智能，还是其他的科技创新，都需要投入人力、物力、财力，而这些用于科技创新的投入，本可以投入到经济、科技发展的其他方面。
	沉没成本	为了研发人工智能产品，企业往往会投入大量的人力、物力、财力。市场需求变幻莫测，如果产品无法满足用户所需、无法有效和实际场景结合进行应用落地，那么之前的投入可能都会成为沉没成本，造成难以挽回的损失。
发展人工智能的约束与条件	人才匮乏	我国目前的人才储备还不能完全满足人工智能的发展需求，在培养人工智能人才方面，还存在空心化、碎片化等种种不足。
	底层技术差距	在硬件和底层技术方面，我国的人工智能整体发展水平与世界先进国家相比仍有差距，数据处理、分析、呈现能力有待进一步加强，同时也存在智能技术应用领域不广、应用程度不深等问题。
	信息不对称/数据孤岛	由于政府部门之间、企业之间、政府和企业之间信息不对称，制度法律不健全，缺乏公共平台和共享渠道等多重因素，使得人工智能产生的大量数据存在"不愿公开、不敢公开、不能公开、不会公开"的问题，而已开放的数据也因为这些情况的存在，无法进行关联融合，最终形成数据孤岛，获取数据的成本也会越来越高。

续表

思路	母理	分析
发展人工智能的约束与条件	瓶颈理论	人工智能应用落地还需解决多个瓶颈。现在的人工智能系统相对比较低级、原始，人工智能的效率、可扩展性、应用场景、计算资源等都是其现在的发展瓶颈。为了让人工智能应用变得更加先进、高级，需要有更多的相关背景信息以及逻辑算法。
	法律监管滞后	相对于蓬勃发展的人工智能技术开发与应用，与之相配套的法律制度严重滞后，适应智能化发展需要的信息安全监管体系也尚未形成，智慧赋能后的信息安全监管处于"无法可依"状态，这将对信息安全监管的长久发展带来极大的不确定性和不稳定性。
方法与行动	强化理论	企业要牢固确立人才引领发展的战略地位，激发科技人才的创新活力；国家要继续推动为科技人才"松绑""减负"的政策落地，形成更加灵活的人才管理体制，让更多的科技人才通过创新得到合理回报，为创新引领高质量发展、建设世界科技强国打下坚实的人才基础。
	合作	人类历史上很多科技创新成果，都是在开放、交流、合作的环境中培育出来的，进而造福世界。在科技创新领域开展国际合作，让科技创新成果为更多国家和人民所及、所享、所用，有利于推动世界经济实现新旧动能转换，培育新的经济增长点。
	理性分析	对于人工智能的发展，人类需要有理性的认知：人工智能和人工不是取代关系，而是迭代关系；不是谁主谁次，而是此长彼长；也不是谁强谁弱，而是优势互补。未来的人工智能，是基于多渠道、多产业的融合，但不管以何种形式存在，都是为了更好地服务于人，更便捷、迅速地解决问题。

母例素材

🔔 1. 名人名言

（1）新一代人工智能正在全球范围内蓬勃兴起，为经济社会发展注入了新动能，正在深刻改变人们的生产、生活方式。（习近平）

（2）当今世界，信息技术创新日新月异，数字化、网络化、智能化深入发展，在推动经济社会发展、促进国家治理体系和治理能力现代化、满足人民日益增长的美好生活需要方面发挥着越来越重要的作用。（习近平）

（3）未来10年，将是世界经济新旧动能转换的关键10年。人工智能、大数据、量子信息、生物技术等新一轮科技革命和产业变革正在积聚力量，催生大量新产业、新业态、新模式，给全球发展和人类生产生活带来翻天覆地的变化。我们要抓住这个重大机遇，推动新兴市场国家和发展中国家实现跨越式发展。（习近平）

（4）科学技术从来没有像今天这样深刻影响着国家前途命运，从来没有像今天这样深刻影响着人民生活福祉。（习近平）

（5）如果人工智能发展到一定程度，绝大部分人将成为无用的群体。尤其是在强人工智能时代，机器人有了人类的心理能力之后，能够被替代的工作种类将更多。（尤瓦尔·赫拉利《未来简史》）

（6）全面化人工智能可能意味着人类的终结。机器可以自行启动，并且自动对自身进行重新设计，速率也会越来越快。受到漫长的生物进化历程的限制，人类无法与之竞争，终将被取代。（霍金）

2. 母例素材

（1）人工智能，英文缩写为 AI，是对人的意识、思维的信息过程的模拟。人工智能可以像人那样思考、进行深度学习，甚至极有可能超过人的智能。李克强在 2017 年《政府工作报告》中明确指出："全面实施战略性新兴产业发展规划，加快人工智能、第五代移动通信等技术研发和转化，做大、做强产业集群。"这是"人工智能"这一表述第一次进入政府工作报告；同年 7 月，国务院发布《新一代人工智能发展规划》，将人工智能上升至国家发展战略。

（2）从智能家居、智能车载，到智能医疗服务、智能城市系统，人工智能把多元数据和信息集成化展现，让复杂的东西简单起来，让在信息时代无法触碰技术红利的普通人成为最大的受益者。试问，除了人工智能，又有哪种技术能在可见的时间轴中服务于普通人呢？对于绝大多数人来说，人工智能是公平的。

（3）尽管人工智能替代了某些简单的、重复性的岗位，但是，随着产业升级，人工智能又会刺激新的岗位出现。例如，亚马逊已在全球各地的仓库中"雇用"了超过 10 万台 Kiva 机器人，大部分执行工作均由其完成。与此同时，又衍生出数千个新型高技术含量的工作机会，亚马逊的人员则更加集中到新的工作岗位上，比如订单配对、货品挑选、消费者行为研究及新品研发。

可见，人类与机器人的关系更多的是互补与共赢，而不是单纯的替代与排挤。新技术在消灭旧工作的同时，也会创造出新的就业岗位。所以，人类不要过度悲观，应当积极面对、提升技能，适应新的技术变革。

（4）和其他科技的发展一样，人工智能也具有两面性，既能给人类带来巨大的财富，也可能带来不可预知的灾难。人工智能就像是一面镜子，其实都是人类自身的映射。对于失业和贫富差距增加，人工智能都只是起到了强化作用，解决这些社会问题的办法仍然在人类手中。至于机器人道德伦理问题和可能攻击人类的问题，也是人类目前可以去努力解决和防范的。人类在人工智能危机面前并不是无能为力的，而是大有可为的，正确利用人工智能是人类应该坚定的方向。

参考范文

拥抱人工智能，走技术创新之路

吕建刚

关于人工智能是福还是祸，它们是否会让很多人失业，甚至它们是否会取代人类，众说纷纭。而我认为，我们应该拥抱人工智能，走技术创新之路。

人工智能，可以补人之短。"尺有所短，寸有所长"，人类也有其与生俱来的短板。面对一片汪洋，只能望洋兴叹；设想一日千里，奈何蜗行牛步；试图展翅高飞，然而脚难离地。但是，技术创新可以解决这些难题，于是我们发明轮船渡过汪洋大海，发明汽车实现一日千里，发明飞机可上九天揽月。人总会有力所不能及之处，此时何不借助科技创新，实现自身无法达成的目标？如人类在计算能力上，无论是速度还是准确度，都无法与人工智能相较，这时，借助人工智能，无疑事半功倍。

人工智能，可以扬人之长。相对于人工智能，人类有自己独特的优势。比如人类更擅长常识的推理、创造性的思维、"跳出来"想问题，甚至是通过"直觉"来判断问题。而人工智能和其他发明创造一样，节省了人类的劳动力，让人类从繁重的劳动，尤其是低质量、重复性劳动中解脱出来，让人类有更多的时间从事更擅长的、更有价值的工作，甚至帮助人类推动技术革新，这岂不是一桩美事？

诚然，有人认为人工智能有风险，甚至有人认为人工智能会取代人类。我们承认，任何事物的发展都有其两面性，科技也不例外。但毫无依据地认为人工智能会取代人类无异于杞人忧天。其实，很多科学技术上的重大突破，都是伴随争议而生的。布鲁诺因为"日心说"被烧死在罗马鲜花广场，法拉第的电磁感应原理被人嘲笑毫无用处，达尔文因为"进化论"被嘲笑为猴子……但这些质疑无碍他们的伟大。人工智能也是如此，尽管被人质疑，但它对人类科技进步的推动是客观的、毫无疑问的。所以，绝不能因为人工智能有风险就否定之。

科技是第一生产力，人工智能则是重大科技突破。因此，我们要拥抱人工智能，坚定不移地走科技创新之路！

（全文共 756 字）

学生习作展示及点评

1. 习作一

善用人工智能

老吕弟子班学员　景

随着技术的发展，人工智能一步一步走入了人类的生活，许多人对此褒贬不一。我认为，应该要善用人工智能。 | 回扣材料，点明主题。

首先，什么是人工智能？人工智能并不是指它们具有了真正的"智能"，而是人类运用算法，赋予了它们一部分的"能力"，使得它们在遇见同类问题时，能够很快地做出计算、得出答案。人工智能的运用，能够将人类从大量重复而又烦杂的事物中脱离开，从事更多"高、精、尖"的工作，创造更大的财富。这可以提高社会总效益，所以我们要善用人工智能。 | 是什么。

其次，每一次技术的大变革，都会促进人类社会的发展。第一次工业革命，工厂出现了，许多商品都更便宜了，让大家都获得了实惠；第二次工业革命，电进入了千家万户，使大家都获得了便利。我认为，人工智能也是如此，大家应该善于利用人工智能的力量。 | 正：人工智能的作用。

但是，为何许多人对人工智能的发展而感到担忧，甚至不满呢？因为，他们害怕人工智能夺去他们的工作。就像铁路的出现，夺去了许多挑夫的工作；纺织机的出现，夺去了许多手工纺织工人的工作一样。 | 反：人工智能的问题。

然而，这点是无须担心的。<u>技术变革在夺取一些人低端烦琐的工作岗位时，也会创造更高端、更人性化的就业机会。而且，技术的发展也不是一蹴而就的。挑夫转身成了铁路工人，手工业者走进了工厂。善用人工智能，人们有足够的时间来适应大环境的转变，为自己找到一份更好的工作。</u> | 驳：不必担忧人工智能的问题。
画线句子的逻辑有问题。

⊙画线句子建议改为：技术变革在夺取一些人低端烦琐的工作岗位时，也会创造更高端、更人性化的就业机会。挑夫转身成了铁路工人，手工业者走进了工厂。而且，技术的发展也不是一蹴而就的，人工智能的发展也需要时间，人们有足够的时间来适应大环境的转变，为自己找到一份更好的工作。

怕的就是那些坐井观天的"青蛙"们！一味地缩在"乌龟壳"里、不想进步的人，只能被时代所淘汰。在这个社会日益发展、技术不断变革的大时代，我们不能故步自封地当一只"青蛙"，要不断了解新资讯，跟随时代的脚步，利用人工智能的力量来服务自己。 | 反驳材料中的"反方"。

人工智能的发展已是大势所趋，我们不能做阻拦大势的"螳螂"，要善用人工智能，使自己不断地进步，避免被时代所淘汰。

> **总评**
> 本文立意准确，中心明确，语言也较为通顺。文章多次点到材料，紧扣主题。可评为二类卷，分数区间为 26~29 分。

2. 习作二

珍视人工智能，展望美好未来

老吕弟子班学员　燕翔宇

面对人工智能的发展，有人抱乐观态度，有人持反对观点。技术变革的确会影响到人类生活的方方面面。是好是坏，难以定论。

而我认为，历史上每一次技术变革都会使人类社会向前发展，面对当下的人工智能，我们不妨以积极的态度对待它、珍视它①。

⊙问题①建议改为：

面对人工智能的发展，有人抱乐观态度，有人持反对观点。我认为，我们应该展望美好未来，拥抱人工智能。

每一场技术变革必将带来某些有利的方面，人工智能的到来也是如此。在过去，电话客服的工作只能由人承担，因为在那时只有人能够理解客户的需求，从而为客户提供服务。而如今随着人工智能的发展，智能 AI 语音已经取代人工电话客服，我们甚至已经无法分辨电话那端的声音究竟是人传来的还是人工智能传来的。不仅是电话客服，还有一些前台人员和餐厅服务员都变为 AI 机器人，甚至一些财务核算工作也通过人工智能完成②。这些转变都大大节约了成本，提高了效率，使生活更便捷。

人工智能的发展不仅方便了人们的生活与工作，还可以解决一些人脑无法解决的难题。面对海量的数据，人工智能能够匹配到最优的数据、最佳的方法，并能在极短的时间内完成运算。在备受瞩目的围棋人机大战中，人工智能就战胜了人类冠军，可见其运算能力的优势。借助人工智能，人类也能够解决某些更复杂的问题③。

⊙问题③建议改为：随着技术的不断完善，借助人工智能，人类甚至能够解决某些更复杂的问题，如医疗保健、能源供应等。

然而，人工智能的发展也确实带来了一些问题。人工智能毕竟有异于人类，无法理解人类的情感并提供相应的需求，有时也会曲解人类的真实意图。

①用两段才提出自己的论点不可取，不利于阅卷人阅卷。首段必须要用简洁明了的语言提出论点。

②例子过长，应简化。

③什么更复杂的问题？你在文章中并没有提及，显得没头没尾。

并且人工智能的出现剥夺了许多人的工作，造成失业问题。这些问题虽然对社会不利，但也会促使人往更高层次的方向发展。伴随着这些问题，我们依旧无法否认发展人工智能是利大于弊的④。

④让步句的连词使用不当，应该是"即使存在这些问题……"。

"科学技术是第一生产力"，面对人工智能的发展，我们应当珍视它。这样的技术变革一定会带我们走向更好的未来。

总评

全文能从正反两个方面分析人工智能的影响。但存在几个问题，一是例证过多，说理过少；二是对于人工智能的负面影响方面，要么你有切实的论据说明发展人工智能利大于弊，要么你提出解决人工智能负面影响的方法，但本文没有做到。文章可评为三类卷，分数区间为18~23分。

考场小贴士

一项决策有问题，我们为什么还要做这样的决策？有两种可能：一是利大于弊，二是问题可以解决。

2019年管理类联考论说文母题思路详解

真题原题

论说文：根据下述材料，写一篇700字左右的论说文，题目自拟。（35分）

知识的真理性只有经过检验才能得到证明。论辩是纠正错误的重要途径之一，不同观点的冲突会暴露错误而发现真理。

审题立意

🔔 1. 命题背景

2019年的这道题目，考的话题是"论辩与真理"。材料话题源于以胡福明为主要作者的《实践是检验真理的唯一标准》一文。

1978年5月11日，《光明日报》发表本报特约评论员文章《实践是检验真理的唯一标准》，由此引发了一场关于真理标准问题的大讨论。文章指出，检验真理的标准只能是社会实践，理论与实践的统一是基本原则，任何理论都要不断接受实践的检验。2018 年是中国改革开放 40 周年，而本年的考题也贴近了改革开放 40 周年的热点，回溯改革开放前夕的真理标准问题大讨论。

在实践的过程中，把个人观点放置于公共空间以接受他人的检验，让不同见解进行思想的碰撞与交锋，可以纠正错误、辨明方向。换句话说，"论辩"可以摆脱个人观点的片面性、局限性，让人的认识由片面到全面、由浅显到深刻，让人发现偏见、揭示错误，从而获得真理。真理不是一蹴而就的，是在论辩这一"实践"的过程中逐步获得的。

这道题目"论辩与真理"，可以借用 2016 年管理类联考真题"多样性与一致性"的分析思路，论辩的发生是因为信息存在差异，通过论辩可以实现多样性信息的交流互换；而真理象征的是一致性，真理是对全民认同的规律的总结。若想确保真理的真实性，需要通过论辩来实现。

2. 审题立意（"克罗特"审题立意法）

步骤	内容	分析
K	抓关键 （key words）	主题词：论辩、真理。 关键句：论辩是纠正错误的重要途径之一。
R	析原因 找寓意 （reasons）	2019 年考题材料比较简短，只有两句话。第一句表明真理需要检验；第二句说明论辩是检验真理的重要途径之一，不同观点的冲突和碰撞可以暴露错误、破谬存真。材料前后两句有递进的关系，侧重说明后一句的"论辩"，而非前一句的"实践"，核心逻辑是"论辩"与"真理"的关系，所以最佳立意方向为：论辩有助于发现真理。 论辩与真理，看似题目比较难写，但考生若能够熟练运用母理、套用模板文章，把陌生的内容转化为熟悉的知识，相对来说就比较容易了。
O	定对象 （objects）	材料说明了"论辩"可以发现真理，未出现带有寓意的对象，故此部分无须考虑。
A	辨态度 （attitude）	材料说明了"论辩"可以让人发现偏见、揭示错误，从而发现真理，突显了"论辩"的重要意义。此题宜认同材料的观点，不宜反驳材料的观点。
T	定立意 （theme）	结合以上四步分析，本题可以确定立意为——<u>真理越辩越明、论辩是发现真理的重要途径</u>。

母题母理分析

序号	步骤	分析
1	目标与收益	(1) 论辩使人发现真理 论辩是观点的碰撞、思想的交锋，交锋过程中所暴露的问题能够激发人们去进一步思考，从而发现和获得真理。 (2) 论辩使真理得以革新 任何客观科学真理的存在都不是一成不变的，论辩的过程中会暴露出对原有知识的认识偏差和缺陷，从而促使人们更深入地思考和探讨问题，使原有的认识逐渐精深与完善。
2	成本与风险	(1) 沉没成本 真理的发现往往需要长期的实践和论辩。然而，由于真理处在不断地变化之中，很可能在反复论辩之后，还是无法得出结论、寻得真理，那么前期投入的时间和精力都是无法挽回的沉没成本。 (2) 成本 真理的发现并非一蹴而就的，而是需要通过长期的实践与论辩。论辩，意味着要在独立思考、追寻真理的过程中做持续投入。 (3) 矛盾激化 如果冲突各方仅为输赢而辩，"剑走偏锋"，容易导致矛盾更加激化、冲突不断升级。
3	条件与约束	(1) 资源稀缺 时间、技术、经济等资源都是稀缺的，这使得我们往往无法过多地投入到"追寻真理的论辩"之中。 (2) 信息不对称 由于市场信息不对称，个体很难靠一己之力获得全面客观的信息。通过"论辩"听取他人想法、广泛了解情况，可以很大程度上摆脱局限性、片面性。 (3) 路径依赖 论辩所需要付出的机会成本太大，出于对现状的"路径依赖"，管理者往往不愿意冲破思想禁锢、鼓励踊跃发声。 (4) 自利性偏差 管理者往往因为担心"论辩所产生的问题，如果暴露了，则于己不利""论辩的结果让自己下不来台"等个人因素，动辄排斥和抵触论辩，不容许多元的思想碰撞。 (5) 盲从心理 从众心理是个体普遍存在的心理现象，通俗地说就是"随大流"。出于从众心理，当大多数人意见一致时，即使自己有不同的观点和思想，也会选择"沉默是金"。

续表

序号	步骤	分析
4	方法与行动	(1) 转变观念 　　论辩使得不同的观点相互碰撞，暴露其错误从而发现真理。无论是个人还是企业，都要培养"敢于同强权辩、同偏见辩"的精神，允许和接纳"异己之声"，不断地追求进步、探寻真理。 (2) 包容心态 　　论辩过程中，即便是错误的意见，也往往包含着部分合理性。在思想激荡的舞台上，论辩各方要以包容心对待论辩争鸣中不同的声音。无论是"扣帽子、抓辫子"的论辩方式，还是"不同即敌对"的思维模式，本质上都是狭隘的表现，无助于社会的进步、真理的探寻。 (3) 定位理论 　　要找准适合自己的方向和定位，保持客观思考、理性论辩的能力，既不能独断专行、固执己见，也不能盲目"随大流"，在论辩中丧失了自主思考的能力。 (4) 客观理性 　　论辩各方要保持客观理性，切勿非此即彼、非友即敌、非红即黑。非理性的辩论和交锋，除了固化成见、撕裂共识，恐怕不会有别的意义，更难以收获真理。

母题母理应用

思路	母理	分析
论辩的目标与收益	革新思想	通过"论辩"，让思想互动、观点碰撞，可以激浊扬清、破解难题、少走弯路。 　　从洋务运动的自强振兴到维新运动的变法图存，从辛亥革命的驱除鞑虏到新文化运动的民主科学，每一次进步都伴随着同守旧思想的激烈论辩。当下，全球经济一体化，各种思想相互激荡、文化相互交融、观念相互碰撞，论辩可以防止思想僵化，促进真理常新。
	避免决策失误	不同思想的碰撞，为决策提供了更广阔的视角和思路。在论辩过程中，相左的意见是难得的警醒，使管理者能够主动地避开前路上未曾预料的风险。包容"争鸣"，可以使决策更加科学合理、符合实际，能够有效避免决策失误。
	信息不对称	人是独立的个体，获得的信息往往不够全面，这就容易出现思维局限、想法片面甚至极端的情况。管理者如果独断专行、故步自封，不支持论辩、不听取意见，很可能由于主观因素影响做出错误决策，甚至产生巨大失误，给组织造成巨大的、难以挽回的损失。通过论辩可以减少这种失误。

续表

思路	母理	分析
追求真理的成本与风险	沉没成本	对于真理的判断比较复杂，需要经过深入的调研、长期的实践、反复的争论，才能得出科学的、正确的结论。然而，在做了大量的研究工作和反复的论辩之后，所得出的结论也有可能是双方各有一定道理。若无法寻得真理，前期投入的时间和精力都将是无法挽回的沉没成本。
	时间成本	由"争鸣"到"共鸣"需要时间，这使得追寻真理、产生决策的速度也会"慢"下来。论辩，需要调查研究、公开讨论，以求谋定而后动。然而，想所有人同等、同时获益很难，只有少数人获益又令人无法接受，只有绝大多数人获益才行。这就需要管理者在争鸣中协调各方利益，无疑增加了时间成本。
追求真理的约束与条件	信息不对称	在信息不对称的情况下，各方掌握的信息不同，思想往往会产生巨大分歧。如果各方都固执己见，或者"沉默是金"，信息无法顺畅地沟通和互换，错误和偏差也就无法显现。论辩，是解决信息不对称、打破思维局限性的重要渠道，可以推进发现真理的进程。
	路径依赖	跟随原定路线看起来省时、省力，而"论辩"就意味着要走出"舒适区"，不断革新自己的思想和观念、不断发现和解决问题。出于惯性思维，企业往往难以克服路径依赖，于是抗拒和抵触"不同的声音"，选择在惯性思维中禁锢着。
	自利性偏差	人们常把功劳归因于自己，过错归咎于他人。出于自利性偏差，若是论辩的结果取得了效益，人们往往认为全都得益于自己的观点；若是论辩的结果产生了不利影响，则容易把责任归咎于他人，认为是别人的思想造成了弊端。
	外部环境因素	人们不敢论辩，一个重要原因在于，觉得自己的观点"说了也白说"，搞不好还被"穿小鞋"。一些领导者在决策之前，虽然也会征求各方意见，但实际情况往往是：要么提意见的人范围有限、代表性不足，要么对"不同意见"舍大取小乃至听而不闻。更有甚者，把提出异议的人视为不听话的"刺儿头"，要么"封杀"，要么"设障"。如此一来，又有谁敢踊跃发声？
	从众心理	实验表明，只有极少数人能够保持独立性，所以从众心理是个体普遍存在的心理现象，通俗地说就是"随大流"。"论辩"，需要保持长期的自我思考能力和高度的独立性。因为受到从众心理的影响，人们往往难以真实表达出自己的想法，不愿意进行激烈的论辩。

续表

思路	母理	分析
方法与行动	提高知识储备	真理是人们对客观事物及其规律的正确认识，而论辩则是以一定的逻辑基础为规则，通过摆事实、讲道理的方式，与不同的观点进行交流交锋。真理正是在与其他思想的论辩中，更加清楚、明晰。 论辩不仅需要双方提供充分的论据，而且还要通过论证支撑所持论点。这就要求双方有一定的知识储备、对等的思想水平，有理有据、合规合法，才能让论辩发挥更大的价值。
	保持客观和理性	面对论辩，我们应该保持客观、理性的态度。如果论辩中发生冲突，要及时调整思考策略，从而找到知识的真理性，切勿让"摊开手掌"的相互论辩，成为"攥紧拳头"的相互攻击。
	建立制度及规则	应建立相应的监督及管理制度，健全激励机制，完善多重形式的论辩渠道，营造"敢于同强权辩、同偏见辩"的舆论氛围，鼓励各方积极发声。 对于政府来说，在一个多元社会，尊重不同的观念和声音，既是尊重公民的言论表达自由，也是为公民提供了一条释放情绪的渠道。公民的思想犹如河流，要让它顺畅地流动，就得有可以自由争鸣的"河床"，让不同群体可以平等地进行博弈、论辩。同时，也应建立严格和健全的法律监管制度，表达的自由和权利也应受到法律的约束，以防违法者以"论辩"为借口，肆意散布虚假信息，危害国家、社会和他人利益。
	心态	"兼听则明"，管理者要包容不同意见，培养企业"敢于论辩"的风气。只有允许各种不同声音的存在，听取各种不同的声音，才能比较全面客观地了解和掌握各方面情况，做出理性的判断和正确的决策。

母例素材

1. 名人名言

（1）真理常常藏在事物的深底。（席勒）

（2）论如析薪，贵能破理。（刘勰《文心雕龙》）

（3）事莫明于有效，论莫定于有证。（王充《论衡》）

（4）真理越辩越明，道理越讲越清。（黎汝清）

（5）真理之川从它的错误之沟渠中流过。（泰戈尔）

（6）没有思想自由，就没有科学，没有真理。（勒南）

（7）如果你想独占真理，真理就要嘲笑你了。（罗曼·罗兰）

2. 母例素材

（1）"鹅湖之会"是中国古代思想史上的第一次著名的哲学辩论会。陆九渊属于主观唯心论，他认为人们心中先天存在着善良，主张"发明本心"；而朱熹强调"格物致知"，认为格物就是穷尽事物之理。双方到鹅湖寺，就各自的哲学观点展开了激烈的辩论，从此有了"理学"与"心学"两大派别，对后世产生了巨大而深远的影响。

（2）1978年5月，《光明日报》发表特约评论员文章《实践是检验真理的唯一标准》，由此引发了一场关于真理标准问题的大讨论，暴露了国家在前进过程中的缺点和错误。正是由于这场"论辩"，我国重新确立了马克思主义的理论、路线、方针、政策和指导思想，开启了改革开放的伟大实践。由此可见，知识的真理性只有经过检验才能得到证明，论辩作为实践的途径之一，也会是检验真理的必由之路。

（3）春秋战国时期，各种思想学术流派的成就，与同期古希腊文明交相辉映。孔子、墨子、韩非子"群星璀璨"，儒家、墨家、法家"各成一家之言"。不同学派的"论辩"，铸就了春秋时期思想文化空前繁荣的景象。在学术自由的环境中，他们敢于不断论辩、探求和创新，冲破旧传统的思想束缚，极大地促进了学术的发展。论辩，可以让思想活跃、真理显现。

（4）法国科学家普鲁斯特，为了探索定比定律，同贝索勒进行了9年的论辩。在这期间，贝索勒向普鲁斯特提出了种种质疑，迫使他潜心研究，终于发现了定比定律。当人们为普鲁斯特庆功时，他执意要将一半的功劳归于贝索勒，因为他知道，这是贝索勒的质疑和这9年的论辩才使他获得了成功。

参考范文

容许论辩，方见真理

老吕弟子班学员　李珍

正如材料所言，论辩是纠正错误的有效途径之一，不同观点的冲突会暴露错误而发现真理。所以，在观点出现分歧和碰撞的时候，要容许论辩，宽于争鸣，方见真理。

凡事都用"正确答案"判断、"统一标准"衡量，只会使社会发展停滞，甚至"拉历史的倒车"。"八股文""样板戏"难道不是最好的例证吗？《四书》《五经》固然是经典著作，《沙家浜》《智取威虎山》也当属艺术精品。但以此为标杆、以此为准绳，断然不可取。凡事追求统一、讲求定式就可以获得功名利禄，谁还去创新？凡事都有样板、都有"规定"，谁还敢去创新？历史证明，没有人！所以，"唯标准是瞻"要不得，用唯一标准衡量更是要不得。

容许论辩、喜见争鸣，让不同的思想发声，才会发现真理。《论语》中有："知者乐水，仁者乐山；知者动，仁者静；知者乐，仁者寿。""山水、动静、快乐长寿"不分伯仲、不较高低，方能彰显"智者""仁者"不同的品格。先秦诸子"百家争鸣"亦是如此，孔子、墨子、韩非子……"群星璀璨"，儒家、墨家、法家……"各成一家之言"。不同学派的"争奇斗艳"、相互学习，铸就了春秋时期思想文化空前繁荣的景象。因此，要听见不同的声音，首先要有一颗想听到不同声音的心。

反观今天，很多管理者大搞"一言堂"，只要下属与自己的观点相悖，就怨之、怒之、孤立之甚至打压之。这种行为表面上看起来颇有魄力，实则独断专行，给下属以压迫感。久而久之，真正的人才难以施展才华，愤然离去；而"顺毛驴"们却凭着溜须拍马青云直上。管理者孤立了自己，成了孤家寡人，组织运营自然也每况愈下。

所以，管理者要允许不同观点的论辩，乐见不同声音的争鸣，从而暴露错误、发现真理！

（全文共687字）

学生习作展示及点评

1. 习作一

敢于论辩，发现真理

老吕口述　母题特训营学员花爷整理

标题没问题。

材料引入+明确观点。

诚如材料所言，知识的真理性只有经过检验才能得到证明。我认为，在不同的观点产生时，应鼓励它们之间的碰撞与交流，敢于论辩，方能发现真理。

①母理：信息不对称。

论辩，是发现真理和解决问题的有效途径。在信息不对称①、信息不完整的当今社会，信息优势方往往会凭借自身的有利条件来蒙蔽他人。但通过论辩，我们可以打开"上帝视角"，发现从前"看不见的背面"，让信息由不对称到对称，从不完善到逐渐完善，通过集思广益来丰富自己的思想，用一场又一场的头脑风暴探寻真理，以"大局观"来解决问题。

论辩，能帮助我们摆脱对过往路径的依赖。现实生活中，很多人对于"未来"的决策会受到"历史"经验的影响，从而影响决策的正确性。论辩给了我们用不同的眼睛看世界的机会，让我们从关注自身到留心环境，从沉浸历史到展望未来。这样便丰富了我们的"时空观"，从而提高了决策的有效性。

②母理：自利性偏差。

想让论辩发挥其最大效用，就要谨防"自利性偏差"②的陷阱。很多时候论辩失去其原意，由理性讨论到大肆争吵，再由破口大骂走向拳脚相向，都是因为我们难以站在客观的立场上去衡量他人的观点。而"屁股决定脑袋"式的思维常常使我们仅因维护自己的立场和脸面便拒绝论辩；"一言堂"的盛行，也是组织领导不愿其权威受到挑战、拒绝接受他人观点的结果。

因此，想要看到"百家争鸣"的景象，我们就要怀着一颗容纳异见的心。创造宽松愉悦的舆论环境，不仅是管理者的责任，还是每一个参与者的义务，如此方能让人人敢于论辩、乐于论辩、善于论辩，才能人皆尽其才，事必尽其智，才能真正让思想的碰撞擦出真理的火花。

名言引入，点明主题。

"一花独放不是春，百花齐放春满园。"敢于论辩，不惧于异见的挑战，方能暴露错误，发现真理！

> **总评**
>
> 本文立意准确，中心明确，结构完整。可评为一类卷，分数区间为30~32分。

2. 习作二

论辩方能见真理

老吕弟子班学员　黄静

正如"一千个人心中有一千个哈姆雷特"所言，人们的思想各异，现实中，论辩不可避免，但经论辩之后，真理才能浮现①。

⊙问题①建议修改为：

常言道，"一千个人心中有一千个哈姆雷特"，人们思想各异，论辩便不可避免。经过论辩之后，真理才能浮现。

"理不辩不明"，许多真理的发现都来源于论辩。内有春秋战国时期，百家争鸣，诸子百家各抒己见，多角度思维得以相互碰撞、相互影响，从而成就多部著作，流传百世。外则有"地心说"和"日心说"之争、"神创论"与"进化论"的冲突，才能得知太阳系和"适者生存"的真理。

然而，理非越辩越明②，争辩的发生往往来源于人们自身的利益冲突。即使是诸子百家，他们也曾是站在春秋各国的利益下，想要助各国统一天下。"神创论"和"进化论"的冲突，更是代表了宗教利益群体和追求新思想、解脱束缚的人们的利益分歧。激化的争辩更会演变成人身攻击，脱离了寻求真理的本质。正像当下的"键盘侠"，躲在键盘之后，相互指责，不容他人观点的差异。

况且，辩明真理后的纠错成本是真实存在的。越是知名的专家学者和有头有脸的公众人物，其认错的成本也随名声威望而增大了。除了之前错误的观点为他们带来了名利，让他们难以放弃这些名利之外，让人否定曾经的自己，更是难以做到。一旦权威们不肯纠错，普通民众更是难以发现真理，抑或是人微言轻，即便发现真理了也无法传扬，进而埋没了真理。

因此，论辩在客观和冷静的条件下③，才能使得真理浮现。面对他人观点时，学会包容与接纳，杜绝自利性偏差——有利于自己的观点，百般维护；不利于自己的观点，我视而不见。

所谓"博百家之长"，在理性的争辩中，思维的多样性带来的真理，方能使得社会进步。

①行文可优化。

②此处语气不当，应该是：真理未必能"越辩越明"。

③语序不对，建议改为：在客观和冷静的条件下论辩。

结尾没有问题。

> **总评**
>
> 文章立意准确，层次分明，说理有力。个别语句不够通畅。可评为二类卷，分数区间为 24~29 分。

2020 年管理类联考论说文母题思路详解

真题原题

论说文：根据下述材料，写一篇 700 字左右的论说文，题目自拟。（35 分）

据报道，美国航天飞机"挑战者"号采用了斯沃克公司的零配件，该公司的密封圈技术专家博易斯乔利多次向公司高层提醒：低温会导致橡胶密封圈脆裂而引发重大事故，但是这一意见一直没有受到重视。1986 年 1 月 27 日，佛罗里达州卡纳维拉尔角发射场的气温降到零度以下，美国宇航局再次打电话给斯沃克公司，询问其对航天飞机的发射还有没有疑虑之处，为此，斯沃克公司召开会议。博易斯乔利坚持认为不能发射，但公司高层认为他所持理由还不够充分，于是同意宇航局发射。1 月 28 日上午，航天飞机离开发射台，仅过了 73 秒后，悲剧就发生了。

审题立意

1. 命题背景

2020 年的这道题目，考的话题是"细节决定成败、具备危机意识、善于接纳异见"。材料源于 1986 年美国"挑战者"号航天飞机失事爆炸的真实事件。

1986 年 1 月 28 日，美国"挑战者"号航天飞机升空后，因其右侧固体火箭助推器的密封圈失效导致火焰泄露，毗邻的外部燃料舱在高温烧灼下结构失效，使高速飞行中的航天飞机在空气阻力的作用下于发射后的第 73 秒解体，机上 7 名宇航员全部罹难。

事实上，在"挑战者"号发射前一天的夜里，工作人员已经发现了这个问题，并向美国宇航局提出了紧急建议，要求推迟或者取消这次发射任务，然而建议并未被采纳。此外，之前也有专家认为，发射当天的气温在零度以下，低温会导致橡胶材料失去弹性，而密封圈从未在如此低的温度环境中进行过测试，如果坚持发射，可能导致密封圈在低温中破裂，从而发生不可预知的后果。但因为种种原因，火箭承包商和美国国家航空航天局高层最终没有将其作为推迟发射的理由，坚持认为发射可以如期进行。随后，惨剧发生了。

一个小小的密封圈，就导致了整个航天工程的失败，足以看出"细节"的重要性。同样，因为高层危机意识的匮乏、不善于听取专家意见，执意坚持发射，最终酿成惨剧。若是高层能够居安思危、尊重专家的意见、谨慎进行决策，便可以避免事故的发生，这也同样突显了企业"居安思危""善于接纳异见"的重要性。

2. 审题立意（"克罗特"审题立意法）

步骤	内容	分析
K	抓关键 （key words）	主题词：零配件、多次提醒、没有受到重视、重大事故。 关键句：……多次向公司高层提醒：低温会导致橡胶密封圈脆裂而引发重大事故，但是这一意见一直没有受到重视……悲剧就发生了。
R	析原因 找寓意 （reasons）	材料中，公司高层多次忽略了密封圈技术专家的提醒，执意认为"一个小小的橡胶圈"并不能成为推迟发射的理由，"挑战者"号也因为高层的疏忽大意，最终酿成惨剧。 一个"不起眼"的密封圈，就导致了飞机的爆炸解体，足以看出细节的重要性。考生可以从"细节决定成败、祸患常积于忽微"这一角度入手进行立意。同时，正是因为公司高层缺乏危机意识，多次忽略专家的意见，才导致了悲剧的发生。若斯沃克公司能够有危机意识，对建议给予足够重视，本可以避免事故。因此，考生可从"危机意识"或者"重视异见、善于接纳异见"的角度进行立意。
O	定对象 （objects）	材料引用了1986年"挑战者"号航天飞机失事爆炸的案例，未出现带有寓意的对象，故此部分无须考虑。
A	辨态度 （attitude）	材料讲述了"挑战者"号失事爆炸的案例，从不同角度体现出"注重细节""具有危机意识""善于听取异见"的重要性和必要性。本材料没有限定单一明确的立意，考生可切入的角度比较多，在话题范围内立意均可。
T	定立意 （theme）	结合以上四步分析，本题可以确定3个立意，分别为：①危机意识；②细节；③接受他人异见。

母题母理分析

1. 立意一：危机意识

序号	步骤	分析
1	目标与收益	（1）收益 危机意识的作用，主要是防范、化解重大风险。但一旦风险被化解，危机意识所带来的收益看起来就好像是"平安无事"，因此容易被人忽略。 （2）经济人假设 做出危机预案的是人，是管理者，而管理者往往倾向于选择能给自己带来更大利益的决策，而不是去化解有可能不会出现的风险。

续表

序号	步骤	分析
2	成本与风险	（1）成本 危机的预防，都是以投入人力、物力、财力为代价的。 （2）海恩法则 危机很少是由单一因素造成的，一般也不会毫无征兆地突然发生。危机一旦爆发，必定是多种不利因素的负面影响长期累积的结果。
3	条件与约束	（1）信息不对称 危机到来之前，往往有很多先兆，但因为信息不对称，这种先兆未必能被管理者看到并且重视。 （2）短视心理 与未雨绸缪相比，很多管理者更注重短期利益。 （3）缺乏转化危机为机会的能力 几乎所有的危机都包含危害性或潜在的威胁，同时，也孕育着新的认识和改进的机会，可以成为消除弊端、重新振兴的转机。但是，并不是所有的危机都可以由组织自身的力量化解。
4	方法与行动	（1）量变到质变 任何危机都有从量变到质变、从微疵到大错的经过，管理者要"居安思危"，做好事前控制，将问题扼杀在摇篮阶段。 （2）洛克忠告/墨菲定律 建立应对危机的相关制度并贯彻落实，这样组织成员的行为才能有所约束，进而有效减少工作失误，形成"居安思危、有备无患"的工作氛围。 （3）强化理论 让未雨绸缪者得好处，让引发危机者受惩罚。

2. 立意二：细节

序号	步骤	分析
1	目标与收益	（1）创新 很多突破性的创新，来源于对细节的改进，"精益求精"就是此理。 （2）危机 很多重大危机，源于对细节的忽略，"千里之堤，溃于蚁穴"就是此理。
2	成本与风险	（1）机会成本 越是重大的目标的实现，所涉及的细节越多。很显然，任何组织都不可能关注到全部细节。因此，区分哪些是关键性细节十分重要。在不该关注的细节上投入过多精力，会带来巨大的机会成本。 （2）边际效用递减 随着企业对细节投入的增多，相对应增加的收益会减少。斯沃克公司若反复进行密封圈质量测试，无疑会提高成本、减少利润。 （3）墨菲定律 管理者需要精细入微，揪住每一个隐患，因为只要有引发事故的可能，不管可能性多么小，这个事故迟早会发生。

续表

序号	步骤	分析
3	条件与约束	（1）资源稀缺 　　对于任何组织而言，时间、技术、经济等资源都是稀缺的，这使得企业无法过多地投入到细节建设中。 （2）自利性偏差 　　人们在分析外界事物时，通常会先入为主，进而产生错误判断，而为了避免这种以偏概全的错误，就需要我们时刻保持中立、客观的态度，并运用批判性思维去分析我们当下的境况。
4	方法与行动	（1）强化理论 　　应建立起相应的监督及激励机制，奖优惩劣。 （2）危机意识 　　敏锐地嗅到潜在的异常，关注细节，并加以管理制约，把隐患扼杀在摇篮中。 （3)"大处着眼"与"小处着手"有机结合 　　一个组织在注重细节的同时，也要把控发展大局，将二者统筹协调、形成合力，切勿一味地沉浸在细节把控中。

3. 立意三：接受他人异见

序号	步骤	分析
1	目标与收益	（1）整合资源 　　听取他人想法，广泛了解情况，可以有效地整合资源，在很多情况下就能够实现"躬行"的目的，甚至达到事半功倍的效果。 （2）瓶颈理论 　　听取他人异见，能够打破自身瓶颈，使自己少走或不走弯路、少犯错误或不犯重大错误。 （3）避免危机 　　异见未必是杂音，而可能是醒脑的良药，使管理者及时发现危机、解决隐患。如果斯沃克高层能够接纳异见，也许就可以提前发现危机，及时避免事故。 （4）多元发展 　　不同的意见代表着多元的想法或创意，是组织的优良资产和重要战略资源。

续表

序号	步骤	分析
2	成本与风险	(1) 经济损失 　　管理者在工作中如果听不进他人异见，很可能做出错误决策，甚至产生巨大失误，造成重大损失。 (2) 一言堂 　　若是管理者始终独断专行、固执己见，在这种"一言堂"的工作氛围里，只会让下属言路闭塞，不敢进言。 (3) 缺乏自主思考的能力 　　若是管理者一味听取他人意见，丧失了自主思考的能力，动辄盲目决策，也会给组织带来巨大损失。
3	条件与约束	(1) 自利性偏差 　　管理者往往存在自利性偏差，容易犯主观片面的毛病，不能全面、客观地看待问题、认识自己。 (2) 形式主义 　　工作中，经常会出现听归听，别人意见说了再多也没用，最后自己该怎么干还怎么干，充满形式主义的"走秀"。 (3) 路径依赖 　　接纳异见、改变现状所需要付出的机会成本太大，出于对原有业务和模式的"路径依赖"，管理者往往不愿听取和接纳异见、做出行动。 (4) 盲从心理 　　当大多数人意见相符，只有少数人出现了相左意见时，管理者很难做出理性客观的判断，往往更倾向于做出符合大多数人声音的决策。
4	方法与行动	(1) 豁达心态/容错心理 　　管理者应有豁达大度、虚怀若谷、广采博取和容错的心态。 (2) 实践出真知 　　对于任何事情而言，想要解决问题，必须明白：实践才能出真知。 (3) 辩证思维 　　管理者在听取多方意见时，应当用辩证思维处理问题，经过细致地分析、研究，决定取舍。 (4) 取长补短 　　任何企业、工作都不可能在方方面面做到尽善尽美，只有善于取长补短，才能更好地处理各种复杂工作。

母题母理应用

1. 立意一：危机意识

思路	母理	分析
具备危机意识的收益	提高抗风险能力	具备危机意识的组织，其抗风险能力会大大增强。处在竞争中的各方，为了追逐更大的利益，难免会用出极端手段。在外部发生剧变时，有危机意识的组织做好了风险预案，可以更从容地应对危机，进而在激烈的竞争中存活。
	马太效应	在企业竞争中，管理者应时刻保持危机意识。当我们想在某一个领域保持优势时，由于"马太效应"的存在，就必须在此领域迅速做大。"富者更富，穷者更穷"，保持领先就是一种优势的积累。
没有危机意识的问题	规模"不经济"	若企业缺乏危机意识，盲目扩大经营规模，会产生"规模不经济"。企业会逐渐出现信息传递速度减慢、信息失真等弊端，再加之管理者不能做到"居安思危"，动辄盲目决策，将导致企业无法有效预防风险。
	海恩法则	一个良好可持续经营的组织，应当具有超前的危机意识。"冰冻三尺，非一日之寒"，组织的危机很少是由单一因素造成的，一般也不会毫无先兆地突然发生，"海恩法则"讲的就是这个道理。危机一旦爆发，必定是多种不利因素的负面影响长期累积的结果。
条件与约束	信息不对称	事实上，在危机到来之前往往有很多先兆。但因为市场上存在信息不对称，这种先兆未必能被管理者看到并且重视。所以，组织即使精雕细琢产品服务、严格把控质量安全，市场预期依然存在极大不确定性。
	路径依赖	很多企业在经营过程中，容易看不到外部环境的变化和潜在的危机。其中一个重要原因就是"路径依赖"，企业往往沉浸在既得的利益中，忽视危机，只得以破产、倒闭告终。我们应该看到，若错失了机遇，那么企业将会是原地踏步，淹没在激烈的市场竞争洪流中。
	破窗效应	企业在经营过程中，应当时刻保持危机意识，预防"破窗效应"的出现。事实上，令行禁止的规则是保证企业效率的前提，失去了规则的约束，企业内部的不良行为会变成"破窗"，将会降低内部控制的有效性，增加运营风险。因此，企业须确保自身高效运营，否则极易在激烈的市场竞争中落败。

续表

思路	母理	分析
方法与行动	货币时间价值理论	管理者既要未雨绸缪，也要居安思危。货币时间价值告诉我们，钱生钱，并且所生之钱会生出更多的钱。当企业的运行符合预期之时，管理者切不可安于现状，要察觉到其中的危机，积极找寻可靠的投资机会，为组织获得市场先机，收获更大的价值回报。
	适度	管理者在处理危机时应注意适度。在企业发展壮大的过程中，管理者难免会因为收益的不断累积而导致忽视潜在风险，产生盲目扩张等行为。这就需要管理者依据实际情况做出决策，不可一味追求大规模，而打破企业内部生产的平衡。管理者需明确，外部的大环境固然重要，但实打实的硬本事，才是企业的发展之基。
	方法	企业实现规模效应固然重要，但也需讲究应对危机的方式、方法。管理者需全面、清晰地了解各方面生产运营状况、可能存在的潜在危机，对症下药，做出最正确的判断、最合理的决策。基于此，做出最翔实的计划，贴合企业实际情况地扩大生产规模，最大化避免危机，进而实现规模效应。

2. 立意二：细节

思路	母理	分析
注重细节的收益	光环效应	重视细节的组织，会形成"光环效应"。在向消费者传递良好信号的同时，在消费者头脑中建立良好的预期，从而确保自己的产品可以建立"强势品牌"。在"光环效应"的影响下，消费者对这个企业的产品也会给予较高评价。
	提高存活率	"祸患常积于忽微。"在市场竞争日益激烈残酷的今天，任何细节都可能成为"成大事"或者"乱大谋"的决定性因素。对细节的重视，相当于为安全生产架设了"防火墙"，可以提升企业在竞争中脱颖而出的概率，从而提升生存能力。
	防范风险	大祸隐患常在细微处。如同"挑战者"号的失事，一些特大安全事故，往往带有突发性、意外性、复杂性的特点，看似防不胜防、难以避免，实则萌生于日常被忽视的隐患、潜藏于不负责任的细节。企业在细节处严防把控、层层把关，可以对安全隐患进行有效排查，对安全链条的薄弱环节进行整改，将隐患扼杀在摇篮中。
	瓶颈理论	企业的成功离不开高效运营，而提升效率的关键在于解决瓶颈。注重细节的企业，往往能够更及时地发现、解决企业发展过程中的瓶颈，有效提高企业的经营效率，从而提高收益。

续表

思路	母理	分析
不注重细节的收益	信息不对称	企业在细节上"不修边幅"，短期内的确会带来收益。由于市场中存在高度的信息不对称性，即使企业缺失对产品细节和质量的打磨，也会存在循环往复地进行"割韭菜"的行为。如同密封圈的供应商，如果不是出现了重大事故，本可以"虚应故事"，继续赚取收益。
	短期收益	企业在细节上"不修边幅"，短期内的确会带来收益。对"小细节"姑息迁就，可以省下用于细节把控的投入，从而节约成本、提高收益。相反，若是企业注重细节，则需要投入人力、金钱等大量资源。如同斯沃克公司，降低了密封圈的测试标准，确实可以使企业当前的利益达到最大化。
注重细节的成本与风险	机会成本	企业对产品细节的打磨，意味着要付出相对更高的机会成本。把控细节意味着要付出大量人力、时间、金钱等资源，而这些资源本可以用于获得其他方面的收益。
	信息不对称	企业精打细磨出的产品和服务，由于市场信息不对称，未必受到消费者认可。消费者对行业内幕知晓度低、选择面窄，企业在历经长期的"精益求精"之后，市场需求已经发生剧变，原本花费巨大心思打磨出的产品，也就变成了有违时代潮流的"过时品"。
不注重细节的风险	量变到质变	任何企业发展的停滞，都有一个从量变到质变、微疵到大错的过程。"不矜细行，终累大德"，小事、小节上的放纵，对企业发展的影响是渐进的、隐蔽的，却也可能是致命的。犹如温水之于青蛙、蚁穴之于大堤，常常能使企业在不知不觉中陷于困境、在安逸中丧失能力。
	破坏企业形象	企业对细节的忽视，最终会破坏企业品牌形象。由于产品或服务质量的下降，会降低消费者的消费意愿，久而久之将损害企业声誉，严重影响企业的生存与发展。正如"挑战者"号因密封圈而失事爆炸，密封圈的供应商斯沃克的企业形象也会受到严重破坏。
条件与约束	路径依赖	管理者往往"懒得"在日常细节管理上下功夫。出于惯性思维，往往无法做到防患于未然，且出于对原有业务和模式的"路径依赖"，管理者可能会抗拒和抵触接纳他人意见。
	信息不对称	在市场经济活动中，各类人员对有关信息的了解是有差异的。在信息不对称的情况下，企业注重细节的品质、精心打磨的产品未必会被消费者认可和接受。然而，由于市场存在极大的不确定性，凡事"马大哈""走钢丝"的企业，却有可能牟利。
	利益损失风险/短视心理	企业重视细节，也就意味着要放弃一部分眼下的既得利益。在自身利益受到动摇的情况下，管理者在面对细节打磨、风险防控等方面时，很可能出现"说起来重要、做起来次要、忙起来不要"的现象。

续表

思路	母理	分析
方法与行动	自我约束	管理者需以零容忍的态度做好细节排查，切勿抱着侥幸心理漠然处之。许多细节处的隐患并非管理上的死角，发现这些隐患也并非难事，而难就难在管理者以怎样的态度对待它。如果对这些安全隐患估计不足、管理不细，一些倾向性、苗头性的风险没有得到及时排除，往往就会积小患成大患，酿成不可挽回的损失。
	建立规章制度	企业要想健康、长远地发展，建立细节性的规章制度是尤为必要的。针对问题制定合理、具体、可操作性强的规章制度，使员工认真遵循，让这些规章制度起到约束和指导作用。其实，做好细节管理，才能提高企业的整体管理水平，进而有利于企业文化的塑造和企业经济效益的提高。
	赫洛克效应	细节反馈在企业管理中是不可或缺的。如赫洛克效应所言，只有通过反馈，有关部门和个人才有机会获知其工作过程中出现的错误细节，才能对自己的工作状况进行及时了解和把握，从而明确更有效地完成工作的方法。

3. 立意三：善于纳谏

思路	母理	分析
接纳意见/异见的收益	避免决策失误	不同的意见，为决策提供了更广阔的视角和思路。在决策过程中，相左的意见不是"毒药""投枪"，而是改进决策的"良方"。尊重不同意见，可以使决策更加科学合理、符合实际，从而避免失误甚至是事故。
	瓶颈理论	每个人都有自己的短板和认知盲区。善于听取他人的意见，能够打破自身瓶颈，使自己少走或不走弯路、少犯错误或不犯重大错误。斯沃克公司若是听取了密封圈专家的建议，就不会酿成惨剧。
	整合资源	管理者的时间和精力有限，很难做到事必躬亲。管理者认真听取他人想法、广泛了解真实情况，在进行比较、综合、分析后，可以有效进行资源整合，在很大程度上可以摆脱局限性、片面性，甚至达到事半功倍的效果。
	吸引人才	管理者善于听取和接纳不同意见，可以形成和谐的企业氛围，增强决策透明度和员工参与度，形成积极良性的正向反馈。而且，善于听取异见的管理者和企业，往往有着更广阔的胸襟和更优质的发展平台，对于人才有更强的吸引力。

续表

思路	母理	分析
不听意见/异见的风险	劣币驱逐良币	不善于接受异见的管理者，易使企业产生"劣币驱逐良币"的局面。若是管理者私心作祟，听到于己不利的"异见"，动辄回避、妥协，向利润和收益低头，最终只能造成人才流失、企业活力降低，进而产生"劣币驱逐良币"的局面，酿成无法挽回的大错。
条件与约束	自利性偏差	人们常把功归于自己，过推脱于他人。出于自利性偏差，管理者听取了他人意见后，若是取得了效益，往往容易把功劳归于自己；若是听取意见后的决策产生了不利影响，则容易把错误归咎于他人。如此一来，也就没有人敢于、愿意提出异见。
条件与约束	从众心理	在出现极个别异见的时候，由于从众心理，管理者很难做到客观判断、独立思考，更容易做出"少数服从多数"的决策，从而造成社会资源浪费、公众利益受损。
方法与行动	取长补短	"人无完人"，人总是有优点、有缺点，有长处、有短处。任何企业、工作都不可能在方方面面做到尽善尽美，总是有成绩、有不足，有进步、有差距。只有善于取长补短，才能更好地处理各种复杂工作。
方法与行动	豁达心态/容错心理	管理者应有豁达大度、虚怀若谷、广采博取和容错的心态。善于听取来自各方面的不同意见，即使出现失误，也可以包容，向下属传递鲜明的鼓励和支持信号，从而更有利于企业的发展。
方法与行动	正视问题	做到善于纳谏，需要管理者能够正视问题的存在。实事求是地肯定成绩、总结经验，同时指出问题、克服不足，管理者才能始终保持清醒的头脑，不断发展进步。能够看到差距和不足，就是承认客观事实，这是勇于正视问题的表现，也是纠正问题、改进工作的重要前提。
方法与行动	辩证思维	管理者经常会处于各种意见的包围中，这些意见来自各个方面，内容也多种多样。在听取批评性、建议性、分歧性等意见的过程中，应当用辩证思维处理问题，经过细致地分析、研究，决定取舍。

母例素材

1. 名人名言

立意一：细节

（1）大礼不辞小让，细节决定成败。（汪中求）

（2）天下难事，必作于易；天下大事，必作于细。（老子《道德经》）

（3）千里之堤，以蝼蚁之穴溃；百尺之室，以突隙之烟焚。（《韩非子·喻老》）

（4）无视细节的企业，它的发展必定在粗糙的砾石中停滞。（松下幸之助）

立意二： 危机意识
（1） 夫祸患常积于忽微，而智勇多困于所溺。（欧阳修《伶官传序》）
（2） 备豫不虞，为国常道。（吴兢《贞观政要·纳谏》）
（3） 居安思危，戒奢以俭。（魏徵《谏太宗十思疏》）
（4） 安不忘危，盛必虑衰。（班固《汉书》）
（5） 祸兮福之所倚，福兮祸之所伏。（老子《道德经》）
（6） 生于忧患，死于安乐。（孟子《孟子·告子下》）

立意三： 善于纳谏
（1） 在我党的一切实际工作中，凡属正确的领导，必须是从群众中来，到群众中去。（毛泽东）
（2） 聆听他人之意见，但保留自己之判断。（威廉·莎士比亚）
（3） 兼听则明，偏信则暗。（魏徵）
（4） 良药苦口利于病，忠言逆耳利于行。（司马迁《史记·留侯世家》）
（5） 多见者博，多闻者智，拒谏者塞，专己者孤。（桓宽《盐铁论·刺议》）

2. 母例素材

立意一： 危机意识

（1）"温水煮青蛙"的实验尽人皆知。面对滚烫的开水，巨大的痛苦会让青蛙一跃跳离危险；但在舒适的温水中，青蛙却丧失了警惕意识，最终在危险到来之时失去逃生能力。"温水蛙"可悲又可怜，但仔细思量，"温水"的舒适又有几人能抗拒？渐变的"水温"又有几人能察觉？苏轼在《晁错论》中说道："天下之患，最不可为者，名为治平无事，而其实有不测之忧。"舒适的"温水"正如表面上"治平无事"的大环境，但缓慢升高的"水温"正如"不测之忧"。若在安逸的环境中丧失了居安思危的忧患意识，只会在挑战降临之际丧失应对能力，沦为可悲又可怜的"温水蛙"。

（2） 1998 年夏天，凶猛的洪峰一连八次扑向湖南。塔山英雄旅的战士们冒着高温，战斗在抗洪一线，严防死守，挥汗如雨。为了让战士们能喝上一口水，湖南省水利厅向湖南中康长沙水有限公司购买了万瓶"长沙水"。意外的事发生了，不到半天，喝了"长沙水"的战士中，有多人严重腹泻、肚子疼痛难忍、呕吐、发烧。当打开剩余的一箱"长沙水"后发现，除了一瓶没有沉淀物外，其余的都有碎片、青苔和悬浮物，此举引起了广大抗洪官兵和群众的极大愤慨，而中康公司的董事长非但没有给出一个满意的答复，反而盛气凌人，当众喝了一瓶有悬浮物的"长沙水"，并称自己没事。湖南省产品质量监督检验所通过对"长沙水"进行质量检验后发现，"长沙水"在感官、总固形物、电导率及细菌总数等方面都不符合要求，为不合格品。至此，新闻媒体纷纷开始披露"长沙水"喝倒"抗洪英雄"的内幕，中康公司陷入了四面楚歌的危机。

（3） 1988 年，法国著名的矿泉水"碧绿液"被美国食品与医药管理局检验有致癌物质，事发后，该公司在世界著名的公关专家的指导下，通过新闻媒体做出积极反应，公司总裁宣布收回销往世界各地的全部产品，就地销毁。另外，公司通过研究后发现，这是一起因没有定期更换过滤装置而导致的人为事故，并通过媒体公之于众。之后，公司迅速采取相关措施，生产出新的"碧绿液"产品，一方面通过媒体大力宣传，另一方面将新产品标以"新产品"字样，公司此举重新赢得了消费者的信任，也为该公司带来了巨额利润。

(4)《伊索寓言》里有这样一则故事:森林里有一只野猪不停地对着树干磨它的獠牙,一只狐狸见了不解地问:"现在没看到猎人,你为什么不躺下来休息享乐呢?"野猪回答说:"等到猎人出现时再来磨牙就来不及啦。"野猪抗拒被捕猎的利器,不是它那锋利的獠牙,而是它那超前的"危机意识"。

立意二: 细节

(1) 宝洁旗下的产品"汰渍洗衣粉"一经推出,就受到消费者的追捧。但从第3年开始,汰渍洗衣粉的销量开始下滑。宝洁销售部门调查后发现,产品广告中,倒洗衣粉的时间一共是3秒,而其他品牌的洗衣粉只有1.5秒!相差的这1.5秒钟,给人带来"汰渍洗衣粉用量比较大"的感觉。宝洁公司广告部门迅速做出反应,将广告宣传片中倒洗衣粉的时间缩短,很快,汰渍洗衣粉的销量又开始回升,一年后,重回洗衣粉销售量龙头的位置。这次事件给了宝洁公司很大启示:做企业必须关注一切细节,哪怕1.5秒的失误也不能放过,因为决胜很可能就在于1.5秒。

(2) 有一家叫"风火轮"的小速递公司,它的一位投递员从城北赶到城东已是满头大汗、气喘吁吁。为了保证"非典"时期客户的安全,这位快递员按公司规定见客户时戴上了口罩。他双手捧起快件递到客户手中,说声"让您久等了,请把快件收好"。小小的"风火轮"公司以其守信和特别的细节——口罩,赢得了客户的信任,一时之间,闻名遐迩。谁会想到关键时刻是细节让企业出类拔萃,也是细节让企业败给对手。

立意三: 善于接受他人意见/异见

(1) 任正非斥资40亿学费师从IBM,悉心接纳专业团队的经营建议,这种胸怀、格局与意志力,在中国5 000年历史中无疑是空前的,在世界经济发展史上也极为罕见,这也正是华为登上世界通信科技巅峰的关键因素之一。华为的例子告诉我们,企业想要发展,必须虚心听取意见、接纳多方思想,积极做出改变。

(2) 刘邦西入咸阳后,"见秦宫室、帷帐、狗马、重宝、妇女以千数,意欲居之",樊哙问他:"是想要得天下呢,还是想要仅仅成为一个富翁?"刘邦答道:"当然要得天下了。"樊哙于是说:"既然你想得天下,那就'请急还霸上,无留宫中'。"张良也极力支持樊哙。刘邦听取了大家的意见,忍痛割爱,退出咸阳,还军霸上。这一行动,使刘邦争得了政治、军事上的主动,对最后的获胜具有极其重要的战略意义。

参考范文

立意一: 危机意识

预防危机胜过处理危机

吕建刚

世人皆知危机预防优于危机处理,然而,一枚小小的橡胶密封圈居然造成"挑战者"号航天飞机爆炸的严重后果,不禁让人扼腕叹息!

无独有偶，《汉书·霍光传》也记载了一个同样的故事：有位客人发现主人家的烟囱是直的，旁边又有很多木材，就建议烟囱要改曲，木材须移去，否则将来可能会有火灾。主人却不以为然，不久后主人家里果然失火。这就是成语"曲突徙薪"的由来。

现实生活中，类似的故事更是不断上演。"防患于未然"的标语嘴上说说、纸上写写、墙上挂挂，预防危机的实际行动却不见踪影。这是为何？一方面，未雨绸缪最大的成功不过是平安无事，既无赫赫之战功，亦无煌煌之美名；另一方面，在很多人眼中，所谓未雨绸缪，不过是徒增成本而已。侥幸心理让他们认为，反正危机不一定发生，我为什么要付出这么多时间、精力、金钱去做一件根本不会产生利润的事呢？因此，他们往往对表面文章乐此不疲，而对预防式的事前控制和事中控制敬而远之。

然而，"祸患常积于忽微"。任何危机的发生都有一个从产生隐患、酝酿发展，再到偶然触发的过程，也都有一个从量变到质变、从微疵到大错的经过。所以，危机意识的匮乏、事前控制的缺失往往会引发难以控制的恶性后果。无论是"挑战者"号航天飞机爆炸事件，还是无锡高架桥侧翻事件，抑或是厦门地铁塌陷事件，皆是如此。这也正是海恩法则告诉我们的：每一起严重事故的背后，必然有29次轻微事故和300起未遂先兆以及1 000起事故隐患。

因此，事后补救不如事中控制，事中控制不如事前预防。试想，如果"挑战者"号的管理者们多一点危机意识，多一些事前预防，认真思考专家的忠告，也许就不会有航天飞机爆炸的恶性后果了。

"明者远见于未萌，而智者避危于无形。"记住，处理危机不如预防危机，亡羊补牢难比未雨绸缪！

（全文共727字）

立意二： 细节

细节决定成败

老吕助教　芦苇

"挑战者"号因为一个微不足道的橡胶密封圈，升空后仅73秒便发生爆炸，着实让人扼腕叹息。由此可见，盛满之功常败于细微之事，细节决定成败。

对细节的重视，往往会提升企业在竞争中脱颖而出的概率。注重细节的企业，往往更容易关注到企业经营的瓶颈，并着手去解决掉其限制，这将有效提高企业的效率。另外，注重细节的企业，生产的产品或提供的服务质量通常会超过市场平均水平。而高质量不仅可以提高企业自身的区别性，也会给消费者以更稳定严谨的预期，这种预期会直接反映到产品的销售上，有利于提升企业整体的效益。

反之，"祸患常积于忽微"，忽略细节往往会导致危机出现。墨菲定律告诉我们，如果一件事有变坏的可能，不管可能性多小，这件事终究会发生，并往最坏的结果发展。对每个企业而言，赚取利润无可厚非，但获取利润需要以安全生产为前提。管理者作为企业的掌舵人，更需要精细入微，揪住每一个隐患，不因事小就坐视不理。

那么，企业该如何做到注重细节并预防隐患呢？首先，管理者需要有危机意识，能敏锐地嗅到潜在的异常，并加以管理制约，把隐患扼杀在摇篮中。其次，企业内部应当建立合理的规章制度，以确保生产的各方面不出现纰漏。最后，借由教育培养员工的责任心和主人翁意识，确保制度有力执行，并规避个人可能造成的失误。

"天下难事，必作于易；天下大事，必作于细。"管理者在细微处更要如履薄冰、如临深渊，切不可怀有丝毫侥幸心理。

（全文共 588 字）

立意三： 善于接受他人意见/异见

管理决策应集思广益

吕建刚

"挑战者"号航天飞机爆炸事故，让笔者扼腕叹息！叹息之余，不禁设想一个问题：如果美国宇航局能够重视和采纳专家的意见，是否就可以避免这一事故发生呢？可见，管理者应集思广益、科学决策。

首先，集思广益是科学决策的客观要求。很多决策都是在"信息不完整""信息不对称"的情况下做出的。由于位置不同、视角不同，管理者可能很难站在其他角度想问题，更不可能掌握所有决策相关信息。这个时候，多听听别人的意见和建议，就可以打开"上帝视角"，发现从前"看不见的背面"，让信息由不对称到对称，从不完善到逐渐完善，通过集思广益来丰富自己的思想，从而做出科学决策。

其次，集思广益是决策者的内在需要。"尺有所短，寸有所长"，管理者不可能是全才，多数管理者仅仅是某一领域或某个方面的行家里手，在其他方面一定有其短处。在自己不擅长的领域，多听听别人的建议和意见，就显得尤为重要。"挑战者"号航天飞机爆炸事故中，那几位发现问题的工程师就掌握了决策者不具备的知识和技能，发现了决策者没发现的问题。可见，集思广益能提高决策的科学性。

要做到集思广益，一方面要重视专家意见。专家之所以成为专家，是因为他们是相关领域的特定人才，对其研究领域有一定的发言权，因此，对他们的意见应该给予一定的重视。另一方面，要广开言路，让普通人也有发言权。普通员工，尤其是一线员工，往往比高高在上的管理者更容易发现一些问题，因此，他们的意见也值得重视。

总而言之，管理者不能独断专行，搞"一言堂"，而应该营造人人勇于提意见、人人乐于提建议的轻松氛围，这样才能集思广益、科学决策。

（全文共 663 字）

学生习作展示及点评

1. 习作一

织牢"临事而惧"的防护网
老吕弟子班学员　张英俊

标题没问题。

"挑战者"号失事的惨剧，留给世人的不应只是震惊和心痛，更应是警戒和醒悟。企业要时刻保持"临事而惧"的危机意识，才能"临危不乱"。

材料引入+明确观点。

企业具备"见于未萌"的洞察力，才能更好地生存。当前，我国发展形势严峻，"黑天鹅"频发、"灰犀牛"不断，风险的表现形式愈发复杂。企业若做不到谨小慎微，安全必不能长久，危险随时可能袭来。保持如履薄冰的谨慎、检视细枝末节的隐患，方能更加从容地应对危机，在厮杀激烈的红海竞争中得以立足。

正面论证。

然而，在小事、小节面前，很多企业说起来头头是道，做起来缩头缩脑，这是为何？无非是"利益诱惑"和"心怀侥幸"。有的企业为了节省成本、提高收益，在细节建设上能省则省，在安全检查前百般应付；有的企业始终存有侥幸心理，只要事故的重锤没砸到自己，就万事大吉，继续"走钢丝"。出于<u>短视心理①</u>，企业难免会落入"说起来重要、做起来次要、忙起来不要"的怪圈。

①母理：短视心理。

②母理：海恩法则。

但是，企业应该意识到，这样的行为并非长久之计。<u>海恩法则②</u>告诉我们，任何危机的发生，都有一个从产生隐患、酝酿发生再到偶然触发的过程，也都有一个从量变到质变、从微疵到大错的经过。不注重细节处的隐患，危机一定会发生，只是时间早晚而已。从无锡高架桥侧翻到泉州酒店坍塌，企业做不到"万无一失"，迟早会"一失万无"。

简明扼要，点明主题。

"聪者听于无声，明者见于无形。"当只有做好防范的"雨伞"，才能避免"被拍打入深海"的命运。

> **总评**
> 文章的问题在于，字数不达标。可套用老吕教大家的"正反析驳"结构进行补充。
> 内容可评为二类卷，分数区间为24~28分。

2. 习作二

胜败诞于乎微之间，成事必重以巨细

老吕弟子班学员　王勤俊

1986年1月28日上午，短短的73秒，一架航天飞机失事，一个小小的橡胶密封圈带来了如此严重的后果。可见，胜败诞于乎微之间，成事必重以巨细。

夫祸患常积于乎微，细节影响成败。我们国家在本次疫情中，从教育百姓戴口罩的小事到整个城市的封城行动，事无巨细，大事小事一起抓，因此"新冠肺炎"的防控战斗不断取得胜利。常言道："欲速则不达。"只有踏踏实实走好每一步，方能远致千里；用心接好每一滴原酿，方能蒸得一缸美酒。

然而如今，有许多人只注重大事，也只愿做大事，享受大事带来的无限风光，却不屑埋头苦干做好手头小事，认为拘泥于烦琐小事枯燥无味，既不能带来赫赫功名，又难成丰功伟业，此类观点着实欠妥①。殊不知宏宏大事是由一件件小事构成的，没有一簇簇细枝绿叶、一团团嫩草鲜花，哪里来的满园春色山头红②？

大多数人不注重细节，他们或许不是故意为之，而是未能发现细节在成功中的重要作用。如材料中的美国航天飞机"挑战者"号的惨案，仅仅是由于没有重视橡胶密封圈的脆裂。同样，瑞幸咖啡也是如此，如果投资者留意一点中国百姓不习惯喝咖啡的关键的生活细节，便能轻易发现瑞幸"让咖啡成为中国人的刚需"根本就是难以实现的。

所以，细节决定成败，是由它对成功的关键作用决定的。许多不是关键的小事被忽视，可能当前显示不出影响来，也或者产生了影响却未能被人们发现，但有些关键的地方被忽视了，就能立即引发剧烈的后果。

只有把每件小事都做好了，才能成就大事。胜败诞于乎微之间，成事者必定巨细兼顾。

总评

本文试图使用"正反析驳"结构，但驳的力度不够，使得文章难以成立。另外，段落内部也有啰唆之处。文章可评为三类卷，分数区间为18～24分。

第 5 章 早年MBA联考论说文真题超精解

2004 年 MBA 联考论说文母题思路详解

真题原题

论说文：根据下述材料，写一篇700字左右的论说文，题目自拟。（35分）

一位旅行者在途中看到一群人在干活，他问其中一位在做什么，这个人不高兴地回答："你没有看到我在敲打石头吗？若不是为了养家糊口，我才不会在这里做这些无聊的事。"旅行者又问另外一位，他严肃地回答："我正在做工头分配给我的工作，在今天收工前我可以砌完这面墙。"旅行者问第三位，他喜悦地回答："我正在盖一座大厦。"他为旅行者描绘大厦的形状、位置和结构，最后说："再过不久，这里就会出现一座宏伟的大厦，我们这个城市的居民就可以在这里聚会、购物和娱乐了。"

审题立意（"克罗特"审题立意法）

步骤	内容	分析
K	抓关键 （key words）	主题词：喜悦、盖一座大厦。 关键句：他喜悦地回答："我正在盖一座大厦。"
R	析原因 找寓意 （reasons）	①"这个人不高兴地回答……"，第一种人代表的是一种混业的态度，往往表现为混日子。这种心态的人对待工作上的事情不太认真，只是被动地完成任务，将职业当作生计，得过且过。 ②"他严肃地回答……"，第二种人代表的是一种敬业的态度。这种心态的人往往尽责、本分、遵守规矩，常常会得到他人的肯定。 ③"他喜悦地回答……"，第三种人代表的是一种乐业的态度。这种心态的人往往热爱工作，享受工作过程，乐在其中，充满热情，把工作和实现自我价值相结合，视职业为事业，从而产生内在自我激励。

续表

步骤	内容	分析
O	定对象 (objects)	第一种人：做事混日子的人。 第二种人：尽责、敬业的人。 第三种人：热爱、享受工作，乐业的人。
A	辨态度 (attitude)	职业心态分为积极和消极两种，积极的职业心态包括乐业和敬业，消极的职业心态则主要表现为混业。 材料中命题人明显倾向于第三种人，也就是积极心态的人。
T	定立意 (theme)	结合以上四步分析，本题可以确定立意为：①为理想而奋斗的人是快乐的；②人生需要积极的态度。

母题母理分析

序号	步骤	分析
1	目标与收益	(1) 马斯洛需求层次理论 　　在工作中，人们要以自我实现为价值导向，努力挖掘自己的潜力，使自己越来越成为自己所期望的人物。 (2) 灯塔效应 　　个人：设定远景目标，树立事业与自我价值结合实现的"灯塔"。 　　企业：企业的可持续发展在于创造力、核心价值以及行为准则的"灯塔"精神。培养独特的企业文化，是企业稳定发展的基础。 (3) 内因与外因 　　内因：乐业心态产生的自我驱动力更强大。 　　外因：一个怀有乐业心态的人心中往往有美好的愿景。一个好的环境更容易促使其达成目标，实现心中的美好愿景。
2	成本与风险	(1) 机会成本 　　为了这份事业而放弃拥有其他事业的机会，或利用一定资源获得某种收入时所放弃的另一种收入。 (2) 沉没成本 　　在实现理想的过程中，我们需要付出成本，如时间、金钱、精力等，且这些成本有可能不可收回。 (3) 成本分析 　　要想把一份事业做成功，往往是不容易实现的，它需要持续不断地努力。在这个过程中，相应的成本风险会增大。

续表

序号	步骤	分析
3	条件与约束	（1）资源稀缺性 自身资源有限，无法支撑自我价值的实现。 （2）瓶颈理论 每个人都会存在着不同方面的薄弱点。 （3）信息不对称 信息不对称的存在，使得很多人很难树立适合自己的理想。 （4）自利性偏差 只看到事物好的一面，不管理想是否符合实际。
4	方法与行动	（1）合作 借助他人的帮助，可以创造更大的收益。 （2）强化理论 对正面的行为进行奖励，从而使这种行为得到加强；对负面的行为进行惩罚，从而削弱这种行为。 （3）定位理论 给自己一个明确的定位。 （4）短期激励 适当地给予自己一些短期激励，加强乐业心态和职业责任心，认真、积极对待工作。 （5）帕金森定律 列好计划，让行为有所约束，提高效率。 （6）幸存者偏差 抛弃掉"别人行我也行"的心态，在综合评估自身实力的基础上树立理想。 （7）边际效应 在实现理想的过程中，要预防对理想的行动力递减行为，保持对理想的持续热爱。

参考范文

论乐业

老吕团队　芦苇

　　材料借一位旅行者的询问，引出了三位工人对自己工作的看法。在我看来，把自我实现与职业联结到一起，乐业才是我们应该追求的。

　　何为乐业？"今天工作好辛苦啊！"相信总会有人向你抱怨过，但是什么不辛苦呢？人生中，如果能从自己的职业中领略出趣味，生活才更有价值，所以乐业即是趣味。

事实上，乐业是一种内在激励，是一场职业价值与自我的对话。材料中的第三位工人就是如此，他将职业生涯视为事业，通过事业发展实践与他人和社会建立沟通和对话的关系，而这种关系发展的程度，可以视作其事业发展的水平。依据"灯塔效应"设定远景目标，树立事业与自我价值结合实现，能带来精神上的愉悦。长远来看，事业发展良好的人有更强的乐业心态，而乐业心态也促进了我们更好地发展事业。

然而，把乐业心态持续不断地保持下去并非易事。首先，把一份事业做成功往往是不容易实现的，依据"破窗效应"，在实现理想的途中若有一刻没有坚持，则容易产生放弃心理。其次，因每个人的成长环境不同，自身也会存在着不同方面难以攻克的瓶颈，这时"瓶颈理论"所带来的负面效应随之产生。

所以，我们应避免消极混日子的心态出现。第一，在追求自我实现的道路上，预防"边际效应"导致事业行动力的递减行为，保持对理想的持续热爱。第二，依据"定位理论"，给自己一个明确、合理的自身定位。第三，适当地给予自己一些短期激励，加强乐业心态和职业责任心，认真积极对待工作。

其实，乐业的根源在于每个人自身对职业的价值判断，背后是我们对职业价值的高度认同。同时，自我实现也强化了我们的乐业心态。

孔子曾说："其为人也，发愤忘食，乐以忘忧，不知老之将至云尔。"如材料中的第三位工人，将职业和自我价值实现相结合，投入热爱，享受过程和成果，才会有更好的发展。

（全文共722字）

2005年MBA联考论说文母题思路详解

真题原题

论说文：根据下述内容，自拟题目，写一篇短文，评价丘吉尔的决策，说明如果你是决策者，在当时情况下你会做出何种选择，并解释决策依据。700字左右。（35分）

第二次世界大战时期，英国首相丘吉尔曾做出一个令他五脏俱焚的决定。当时盟军已经破译了德军的绝密通信密码，并由此得知德军下一个空袭目标是英国的一个城市考文垂。但是一旦通知这个城市做出任何非正常的疏散和防备，都将引起德军警惕，使破译密码之事暴露，从而丧失进一步了解德军重大秘密的机会。所以丘吉尔反复权衡，最终下令不对这个城市做任何非正常的提醒。结果考文垂在这次空袭中一半被焚毁，上千人丧生。然而，通过这个密码，盟军了解到了德军在几次重大战役中的兵力部署情况，制定了正确的应对策略，取得了重大的军事胜利。

审题立意（"克罗特"审题立意法）

步骤	内容	分析
K	抓关键 （key words）	关键句： ①写一篇短文，评价丘吉尔的决策，说明如果你是决策者，在当时情况下你会做出何种选择，并解释决策依据。 ②考文垂在这次空袭中一半被焚毁，上千人丧生。然而，通过这个密码，盟军了解到了德军在几次重大战役中的兵力部署情况，制定了正确的应对策略，取得了重大的军事胜利。
R	析原因 找寓意 （reasons）	这是一个案例分析型的作文，题干要求分析丘吉尔的决策，而不能写其他内容。
O	定对象 （objects）	无
A	辨态度 （attitude）	题干明确表示"你会做出什么决策，并给出决策依据"。因此，对于丘吉尔的决策，你可以赞同，也可以不赞同。不过从材料的结尾来看，丘吉尔的决策是成功的，命题人倾向于你赞同这一决策。
T	定立意 （theme）	①认同丘吉尔的决策。首先，丘吉尔站的角度是正确的，他是站在整个第二次世界大战获取胜利的全局的基础之上，而不是仅仅这一次所遇到的情况，他的决策是符合整体目标的；再分析丘吉尔所遇到的情况，也可以看出，这个决策不是最佳决策，但是这是一个最满意的决策。 ②不认同丘吉尔的决策。首先，每个生命都是宝贵的，考文垂的居民有生的权利；其次，让考文垂的居民做防备工作，只是可能暴露密码破译之事，并非必然。

母题母理分析

序号	步骤	分析
1	目标与收益	（1）成本收益分析法 权衡保住情报来源和保住考文垂之间的收益与成本。 （2）经济人假设 决策应该以利益的最大化为依据，丘吉尔的决策牺牲了一个城市，但是保住了一个国家。

序号	步骤	分析
2	成本与风险	（1）群体压力 丘吉尔的决策可能会关乎战场的成败，会背负很重的群体压力。 （2）沉没成本 为了国家最终的军事胜利、获得更大的收益，现在所放弃的沉没成本，就是考文垂这个城市的"千人丧生"。
3	条件与约束	短视心理 拯救考文垂可能符合眼前利益，但未必符合战争的长远胜利。
4	方法与行动	（1）博弈论 在危机环境下，要作出最佳的决策理论。 （2）评价一个决策的依据 评价一个决策正确与否，确切地讲，就是衡量它的有效性，通常从以下几个方面着手：第一，决策者是否了解客观环境；第二，决策者是否了解内在因素；第三，决策者是否具有远见性和预见性；第四，决策者是否便于控制决策的执行。决策的有效性具体表现在决策本身的目标性、可行性、满意性、选择性、过程性、动态性和经济性。

参考范文

1. 范文一

令人心痛但是正确的决策

吕建刚

在百般焦急和痛苦的抉择之中，丘吉尔确定放弃考文垂。在我看来，他的决定虽令人心痛，却是正确的。

首先，决策应该符合总体战略目标。的确，上千人的牺牲代价确实十分高昂，但实际上，想赢得战争的胜利，这样的代价是难以避免的。因为，丘吉尔是第二次世界大战中盟军的统帅之一，保证战争的胜利是他的战略目标，也是他的决策依据。

其次，决策应该以利益的最大化为依据。丘吉尔其实面临的是一个"两难处境"，此时的任何决策都不可能是完美决策，那么我们就应该选择一个相对满意的方案，这个方案当然是利益最大化的方案。在战场上，信息优势就是决策优势，这种决策优势有较大可能会转化为战争优势，这就是《孙子兵法》中所说的"知己知彼，百战不殆"的道理。因此，丘吉尔为了获取信息优势而放弃转移考文垂的居民，是为了赢得最终的战争胜利，这会在未来挽救更多的居民，是利益最大化的选择，应该被支持。

最后，决策应该具备可操作性。转移考文垂的居民说起来容易，但要做到，则具备一定的困难。转移居民需要时间，居民转移以后需要新的安顿地点，转移过程中如果被轰炸，则危险更大。因此，与转移考文垂的居民相比，保住情报来源是更具备可操作性的选择。

当然，我们支持丘吉尔的决策，并不代表着我们是不近人情的，更不代表我们是冷血的。考文垂居民的牺牲无疑是令人心痛的，战争的发起者应该被谴责、被唾骂。我们现在身处和平之中，很难切身体会丘吉尔这看似冷血的抉择。但如果你注意到这组数据：第二次世界大战期间死亡人数近6 000万，受伤人数1.3亿，合计伤亡人数达到近1.9亿，你就知道丘吉尔为了避免更大的伤亡而做的决定是正确的。

综上所述，丘吉尔的决策是符合决策有性效的要求的，是好的决策，第二次世界大战以盟军的胜利而告终也说明了这一点。

（全文共729字）

2. 范文二

拯救考文垂

丘吉尔的做法并不明智，如果我是决策者的话，我会决定提醒考文垂的居民疏散并防备。

首先，对于考文垂的居民来说，如果不提醒他们，显然是不公平的。根据近代西方法哲学理论，人之所以会让出一定的权利（比如说自由）而组成一个国家，为的就是得到生存的权利，使自己不被比自己强大的敌人杀害，而丘吉尔做出的决定很明显违背了人民建设国家的目的，他的决定注定会造成无数人丧生和城市的毁灭。如果这种事情被广大群众知道真相的话，人民又怎么会相信这个国家、相信政府？最严重的后果就是这个国家被自己的人民推翻，而不需要外来敌人的入侵。所以，作为政府的首相，我会选择告诉人民真相，疏散人民并加强防备。

其次，人人都是平等的，每个人都拥有生存在这个世界上的权利，而不为别人去牺牲，当然，除非他们自愿。可是，丘吉尔滥用了人民赋予他的权力，剥夺了考文垂人民最基本的人权——生存权和知情权，让那个城市的人民一夜之间成为莫名其妙的替死鬼！明知即将被轰炸，政府不去主动保护也就罢了，但不做任何提醒而任由敌人肆虐的做法，这无异于是对自己人民的屠杀！

再次，丘吉尔并不能预知未来，又凭什么认为当人民暗暗地做出了疏散和防备就会引起德军的怀疑呢？德军轰炸考文垂发生在1940年11月。据我们所知，至少在3个月前，丘吉尔就已经利用这个密码所破译出来的情报预先进行了有针对性的布防，结果不仅成功地粉碎了德国的"海狮计划"，而且并没有因此就使得破译密码的秘密暴露！

所以，无论从哪个角度看，我都不会赞同丘吉尔的做法。如果我是决策者，我会毫不犹豫地把真实情况告诉考文垂，提醒当地的居民疏散并防备——当然，也尽量不要引起敌人的注意。

（全文共 682 字）

2006 年 MBA 联考论说文母题思路详解

真题原题

论说文：根据以下材料，围绕企业管理写一篇论说文，题目自拟。700 字左右。（35 分）

两个和尚住在东、西两座相邻的山上寺庙里，两山之间有一条清澈的小溪。这两个和尚，每天都在同一时间下山去溪边挑够一天用的水，久而久之，他们就成了好朋友。光阴如梭，日复一日，不知不觉已经过了三年。有一天，东山的和尚没有下山挑水，西山的和尚没有在意："他大概睡过头了。"哪知第二天，东山的和尚还是没有下山挑水；第三天、第四天也是如此，西山的和尚担心起来："我的朋友一定是生病了，我应该去拜访他，看是否有什么事情能够帮上忙。"于是他爬上了东山去探望他的老朋友，到达东山的寺庙，西山和尚看到他的老友正在庙前打太极拳，一点也不像十天没喝水的样子，他好奇地问："难道你已经修炼到可以不用喝水就能生存的境界了吗？"东山和尚笑笑，带着他走到寺庙后院，指着一口井说："这三年来，我每天做完功课后，都会抽空挖这口井。如今终于挖出水来了，我就不必再下山挑水啦。"西山和尚不以为然："挖井花费的力气远远甚于担水，你又何必多此一举呢？"

审题立意（"克罗特"审题立意法）

步骤	内容	分析
K	抓关键 （key words）	主题词：不必再下山挑水。 关键句：①东山和尚笑笑，带着他走到寺庙后院，指着一口井说："这三年来，我每天做完功课后，都会抽空挖这口井。如今终于挖出水来了，我就不必再下山挑水啦。" ②西山和尚不以为然："挖井花费的力气远远甚于担水，你又何必多此一举呢？"
R	析原因 找寓意 （reasons）	材料讲述的是两个和尚挑水的故事，故事的结果是东山和尚不必再下山挑水，而导致这个结果的原因和手段是"三年来""抽空挖这口井"，"挖井"相较于"挑水"可认为是"创新"。当然，也可以认为"挖井者"有长远眼光。

续表

步骤	内容	分析
O	定对象（objects）	从企业管理者的角度出发： 西山和尚：固守原有发展路线、敬业模式。 东山和尚：创新企业战略发展，并得到良好的反馈结果和长期收益。
A	辨态度（attitude）	材料明显偏向"东山和尚"的做法，所以，考生应认同材料的观点，并立足企业管理者的角度进行论述。
T	定立意（theme）	结合以上四步分析，本题可以确定立意为：勇于创新，居安思危，未雨绸缪，以发展眼光看问题。

母题母理分析

序号	步骤	分析
1	目标与收益	（1）经济人假设 　　逐利是企业的天性，而创新可以展现企业的独特竞争优势，进而帮助企业获得超额利润，长期来看，可以使企业利益最大化。 （2）供需关系 　　企业在前进困难的情况下采取创新战略，可以创造新的需求，和消费者建立新的供需关系。 （3）马太效应 　　"马太效应"的真谛，就是强者愈强而弱者愈弱。先一步拥有更多资源的人，往往会有更多的发展机会，可以利用已有资源获得更多利益；在激烈的市场竞争中，一成不变者极易被淘汰。 （4）资产 　　新的创新成果往往有可能成为企业重要的无形资产，可以为企业带来经济效益。
2	成本与风险	（1）机会成本 　　要想实现创新，企业必须放弃通过其他途径可能获得收益的机会，这就是实现创新的机会成本。 （2）沉没成本 　　创新面临着很大的不确定性，当前期投入成为沉没成本的时候，会影响决策。 （3）安泰效应 　　盲目进行创新可能会导致企业丧失原有的竞争优势，脱离了自己习惯的领域，很可能会遭遇挫折。 （4）搭便车 　　企业在"为天下先"的同时，也会面临着被其他企业"搭便车"的风险。在市场竞争中处于弱势的群体，往往会采取模仿跟随战略。如此一来，企业突破、创新得来的成果，往往会被一些没有投入的企业共享。

序号	步骤	分析
3	条件与约束	(1) 资源稀缺 企业极易面临缺少人才、钱财、技术等因素的情况，从而造成创新困难。 (2) 信息不对称 企业在创新过程中很可能得不到及时的市场反馈。 (3) 路径依赖 对原有方法的熟悉可能会使企业丧失创新动力，事实上，重新选择的机会成本对企业而言代价太大，所以往往会用最习惯的方式做事。
4	方法与行动	(1) 定位理论 创业者更应注重培养清晰的战略思路创新意识，具备较成熟的运行模式，制定清晰的市场定位，明确产品观念以及从各方面满足市场需求，从而选择适合自身的发展之路。 (2) 赫洛克效应 创新过程中需要利用反馈机制，不断修改创新策略。 (3) 博弈论 正如智猪博弈，小企业应该选择维持现有生产，等待机会；大企业则应大刀阔斧改革创新，使用谋略使自身利益最大化。

参考范文

成功源自创新

西山和尚日复一日挑水，而东山和尚却三年如一日挖井，终于喝到了甘甜的井水。可见创新的重要性，其实不止故事里的和尚，企业同样需要树立创新意识。

创新，意味着对旧有机制的打破和新机制的建立。材料中的东山和尚就是突破了日复一日下山挑水的"老办法"，以挖井的"新机制"开辟出一条全新的道路。这对于现代企业同样适用，"三只松鼠"牢牢抓住政策机遇，做出正确的经济发展战略，把握消费者消费观念的转变并迎合其需求变化，创新产品理念，打开品牌知名度和营销渠道，顺应如今互联网经济转型的趋势，走多元化可持续的发展之路。它的成功就在于没有拘泥于原有的运作模式，而以创新的勇气迈向了新的市场，从而成就了企业的发展与壮大。

相反，不创新的企业，则很容易陷入困境之中。以东阿阿胶为例，频繁、大幅地提价，却并未带来利润的显著提升，阿胶囤积、市场不再"买账"，最终面临经济上的"滑铁卢"。我们应该看到，资本市场上的征战从来不附加怜悯，企业必须对内外条件的变化进行战略平衡，选择新的生存与成长模式，更应着眼于全局，追寻产品的核心要义，专注于研发，与市场的需求相匹配，找到其价值所在，挽回消费者信心。

然而，创新之声一路高歌，仍有企业在原地踏步，这是为何？因为创新虽然会带来丰厚的市场回报，但这建立在巨大的研发投入且成功的前提下。创新意味着高风险的"烧钱"，成败未卜，而坚持现有的产品也能占据较大的市场份额，仍然可为股东创造增量收益。基于成本效益原则，即便深知创新的重要性，仍有企业会选择固守原有的模式。

所以，创新并非无原则的破旧立新，而是需要遵从客观规律的指导。正如材料中的东山和尚，在山上挖井是创新，若其在沙漠中挖井，岂非自讨苦吃？对企业而言，在经营发展中，也必须遵从市场上的客观规律。若想一蹴而就，或是盲目地另辟蹊径，只会如中关村无数投机、浮躁、跟风的小企业一样，终将走向破产。

和尚取水方式的创新带来了省时、省力的良好效果，企业经营管理的创新同样能够成为一场竞争的成功动力。

（全文共 824 字）

2007 年 MBA 联考论说文母题思路详解

真题原题

论说文：根据下述材料，写一篇 700 字左右的论说文，题目自拟。（35 分）

电影《南极的司各脱》，描写的是英国探险家司各脱上校到南极探险的故事。司各脱历尽艰辛，终于到达南极，却在归途中不幸冻死了。在影片的开头，有人问司各脱："你为什么不能放弃探险生涯？"他回答："留下第一个脚印的魅力。"司各脱为留下第一个脚印付出了生命的代价。

审题立意（"克罗特"审题立意法）

步骤	内容	分析
K	抓关键 （key words）	主题词：第一个。 关键句：他回答："留下第一个脚印的魅力。"
R	析原因 找寓意 （reasons）	材料引用了电影《南极的司各脱》中，英国探险家司各脱到南极探险的故事。司各脱在南极留下了第一个人类的脚印，尽管付出了生命的代价，但他开创了历史的伟大先河，其敢为天下先、执着追求理想的精神十分令人敬佩。材料中反复出现关键词"第一个"，可以看出材料对于司各脱的态度偏于支持，考生可以从"勇于为先、执着信念"的角度切入进行立意。 此外，考生切勿因为看到材料中出现了"不幸冻死、付出了生命的代价"等字样，就片面消极立意，一味否定司各脱的行为。

续表

步骤	内容	分析
O	定对象 （objects）	材料中引用了电影《南极的司各脱》中探险家司各脱的故事，未出现带有寓意的对象，故此部分无须考虑。
A	辨态度 （attitude）	尽管材料只是引用了电影故事，命题人没表现出明确的态度，但既然引用了司各脱的事例，考生还是需要从积极的角度进行立意，学习司各脱"勇做第一、敢为天下先"的精神。此题宜认同材料的观点，不宜反驳材料的观点。
T	定立意 （theme）	结合以上四步分析，本题可以确定立意为：敢为天下先、坚持理想信念。

母题母理分析

序号	步骤	分析
1	目标与收益	（1）马太效应 由于资本市场中存在着马太效应，市场上的资源是向强势方聚集的，因此，敢为人先者一旦建立优势，往往会吸引更多资源而强化自己的优势。 （2）品牌效应 勇于探索、敢为人先的企业会形成"光环"，可以向消费者传递良好的信号，从而确保自己的产品可以建立"强势品牌"。
2	成本与风险	（1）机会成本 想要"为天下先"，需要投入人力、物力、财力，而这些投入本可以用于企业经营的其他方面。 （2）沉没成本 "第一个留下脚印的人"并非每次都能够准确地把控市场需求，一旦结果失败，之前的投入可能都会成为沉没成本。 （3）安泰效应 企业若是为了追求超额的利润而盲目冒进，忽略甚至脱离了企业现有的产品和业务条线，将会造成更大的损失。 （4）劣币驱逐良币 若是企业和社会不给"第一个留下脚印的人"试错的机会，就势必导致开拓者勇气不足，造成劣币驱逐良币的局面。
3	条件与约束	路径依赖 出于对原有业务的"路径依赖"，企业和管理者极易失去放手拼搏的勇气和动力。

续表

序号	步骤	分析
4	方法与行动	（1）定位理论 企业应结合自身优势和实际情况，明确自己的定位，同时，还要时刻保持理性，切勿因为丰厚的利润而盲目冒进。 （2）墨菲定律 企业需建立一套有效的风险防范与规避机制，在"敢为天下先"的过程中，加强对风险的把控能力。

参考范文

敢闯敢试，敢为人先

探险家司各脱历尽千辛，最终在南极留下了第一个人类的脚印。尽管回程途中不幸冻死，但这种"敢为人先"的精神依然值得管理者学习和深思。

敢为人先的企业，才能履险如夷。当前经济一体化的背景下，产品同质化现象严重。企业若流连于红海的竞争之中，将愈发难以创造未来的获利性增长。面临复杂的风险考验，企业敢为人先、另辟蹊径，能够避免绝对竞争、奠定开局优势、抢占市场先机、开创全新市场，在厮杀激烈的红海中化危为机，不断地打逆风球、走上坡路。

敢为人先的企业，才能长足发展。放眼全球，新一轮产业变革正在兴起，经济社会日新月异。在全球化、信息化迅猛发展的新时期，想要谋求发展，就必须在产品布局、营销策略以及品牌打造等各方面具备更强的实力。企业只有锐意进取、大胆突破，从"跟跑者"变为"领跑者"，才能在市场竞争中掌握主导权，成为经济发展的领航人。

诚然，敢为人先的征程中，总是伴随着不可避免的风险。想做"第一个留下脚印的人"，就要面对极大的不确定性——成功倒好，一旦失败，前期投入的时间、金钱等资源都会变成沉没成本，责任又要谁来承担？出于风险考虑，管理者屡现畏首畏尾、回避等待的态度也就不足为奇。

然而，没有敢闯敢拼，就没有创新进步。从华为独立研发芯片科技自立，到斯柯达打响SUV战略头炮大杀四方，只有大胆突破、敢为人先，才能激发经济全球化的不竭动能。相反，若是一味地重跟进、轻突破，将难以顺应发展趋势，难逃被市场淘汰的命运。

敢存远志，敢为人先。管理者要有"第一个留下脚印"的魄力和勇气，才能在经济发展中抓住新机遇、创造新价值。

（全文共654字）

2008 年 MBA 联考论说文母题思路详解

真题原题

"原则"就是规矩，就是准绳。而在日常生活和工作中，常见的表达方式是："原则上……但是……"。

请以"原则"和"原则上"为议题写一篇论说文，题目自拟，700 字左右。(35 分)

审题立意（"克罗特"审题立意法）

步骤	内容	分析
K	抓关键 （key words）	主题词：原则、原则上。 关键句："原则"就是规矩，就是准绳。
R	析原因 找寓意 （reasons）	材料解释了"原则"的含义。原则就是规矩，是一切行为的准绳。然而在日常生活和工作中，尽管人们能意识到"原则"的存在，知道"原则"需要遵守，但在实际执行过程中，却经常以"原则上……但是……"来偏离甚至打破原则。这种置原则于不顾的态度当然不可取，所以考生可以从"坚守原则""坚决贯彻原则"为角度进行立意。
O	定对象 （objects）	材料解释了"原则"的含义，未出现带有寓意的对象，故此部分无须考虑。
A	辨态度 （attitude）	尽管命题人没表现出明确的态度，但材料中已经明确表明"原则是规矩和准绳"，而规矩和准绳就是时刻都需要遵守的原则和标准，所以可以体现出"原则"的必要性和"遵守原则"的重要性。此题宜认同材料的观点，不宜反驳材料的观点。
T	定立意 （theme）	结合以上四步分析，本题可以确定立意为：坚守原则、少些"原则上"。

母题母理分析

序号	步骤	分析
1	目标与收益	短期利益 凡事都讲原则、守底线，势必会损失一部分既得收益；不守原则，短期确实可能获得显而易见的收益。

续表

序号	步骤	分析
2	成本与风险	（1）机会成本 　　对企业而言，遵守原则、坚守底线，意味着需要投入人力、物力、财力等资源，而这些投入本可以用于企业经营的其他方面。 （2）破窗效应 　　如果对破坏原则的行为置之不理，会有众多人争先效仿，最终破坏社会秩序，形成破窗。 （3）劣币驱逐良币 　　如果违背原则的成本极低，获得的收益却极高，长此以往，必将产生劣币驱逐良币的后果。
3	条件与约束	信息不对称 　　对企业而言，在信息不对称的情况下，企业坚持原则、恪守底线，也许未必会被消费者发现和认可，反而违规企业，倒是可以找关系"通融"、借权力"放行"，从而获得不菲的收益。
4	方法与行动	（1）法律制约 　　政府应在法律法规方面有所约束，当破坏原则的成本高于违规收益时，人们就失去了破坏原则的动机。 （2）自我约束 　　我们应保持高度自律、建立守则意识，远离"原则上"。

参考范文

坚守原则，杜绝"原则上"

吕建刚

"原则"和"原则上"，一字之差，含义却有霄壤之别。社会要想良性发展，必须坚守原则，杜绝"原则上"。

常言道："国有国法，家有家规。""没有规矩，不成方圆。"这就是原则。原则的主要作用是协调利益关系。因为人类社会中，资源是稀缺的，利益是有限的，但人的欲望却是无穷的，这就要求有一个人人接受并且遵从的利益分配方案——原则——来确定利益边界，保护你的利益不受侵犯，也防止你侵犯他人的利益。

然而，日常生活中，我们却常听到一句话："原则上……，但是……"，其含义非常简单：原则上是应该这样，但我找个理由通融一下，就可以凌驾于原则之"上"了。它表面看似遵从原则，实则挣脱了"原则"的约束，使很多违规行为有了冠冕堂皇的借口。

"原则上"的大量出现，和心理学上的"自利性偏差"有关——对我有利的，我百般维护；不利于自己的，我视而不见。所以，"原则"加一个"上"字，就可以为我所用、为我服务、为我牟利。

若是放任"原则上"的肆意发展，对破坏原则的行为置之不理，将产生无法逆转的严重后果。因为，如果破坏原则者总是获益，守原则者总是吃亏，人人就失去了遵守原则的动力，原则无人遵守、形同虚设，将出现劣币驱逐良币的恶果。

要避免原则名存实亡，一方面需要我们每个人加强自我约束，每起一心、动一念，都要不逾规矩、不破原则；另一方面，要加强对破坏原则的行为的处罚力度。让坚守原则者得甜头、违规违则者吃苦头。当破坏原则的成本高于收益时，人们自然就失去了逾越原则的动力。

古语有言："不检束，则心日恣肆。"我们要"常思贪欲之害，常怀律己之心"，多些"原则"，少些"原则上"。

（全文共676字）

第 6 章 在职MBA联考论说文真题超精解

2004 年在职 MBA 联考论说文母题思路详解

真题原题

论说文：根据下述材料，写一篇 700 字左右的论说文，题目自拟。（35 分）

在滑铁卢战役的第一阶段，拿破仑的部队兵分两路。右翼由拿破仑亲自率领，在利尼迎战布鲁查尔；左翼由奈伊将军率领，在卡特勒布拉斯迎战威灵顿。拿破仑和奈伊都打算进攻，而且，两个人都精心制定了对各自战事而言均为相当优秀的作战计划。但不幸的是，这两个计划均打算用格鲁希指挥的后备部队，从侧翼给敌人以致命一击，但他们事前并没有就各自的计划交换意见。当天的战斗中，拿破仑和奈伊所发布的命令又含糊不清，致使格鲁希的部队要么踌躇不前，要么在两个战场之间疲于奔命，一天之中没有投入任何一方的作战行动，最终导致拿破仑惨败。

审题立意（"克罗特"审题立意法）

步骤	内容	分析
K	抓关键 （key words）	主题词：事前没有交换意见。 关键句：他们事前并没有就各自的计划交换意见……致使格鲁希的部队要么踌躇不前，要么在两个战场之间疲于奔命……最终导致拿破仑惨败。
R	析原因 找寓意 （reasons）	材料讲述了著名的滑铁卢之战。在滑铁卢战役中，一支横扫欧洲的军队，两位优秀卓越的将军，本可以所向披靡，却因为事先没有互相交换作战意见，惨遭重创。由此可见，无论是军队管理还是企业经营，"沟通"都占据着非常重要的地位。考生可以从"沟通"这一角度进行立意。
O	定对象 （objects）	材料中未出现带有寓意的对象，故此部分无须考虑。
A	辨态度 （attitude）	很明显，命题者认为"缺乏有效的沟通"是拿破仑滑铁卢战役失败的主要原因，所以命题者对于"沟通"的价值取向是肯定的。此题宜认同材料的观点，不宜反驳材料的观点。
T	定立意 （theme）	结合以上四步分析，本题可以确定立意为：沟通的重要性。

第 6 章 在职 MBA 联考论说文真题超精解

> 母题母理分析

序号	步骤	分析
1	目标与收益	(1) 增强竞争力 沟通能够完善管理者的认知、革新管理者的思想，这对于企业进一步开拓市场和保持竞争优势有极大的益处。 (2) 提高效率 决策者和执行者及时进行沟通，可以促进双方对决策达成共识，使执行者能够准确无误地执行决策，避免曲解决策意图，造成执行失误。 (3) 消除各方误会 良好的沟通，可以促进各方的相互理解与信任，能够化解不必要的矛盾，从而达成谅解和共识。
2	成本与风险	(1) 机会成本 企业建立沟通渠道、完善沟通机制，意味着要付出大量人力、时间等资源，而这些资源本可以用于获得其他方面的收益。 (2) 矛盾激化 在沟通过程中，如果各方为了当下的输赢或者一己之利，有意忽略事实、激化矛盾，不仅会浪费企业公共资源，也更容易使分歧激化。 (3) 决策失误 管理者如果不善沟通，一味地独断专行，很可能由于主观因素影响而做出错误决策，甚至产生巨大失误，给企业造成难以挽回的损失。
3	条件与约束	(1) 资源稀缺 对于企业来说，时间、技术、经济等资源都是稀缺的。由于资源稀缺，企业无法建立有效的沟通平台和渠道，也就无法广泛、有效地听取各方意见。 (2) 自利性偏差 出于自利性偏差，若是沟通的结果取得了效益，人们往往认为全都得益于自己的观点；若是产生了不利影响，则容易把责任归咎于他人，认为是别人的观点造成了失利。 (3) 瓶颈理论 个人、各部门的精力、效率都极为有限，若是缺乏沟通交流，各方信息无法顺畅地得到传达，企业必将受制于运营瓶颈。
4	方法与行动	(1) 健全沟通机制 企业内部应建立相应的沟通及管理制度，完善多重形式的沟通渠道，营造"敢于沟通、善于沟通"的企业氛围。 (2) 克服狭隘心理 沟通，最需要的是平等对话。如果沟通双方持有狭隘心理，遇到与自己想法相悖的观点就回避、否定，则沟通很难见到成效。

参考范文

沟通是管理者的必修课

老吕助教 芦苇

列夫·托尔斯泰曾言:"与人沟通一次,往往比多年闭门劳作更能启发心智。"一支横扫欧洲的军队,两位优秀卓越的将军,本可以所向披靡,却因为缺乏沟通而惨遭重创。滑铁卢之败告诉我们:沟通是成功的关键。

沟通,可以相互取长补短。在经济全球化的背景下,不同企业的资源禀赋不同、竞争优势各异,只有及时沟通,才能有效地进行资源整合、力量凝聚,从而实现取长补短、优势互补,增强竞争力和抗风险能力,最终实现自身和整体的利益最大化。

沟通,可以提高经营效率。工作中的任何决策,都需要有效的沟通才能顺利实施。决策者和执行者及时进行沟通,可以促进双方对决策达成共识,使执行者能够准确无误地执行决策,避免因为对决策的曲解,造成执行失误。

沟通,可以消除各方误会。在市场经济活动中,各方对信息的了解是有差异的。由于信息接收水平不一致,企业各方极易发生误会,从而出现相互猜忌、利益侵犯的情况,产生信息不对称所导致的风险。良好的沟通,可以促进各方的相互理解与信任,能够化解不必要的矛盾,从而达成谅解、凝聚共识。

当然,沟通也需注意方式、方法。首先,企业应建立相应的沟通及管理制度,完善多重形式的沟通渠道,营造"敢于沟通、善于沟通"的企业氛围;其次,管理者要克服狭隘心理,对沟通中各方观念和思想保持包容、理性的态度,沟通才能见到成效;最后,管理者在沟通的过程中,要准确分析市场,寻找合理定位,不能独裁专断、一意孤行,更不能在沟通的过程中摇摆不定、迷失方向。

沃尔玛公司创始人山姆·沃尔顿说过:"如果一定要将企业的管理浓缩成一种思想,那就是沟通。"沟通犹如企业的血脉,管理者要时刻把沟通当作必修课,才能在激烈的竞争中立于不败之地。

(全文共700字)

2005 年在职 MBA 联考论说文母题思路详解

真题原题

论说文：根据下述材料，写一篇 700 字左右的论说文，题目自拟。（35 分）

如果你不能成为挺立山顶的苍松，那就做山谷一棵小树陪伴溪水淙淙；

如果你不能成为一棵大树，那就化做一丛茂密的灌木；

如果你不能成为一只香獐，那就化做一尾最活跃的小鲈鱼，享受那美妙的湖光；

如果你不能成为大道宽敞，那就铺成一条小路目送夕阳；

如果你不能成为太阳，那就变成一颗星星在夜空闪亮。

不可能都当领航的船长，还要靠水手奋力划桨；

世上有大事、小事需要去做，最重要的事在我们身旁。

审题立意（"克罗特"审题立意法）

步骤	内容	分析
K	抓关键 （key words）	主题词：大事、小事。 关键句：世上有大事、小事需要去做，最重要的事在我们身旁。
R	析原因 找寓意 （reasons）	材料通过一首小诗，讲述了"每个人都有自己的价值，从小事做起，也可以成就不凡"的道理。不是每个人都可以成为香獐、太阳、船长，踏实地做一尾鲈鱼、一颗星星、一个水手，在平凡处发光发热，也可以成就不凡。考生可以从"从小事做起、平凡之处见不凡"等角度切入，进行立意。
O	定对象 （objects）	材料通过"苍松与小树""大树与灌木""太阳与星星"等多个对象的对比，隐喻了人亦是如此，如果无法成就大事，就先把身边的点滴小事做好，脚踏实地，平凡亦能够成就不凡。
A	辨态度 （attitude）	尽管材料只是引用了一首小诗，命题人没表现出明确的态度，但诗中通过"苍松与小树""太阳与星星"等多处对比，说明"小事可以成就大事，平凡亦可创造不凡"。考生还是需要从积极的角度进行立意，弘扬"致广大而尽精微"的精神。此题宜认同材料的观点，不宜反驳材料的观点。
T	定立意 （theme）	结合以上四步分析，本题可以确定立意为：从小事做起、平凡之处见不凡。

母题母理分析

序号	步骤	分析
1	目标与收益	（1）品牌效应/光环效应 企业注重小事、严谨细致的行为，可以形成"光环"，在消费者头脑中建立良好的预期，在激烈的竞争中保持获利性增长。 （2）防范风险 大祸隐患常在细微处。很多安全事故，看似防不胜防、难以避免，实则萌生于日常被忽视的隐患、潜藏于不负责任的细节。 （3）飞轮效应 注重细节，做好小事，前期可能会遭遇困难和阻力，但随着不断坚持和投入，内部经验不断积累、外部条件逐渐完备，后期将会越来越轻松。
2	成本与风险	短视心理 很多管理者认为，做"小事"看不见，"挑不上筷子"，"既无赫赫之战功，又无煌煌之美名"。如此一来，管理者往往弃小而崇大。
3	条件与约束	（1）路径依赖 出于惯性思维，企业往往难以克服路径依赖，"懒得"在日常的精细化管理、小事上下功夫，也就无法从"细处"着力，从"小处"抓起。 （2）瓶颈理论 企业作为一个有机整体，势必存在着限制整体效率提升的瓶颈。只有"落细、落小、落实"，才能不断发现问题，形成"解决瓶颈—提升效率"的良性循环。
4	方法与行动	（1）定位理论 管理者"落细、落小"，不代表只抓鸡毛蒜皮的小事，而是从小处着手，保持对企业关键环节的深层关注。 （2）自我约束 许多细节处的隐患并非管理上的死角，发现这些隐患也并非难事，管理者要以零容忍的态度做好细节排查，切勿抱着侥幸心理漠然处之。 （3）建立制度及规则 企业应建立相应的监督及管理制度、健全激励机制，营造精细入微、注重小事的企业氛围，细心揪住每一个细节处的隐患。 政府应进一步加强法规制度的落细、落实，让预警机制更灵敏、监管执法更有力，以"万无一失"防止"一失万无"。

参考范文

从小事做起，把大事干成

吕建刚

企业家张瑞敏曾说："把每一件简单的事做好就是不简单，把每一件平凡的事做好就是不平凡。"这同样给管理者带来了启示：从小事做起，才能把大事干成。

认真"做小事"，才能"成大事"。在当今经济一体化的背景下，企业注重小事、严谨细致的意识和行为，可以向消费者传递良好的信号，并在消费者头脑中建立良好的预期，从而确保自己的产品可以建立"强势品牌"。企业有了金字招牌，就能在激烈的竞争中保持获利性增长。

然而，提到"落细、落小"，很多企业说起来头头是道，做起来缩头缩脑，这是为何？很多管理者认为，做"大事"有魄力，容易出成果，可以赢得"拯斯民于水火，挽狂澜于既倒"的美誉；做"小事"看不见，"挑不上筷子"，不过是"既无赫赫之战功，又无煌煌之美名"。如此一来，管理者往往弃小而崇大。

可是，管理者应该意识到，"小事"不做好，容易出"大事"。海恩法则有言："每一起严重事故的背后，必然有29次轻微事故、300次未遂先兆以及1 000起事故隐患。"任何事故的发生，都有一个从量变到质变、从微疵到大错的经过。不做小事、不抓小节，危机一定会发生，只是时间早晚而已。

当然，培养"精细入微"的工作作风并不容易。管理者必须充满内在"定力"，制度监管上也应给予必要"压力"，"软""硬"兼施，方可成功。如果存有"鸵鸟心态"，当"好好先生"，让"落细落小"的规章制度"嘴上讲讲""墙上挂挂"，那便无法真正培养起"从小事着手"的工作态度。只有让监管制度到位，奖罚得当，才能激励管理者们关注小事、做好小事。

成大业若烹小鲜，做大事必重细节。学会做好每件小事，既是管理者成长之要，也是企业发展之需。

（全文共679字）

2006年在职MBA联考论说文母题思路详解

真题原题

论说文：根据下述材料，围绕企业管理写一篇700字左右的论说文，题目自拟。（35分）

20世纪80年代,可口可乐公司因为缺少发展空间而笼罩在悲观情绪之中:它以35%的市场份额控制着软饮料市场,这个市场份额几乎是在反垄断政策下企业能达到的最高点;另一方面,面对更年轻、更充满活力的百事可乐的积极进攻,可口可乐似乎只能采取防守的策略,为一两个百分点的市场份额展开惨烈的竞争。尽管可口可乐的主管很有才干,员工工作努力,但是,他们的内心其实很悲观,看不到如何摆脱这种宿命:在顶峰上唯一可能的路径就是向下。

郭思达(Roberto Goizueta)在接任可口可乐CEO后,在高层主管会议上提出这样一些问题:"世界上44亿人口每人每天消费的液体饮料平均是多少?"答案是:"64盎司。""那么,每人每天消费的可口可乐又是多少呢?""不足2盎司。""那么,在人们的肚子里,我们的市场份额是多少?"

通过这些问题,高管和员工们关注的核心问题不再是可口可乐在美国可乐市场中的占有率,也不再是在全球软饮料市场中的占有率,而变成了在世界上每个人要消费的液体饮料市场中的占有率。而这个问题的答案是:可口可乐在世界液体饮料市场中的份额微乎其微,少到可以忽略不计。高层主管们终于意识到,可口可乐不应该只盯着百事可乐,还有咖啡、牛奶、茶,甚至水,而这一市场的巨大空间远远超出人们的想象。

审题立意("克罗特"审题立意法)

步骤	内容	分析
K	抓关键 (key words)	主题词:关注的核心问题不再是……而变成…… 关键句:高层主管们终于意识到,可口可乐不应该只盯着百事可乐,还有咖啡、牛奶、茶,甚至水,而这一市场的巨大空间远远超出人们的想象。
R	析原因 找寓意 (reasons)	当可口可乐公司因缺少发展空间而陷入悲观之时,新任CEO郭思达以全新的经营角度,为管理团队打开了企业持续发展的大门,让高层们意识到,可口可乐的竞争对手不止百事可乐,而是整个液体饮料市场,而这一市场的空间是巨大的。由此可以看出,没有观念的更新,就不会有企业发展的突破;没有思维方式的转变,企业就无法在激烈的竞争中突破重围、转型升级。考生可以从"转换思维、换个角度看问题、创新变革"等角度切入进行立意。
O	定对象 (objects)	材料引用了可口可乐公司的商业案例,未出现带有寓意的对象,故此部分无须考虑。
A	辨态度 (attitude)	材料引用了可口可乐公司的商业案例,命题人未表现出明确的态度,但材料中体现了"通过思维视角的转变,高层主管们脱离了悲观情绪,发现了新市场",这说明在企业经营过程中"思维转变、创新变革"的重要性。此题宜认同材料的观点,不宜反驳材料的观点。 此外,考生需要注意的是,命题要求是"围绕企业管理"进行写作。考生应注意审题,切勿偏离题目要求。
T	定立意 (theme)	结合以上四步分析,本题可以确定立意为:换个角度看问题、以思维转变促发展转型。

第 6 章　在职 MBA 联考论说文真题超精解

母题母理分析

序号	步骤	分析
1	目标与收益	（1）经济人假设 　　企业转换视角、变革思维，可以避免与其他企业的直接竞争，创造出新的需求和利润，这对于企业进一步开拓市场和保持竞争优势有极大的益处。 （2）马太效应 　　市场机制下，马太效应会起到调节作用，使强者愈强，市场中的资源也会向强势方聚集。转换视角、创新变革，可以使优势企业巩固地位，形成竞争优势。 （3）增强竞争力 　　企业及时转换思维，不断变革创新，打造差异化产品，形成差异化优势，才能增强竞争力和抗风险能力，确保不被竞争对手赶超。
2	成本与风险	（1）机会成本 　　对于经营者来说，转变思维，意味着需要承担巨大的机会成本。思维视角的转变往往伴随着企业的转型升级，这个过程需要投入人力、物力、财力，而这些投入本可以用于企业经营的其他方面。 （2）沉没成本 　　变革者有时无法准确地把控市场需求，常常是投入了人力、物力等资源，转换视角后变革的新模式、新产品却因为不合消费者的口味而夭折。一旦结果失败，之前的投入可能都会成为沉没成本，造成难以挽回的损失。 （3）不转换思维的风险 　　企业若是长期满足于现状和止步于"舒适区"，一味地受制于短期利益，只会加速丧失核心竞争力，难逃被市场淘汰的命运。
3	条件与约束	（1）资源稀缺 　　企业的资源有限，可能会因为资源的限制，只能继续按照现有模式缓慢发展，却没有能力和条件去改变经营模式、开辟新的产品条线。 （2）路径依赖 　　变革的风险和成本太大，"继续按照现有模式发展"倒是看起来省时、省力。出于对原有业务的"路径依赖"，企业和管理者极易失去"根据市场变化转换思维"的能力。 （3）信息不对称 　　在信息不对称的情况下，当企业处于信息劣势方时，转变思维、突破变革意味着需要承担更大的风险。

序号	步骤	分析
4	方法与行动	（1）定位理论 　　企业应当敏锐地分析市场现状，结合自身优势和实际情况，找准自身定位和新的市场需求，做好新的产品供给。 （2）及时止损 　　企业在转化视角、变革创新的过程中，若是出现巨大亏损的趋势，要懂得及时止步，分析现状，针对实际情况再做新的行动，切勿因为沉没成本而盲目冒进。 （3）建立制度及规则 　　政府需要制定更有针对性的法律、更严格健全的制度来保障变革企业的权益，并进一步加大政策支持力度，助力企业提升变革过程中的风险防范能力。

参考范文

以思维转变促发展转型

老吕助教　张英俊

当可口可乐公司因缺少发展空间而陷入悲观之时，新任 CEO 郭思达带领公司高层突破固有思维，实现企业可持续发展。由此可见，转换思维，可以促进企业加快发展转型。

能够转变思维的企业，可以更好地生存。当前经济一体化的背景下，市场环境快速变化，新模式、新竞品、新需求不断涌现，"一招鲜吃遍天"的经营模式难以持续奏效。企业及时转换思维，可以推动企业转型升级，形成差异化优势，从而具有更强的竞争力和抗风险能力，在激烈的市场竞争中保持获利性增长。

转变思维，说起来容易，做起来却有难度。对经营者来说，转变思维，意味着需要承担巨大的机会成本。思维视角的转变往往伴随着企业的转型升级，这个过程需要投入巨大的人力、物力、财力，而这些投入本可以用于企业经营的其他方面。此外，企业在改变的同时，也放弃了本可以按照原有模式发展而获得的稳固收益。出于对原有业务的"路径依赖"，企业和管理者极易失去"随着市场变化转换经营思维"的能力。

所以，促进思维转变，需要企业和政府共同努力。企业应当敏锐地分析市场现状，结合自身优势和实际情况，找准自身定位，找准新的市场需求，做好新的产品供给；政府需要制定更有针对性的法律、更严格健全的制度，保障变革企业的权益，并进一步加大政策支持力度，助力企业提升变革过程中的风险防范能力。企业的变革离不开良好的市场环境，政府搭好了"台子"，企业才能更好地"唱戏"。

企业好比一个响鼓，只有找准鼓槌的落点，才能发出最大的鼓声。管理者要拥有更灵活的思维、更创新的理念，根据市场变化及时转换视角，才能让企业振兴之路行稳致远。

（全文共 659 字）

2007 年在职 MBA 联考论说文母题思路详解

真题原题

论说文：根据下述材料，写一篇 700 字左右的论说文，题目自拟。（35 分）

著名作家曹禺先生说过这样一段话：我看，应该给"眼高手低"正名。它是褒义词，而不是贬义词。我们认真想一想，一个人做事眼高手低是正常的，只有眼高起来，手才能跟着高起来。一个人不应该怕眼高手低，怕的倒是眼也低手也低。我们经常是眼不高，手才低的。

审题立意（"克罗特"审题立意法）

步骤	内容	分析
K	抓关键 （key words）	主题词："眼高手低"。 关键句：……应该给"眼高手低"正名。它是褒义词，而不是贬义词。
R	析原因 找寓意 （reasons）	材料中，曹禺先生认为"眼高手低"是个褒义词，要为其正名。在题目中，"眼高"代表人要有远大的理想、雄伟的抱负，只有心怀远大理想，才能做出伟大的事业。当然，只有"眼高"也是不行的，要想实现"眼高手高"，必须脚踏实地、付诸行动。考生可以从"胸怀大志、树立远大目标并付出行动"等角度切入进行立意。
O	定对象 （objects）	材料引用了作家曹禺先生的话，未出现带有寓意的对象，故此部分无须考虑。
A	辨态度 （attitude）	材料中曹禺先生针对"眼高手低"表达出鲜明的支持观点，认为"眼高手低"是褒义词、"人只有眼高起来，手才能跟着高起来"。材料的观点倾向性极为明确，故此题宜认同材料的观点，不宜反驳材料的观点。
T	定立意 （theme）	结合以上四步分析，本题可以确定立意为：树立远大目标、仰望星空与脚踏实地。

母题母理分析

序号	步骤	分析
1	目标与收益	(1) 经济人假设 　　一个人"眼高"，意味着怀有远大理想、宏伟抱负，这有利于个人加强自我驱动、提升自身能力，获得更大的成长和进步。 (2) 马太效应 　　"眼高"的人，由于设立的目标更高，所以对自己的标准更为严格，在自身发展的过程中才可以保持向上的力量。 (3) 提升效率 　　具有远大目标和愿景的人，可以更好地通过目标带动行动。在达成目标的过程中，也会具备更高的做事效率。
2	成本与风险	(1) 机会成本 　　一个人怀有远大的目标，势必要付出比常人更多的时间、精力，而这些投入本可以用于个人发展的其他方面。 (2) "眼低"（缺乏远大理想）的风险 　　缺乏远大理想的个人，自我驱动性较低，在遇到困难时，很容易"知难而退"、轻易放弃自己的目标与理想。
3	条件与约束	(1) 资源稀缺 　　一个人的精力是有限的，而要实现远大目标，需要持之以恒地艰辛努力，这使得个人即使"志存高远"，有时也会因为精力有限，无法付诸行动。 (2) 路径依赖 　　出于"路径依赖"，个人往往在"眼高手高"方面缺乏勇气和能力，也不愿意设置更高的目标、付出更多的努力。 (3) 瓶颈理论 　　每个人都存在着无法突破的、限制其整体发展的瓶颈。瓶颈的存在，有可能阻碍个人远大目标的实现。
4	方法与行动	(1) 自我约束 　　首先，要提升自己的格局，通过不断地自省，让自己主动、自觉地真正"眼高起来"；其次，在实现远大理想的过程中，要时刻保持理性，不能为了实现目标而盲目冒进、不择手段。 (2) 及时止损 　　个人在实现远大理想的过程中，若是发现目标与自身实力差距过于悬殊，要懂得及时止步，分析现状，针对实际情况再做出新的行动。 (3) 付诸行动 　　在"仰望星空"的同时，也要"脚踏实地"，"眼高"只是第一步，要想实现"眼高手高"，必须付诸行动。 (4) 团队合作 　　每个人都有自己的长短板，所以，在实现远大目标的过程中，应准确分析现状，结合自身优势和实际情况，寻找到合理定位，在全盘考虑的基础上选择合适的合作伙伴，以合作的方式来弥补自身短板，从而为实现远大目标赋能。

> **参考范文**

志当存高远

老吕助教　张英俊

伍德罗·威尔逊曾说过:"我们因梦想而伟大,所有的成功者都是大梦想家。"一个人有远大理想、鸿鹄志向,才能在发展的过程中保持向上的力量。

成功需要"眼高"。"眼高",意味着有雄伟抱负。为了实现远大目标,往往需要制定更严格的标准及要求,这有利于个人加强自我驱动,提升自身能力,获得更大的成长和进步。此外,具有雄伟愿景的人,可以更好地通过目标带动行动,凝聚全身的力量去实现有价值的追求。在达成目标的过程中,也会激发出自身潜力,具备更高的做事效率。

诚然,一个人要做到"眼高",并非易事。为了实现远大目标,往往需要投入巨大的时间和精力,而这些成本本可以投入到个人发展的其他方面。同时,一个人的精力是有限的,而要实现远大目标,需要持之以恒地艰辛努力,这使得个人即使"志存高远",有时也会因为精力有限,无法付诸行动。

所以,想要"眼高手高",需要讲究方式、方法。首先,要提升自身的格局,通过不断地自省,让自己主动、自觉地真正"眼高起来"。其次,在"仰望星空"的同时,也要"脚踏实地"。理想好比草药,只有把行动作为"药引子",才能真正发挥其价值。没有落在实际行动上的远大理想,终究是黄粱一梦的空谈。当然,在实现远大理想的过程中,也要时刻保持理性,不能为了实现目标而盲目冒进、不择手段。最后,个人想要实现雄伟理想,可以通过合作的方式破解发展难题,为实现远大目标赋能。

"水激石则鸣,人激志则宏。"世界正经历百年未有之大变局,经济全球化大潮滚滚向前。如此形势之下,个人"志当存高远",只有以远大理想确立发展方向,才能真正地谋民族之复兴,创中华之盛世。

(全文共 666 字)

2008 年在职 MBA 联考论说文母题思路详解

> **真题原题**

论说文:根据下述材料,写一篇 700 字左右的论说文,题目自拟。(35 分)

南美洲有一种奇特的植物——卷柏。说它奇特，是因为它会走。卷柏的生存需要充足的水分，当水分不充足的时候，它就会自己把根从土壤里拔起来，让整个身体缩卷成一个圆球状，只要稍有一点风，它就会随风在地面上滚动。一旦滚到水分充足的地方，圆球就会迅速地打开，根重新钻到土壤里，暂时安居下来。当水分又一次不足时，它会继续游走，寻找充足的水源。

　　难道卷柏不走就生存不了吗？为此，一位植物学家对卷柏做了这样一个实验：用挡板圈出一片空地，把一株游走的卷柏放入空地中水分最充足处。不久，卷柏便扎根生存下来。几天后，当这处空地水分减少的时候，卷柏便拔出根须，卷起身子准备换地方。可实验者并不理会准备游走的卷柏，并隔绝一切可能将它移走的条件。不久，实验者看到了一个可笑的现象，卷柏又重新扎根生存在那里，而且在几次又将根拔出，几次又动不了的情况下，便再也不动了。实验还发现，此时卷柏的根已深深地扎入泥土，而且长势比任何一段时间都好，可能是它发现了根扎得越深，水分就越充足……

审题立意（"克罗特"审题立意法）

步骤	内容	分析
K	抓关键 （key words）	主题词：根扎得越深，水分越充足。 关键句：此时卷柏的根已深深地扎入泥土，而且长势比任何一段时间都好，可能是它发现了根扎得越深，水分就越充足……
R	析原因 找寓意 （reasons）	材料中，实验者通过卷柏实验，发现卷柏若是随风游走，则始终不能安居，也无法茁壮成长；但若把根深深扎入泥土中，长势则比任何时候都要好。由此可以看出，凡事"踏实专注、深入钻研"，才能够强根固基、长足发展。管理者以踏实、认真的态度经营企业，一定要比浅尝辄止、心气浮躁者更易行稳致远。考生可以从"踏实认真""克服浮躁心态"等角度切入进行立意。
O	定对象 （objects）	材料看似在讲述卷柏，实则以物喻人，以"卷柏实验"隐喻管理者在经营管理企业的过程中，也需要脚踏实地、克服浮躁心态。
A	辨态度 （attitude）	尽管材料只是讲述了卷柏实验，命题人没表现出明确的态度，但通过卷柏前后的对比，突出体现了"戒掉浮躁心气、踏实认真做事"的重要性。此题宜认同材料的观点，不宜反驳材料的观点。
T	定立意 （theme）	结合以上四步分析，本题可以确定立意为：踏实做事、克服浮躁。

第 6 章　在职 MBA 联考论说文真题超精解

母题母理分析

序号	步骤	分析
1	目标与收益	(1) 品牌效应/光环效应 不急不躁、踏实专注的企业，往往更追求至精至善，可以将产品的每个细节做到极致，这会形成光环效应，有利于企业品牌的打造和消费者忠实度的维护。 (2) 飞轮效应 管理者在经营企业的过程中保持专注，前期可能会遭遇困难和阻力，但随着不断坚持和投入，内部经验不断积累，外部条件逐渐完备，后期将会越来越轻松。 (3) 提高效率 团队若能够保持专注，就可以具备更高的协同性和自我驱动力，这将极大地提高企业的生产效率，增强盈利能力。
2	成本与风险	(1) 机会成本 "去浮躁、求沉稳"，意味着需要投入大量的时间和精力。 (2) 心浮气躁的风险 心浮气躁的企业，为了追求最大化利润，往往会忽略对产品细节的打磨，导致产品粗制滥造，这无疑会降低消费者的消费意愿，严重影响企业的长远发展。
3	条件与约束	(1) 资源稀缺 企业资源有限，可能会因为资源的限制导致只能"搭便车"，没有能力和条件去专注钻研。 (2) 路径依赖 当浮躁心态已然成为习惯，出于"路径依赖"，企业和管理者极易失去保持专注的定力。 (3) 信息不对称 由于市场信息不对称，企业踏踏实实、精心打磨出来的好产品未必被消费者喜爱和接受，反倒是一些粗制滥造的产品，可以靠宣传、炒作，通过"搭便车"最大限度地降低成本、规避风险，坐收无市场风险的渔翁之利。 (4) 劣币驱逐良币 专注的企业积极性会被浮躁者的企业导致的"利益瓜分"现状挫伤，使市场活力降低，形成劣币驱逐良币的局面。

序号	步骤	分析
4	方法与行动	（1）定位理论 企业应当准确地分析市场现状，结合自身优势和实际情况，明确自己的定位。凡事都要脚踏实地去做，不驰于空想，不骛于虚声，切勿因为丰厚的利润而迷失自我、朝三暮四。 （2）自我约束 管理者需要培养理性的判断能力，架起自己与浮躁热潮之间的一道"过滤网"，做到踏实认真、目标专一。 （3）政府监管 政府要制定更有针对性的法律、更严格健全的制度来保障能够保持专注的企业的权益，严惩急功近利且妄图通过"搭便车""抄近道"赚取利润的企业，坚决遏制社会浮躁风气的发酵与滋长。

参考范文

勿做浮躁的卷柏

老吕助教　张英俊

卷柏若是心浮气躁、随风游走，始终无法茁壮成长；但若把根深深扎入泥土中，长势则比任何时候都要好。这给管理者带来了启示：克服浮躁心态，才能为企业强根固基。

企业远离浮躁，方可行稳致远。不急不躁、踏实专注的企业，往往更追求至精至善，可以将产品的每个细节做到极致，从而提高产品质量，这会形成光环效应，向消费者传递良好的信号、建立良好的预期，有利于企业品牌的打造和消费者忠实度的维护。长期来看，只有克服浮躁的企业，才能在消费者一次次的"投票"中拔得头筹，创造未来的获利性增长。

遗憾的是，当今社会，浮躁之气依然盛行。究其原因，无非利益二字。企业都是以经济利益最大化为目标，逐利是企业行为的根本动机。企业想要"去浮躁、求沉稳"，势必要放弃部分眼下的既得利益。在自身利益受到动摇的情况下，踏实专注的工匠精神，看起来也就没有那么重要了。此外，由于市场信息不对称，企业精心打磨出来的好产品未必被消费者喜爱和接受，反倒是一些粗制滥造的产品，可以靠宣传、炒作，通过"搭便车"最大限度地降低成本、规避风险，坐收无市场风险的渔翁之利。长此以往，浮躁之风盛行，必然导致"劣币驱逐良币"。

所以，心浮气躁要不得。管理者需要培养理性的判断能力，架起自己与浮躁热潮之间的一道"过滤网"，做到踏实认真、目标专一；政府要建立、健全相关制度，坚决遏制社会浮躁风气的发酵与滋长。当"出快名、赚快钱"成为风尚，发展之路只会越走越窄。主事者，当明鉴。

"蚓无爪牙之利，筋骨之强，上食埃土，下饮黄泉，用心一也。蟹六跪而二螯，非蛇鳝之穴无可寄托者，用心躁也。"管理者要拂去功利主义、抖落浮躁尘埃，才能开创企业更加璀璨的未来。

（全文共690字）

2009年在职MBA联考论说文母题思路详解

真题原题

论说文：根据下述材料，结合企业管理写一篇700字左右的论说文，题目自拟。（35分）

《动物世界》里的镜头：一群体型庞大的牦牛正在草原上吃草。突然，不远处来了几只觅食的狼。牦牛群奔跑起来，狼群急迫。终于，有一头体弱的牦牛掉队，寡不敌众，被狼群分食了。

《动物趣闻》里的镜头：一群牦牛正在草原上吃草。突然，来了几只觅食的狼。一头牦牛发现了狼，它的叫声提醒了同伴。领头的牦牛站定与狼对视，其余的牦牛也围在一起，站立原地。狼在不远处虎视眈眈地转悠了好一阵，见没有进攻的机会，就没趣地走开了。

审题立意（"克罗特"审题立意法）

步骤	内容	分析
K	抓关键 （key words）	关键句：①有一头体弱的牦牛掉队，寡不敌众，被狼群分食了。②……其余的牦牛也围在一起，站立原地。狼……见没有进攻的机会，就没趣地走开了。
R	析原因 找寓意 （reasons）	材料描述了《动物世界》和《动物趣闻》中的两个镜头：两群牦牛，同样在草原上吃草，同样遇到了饿狼，一群吓得奔逃，导致落单的弱者被吃掉；另一群则在头牛的带领下团结在一起，将狼驱走，得以保全。两相对比，不难看出团结的重要性。在面对困境时，单打独斗终将四面楚歌，而团结可以形成合力，以抵抗敌对力量，使自己和团队受益。
O	定对象 （objects）	材料中引用了《动物世界》和《动物趣闻》中两群牦牛的镜头，也借此"以物喻人"，寓意着管理者在经营管理企业的过程中要善于团结协作，切勿一味地单打独斗。
A	辨态度 （attitude）	尽管材料只是引用了电视节目中的两个镜头，命题人没表现出明确的态度，但镜头中两群牦牛在面对困难时，截然不同的态度和结局可以体现出团结的重要性。相较于个人的薄弱力量，团结可以共同抵御外族侵略，使个人和群体获益。此题宜认同材料的观点，不宜反驳材料的观点。
T	定立意 （theme）	结合以上四步分析，本题可以确定立意为：团结就是力量、善于团结协作。

母题母理分析

序号	步骤	分析
1	目标与收益	（1）经济人假设 　　企业团结协作，可以形成抵御外部竞争的合力，从而提升整体经济效益，实现经济利润的最大化。 （2）马太效应 　　通过团结协作，优势企业可以进一步巩固强势地位，弱势企业可以抱团取暖，避免被激烈的市场竞争所淘汰。 （3）规模经济 　　相同行业和领域的企业通过团结协作，可以实现资源整合、共享，扩大生产并降低平均成本，从而形成规模经济，获得更可观的经济效益。
2	成本与风险	（1）机会成本 　　企业中团队精神匮乏的重要原因之一是机会成本的权衡，合作意味着企业得放弃一部分自我生产的收益。 （2）信息不对称 　　市场存在信息不对称，这极易导致团队各方彼此互相猜忌、心生怨念，不能坦诚沟通，注意力都集中在如何规避自身责任上，工作重点将会从解决实际问题上发生偏移，产生中断团结协作、抗拒履责等道德风险。
3	条件与约束	（1）资源稀缺 　　企业资源有限，如果凡事仅靠公司内部力量解决，往往会受到内部资源有限、人才稀缺等因素的制约。 （2）自利性偏差 　　出于自利性偏差，团队各方势力在产生收益时，都会试图比对方分享更多的利益，在出现亏损时，难免想要比对方承担更小的损失。 （3）瓶颈理论 　　个人、各部门间的精力、效率都极为有限，若是一味地单打独斗，必将受制于运营瓶颈。 （4）零和博弈 　　出于零和博弈，企业可能会醉心于霸权地位和垄断地位，抗拒内外部的团结协作，通过种种"小动作"攫取更多的利益。
4	方法与行动	（1）定位理论 　　企业应当准确地分析市场现状，结合自身优势和实际情况，寻找到合理定位，在全盘考虑的基础上选择团队伙伴，建立健康、稳固的协作关系。 （2）自我约束 　　企业在强强联合协作的过程中，更应当加强自我约束，肩负起社会责任，将道德和公共利益纳入行业规范、融入职业伦理。

参考范文

合作创造竞争优势

老吕助教　芦苇

落单的牦牛寡不敌众，终究难逃被分食的命运；而团结一心的牦牛则可以形成合力，战胜狼群。由此可见，善于团结协作，方可一往无前。

在市场中，企业合作可以创造更大的收益。公司存在的目的是追逐利益的最大化，虽然合作意味着放弃部分短期利益，但从长远来看，同行业的公司之间选择合作，可以形成规模经济，扩大生产并降低平均成本，有利于企业获得更大的经济利益。而不同行业间的公司选择合作，有利于企业整合资源并多样化发展，可以增强企业的竞争力及抗风险能力。同时，因马太效应的存在，通过合作，大公司可以强强联合取得进一步的优势，而小公司间也可以抱团生存以防被淘汰。因此，在当前市场情况下，企业选择合作的收益比竞争更大。

当然，除了收益之外，企业间的合作也应考虑资源、信息及道德等多种约束条件。企业间想要达成合作，必然要以人才、资金及科技等资源的对等为前提，否则，极易出现"大鱼吞小鱼"的资本兼并现象。同时，企业进行合作时，还要提防因信息不对称而产生的道德风险，拥有信息优势的合作企业有可能会侵犯己方企业的利益。这些约束条件都会影响企业的合作效率及合作的最后结果。

因而，为了更好地合作，企业应当在合作之初签订好契约，规定好双方的责任、义务及权利，确保双方长期合作的可能性。同时，合作双方的企业也应当运用约束理论，来分析己方的瓶颈，通过合作来补齐短板，增强企业的营收能力。而最重要的是在合作这个过程中，不断提升公司的实力，进而更有效地实现企业的目标。

综上所述，企业应如同材料中团结一心的牦牛一般，选择合作，创造更大的竞争优势。

（全文共 655 字）

2010 年在职 MBA 联考论说文母题思路详解

真题原题

论说文：阅读下列报道，写一篇 700 字左右的论说文，题目自拟。（35 分）

唐山地震孤儿捐款支援汶川灾区

2008年5月18日,在中宣部等共同发起的《爱的奉献》抗震救灾大型募捐活动中,天津民营企业荣程联合钢铁集团有限公司董事长张祥青代表公司再向四川灾区捐款7 000万元,帮助灾区人民重建"震不垮的学校"。至此,荣程联合钢铁集团公司在支援四川灾区抗震救灾中累计捐款1亿元。

"我们对灾区人民非常牵挂,荣钢集团人大多来自唐山,亲历过32年前的唐山大地震,接受过全国人民对唐山灾区的无私援助,32年后为四川地震灾区捐款,回馈社会,是应尽的义务,我们必须做!"张祥青说。

张祥青在1976年唐山大地震时失去父母,年仅8岁的他不幸成为孤儿,他深深感受到来自全国四面八方的涓涓爱心。1989年,张祥青与妻子张荣华开始了艰苦的创业历程,从卖早点、做豆腐开始,最后组建了荣钢集团。企业发展了,荣钢集团人不忘回报社会,支援汶川地震灾区就是其中一例。

审题立意("克罗特"审题立意法)

步骤	内容	分析
K	抓关键 (key words)	主题词:回馈社会、应尽的义务。 关键句:①荣钢集团人大多来自唐山,……接受过全国人民对唐山灾区的无私援助,……回馈社会,是应尽的义务。 ②他深深感受到来自全国四面八方的涓涓爱心。……企业发展了,荣钢集团人不忘回报社会。
R	析原因 找寓意 (reasons)	材料引用了唐山地震孤儿捐款支援汶川灾区的事例。荣钢集团董事长是唐山大地震的受灾群众之一,当年接受过全国四面八方无私的援助,32年后为四川灾区捐款1亿元,以回报社会。由此可见,做人应该懂得感恩与回报。只有践行感恩,担当起社会责任,才能建立和维护好社会道德体系,凝聚和传递积极的能量。考生可以从感恩、回馈社会、承担社会责任等角度进行立意。
O	定对象 (objects)	材料中未出现带有寓意的对象,故此部分无须考虑。
A	辨态度 (attitude)	材料引用了唐山地震孤儿捐款支援汶川灾区的事例,命题人没表现出明确的态度,但张祥青懂得感恩、回馈社会的行为应该被支持和倡导,值得管理者学习和深思。此题宜认同材料的观点,不宜反驳材料的观点。
T	定立意 (theme)	结合以上四步分析,本题可以确定立意为:懂得感恩、承担社会责任。

第6章 在职 MBA 联考论说文真题超精解

母题母理分析

序号	步骤	分析
1	目标与收益	**(1) 经济人假设** 企业懂得感恩、勇于承担社会责任，可以为企业日后的经济发展提供便利，以实现未来经济利润的最大化。 **(2) 资产角度** 知恩图报的精神，是企业优良的无形资产。在这种氛围下的企业员工往往更具有凝聚力和协同性，有助于企业生产效率的提高。 **(3) 短期利益** 企业若是"忘恩负义"，在面对社会责任时"说一套，做一套"，能以相对低廉的成本获得短期利润。
2	成本与风险	**(1) 利益损失** 在回馈社会、承担社会责任的过程中，势必要放弃部分眼下的既得利益。 **(2) 信息不对称** 在信息不对称的情况下，企业回报社会的良好行为，可能未必会被大众了解，其市场预期仍然存在极大不确定性。 **(3) 破坏企业形象** 随着互联网时代的到来、信息透明度的提高，企业逃避社会责任的行为被曝光的可能性极大，这对企业品牌会造成无法逆转的伤害。
3	条件与约束	**(1) 资源稀缺** 企业的时间、技术、经济等资源都是稀缺的，企业可能会因为资源的限制，在社会责任建设上滞后，或是没有能力去承担责任、回报社会。 **(2) 自利性偏差** 出于自利性偏差，企业在产生收益时，往往会认为都是自己的功劳，从而忘记饮水思源、回报社会。
4	方法与行动	**(1) 自我约束** 企业越大，社会责任就越大。企业内部应加强社会责任的激励与监督机制建设，培养"滴水之恩，涌泉相报"的良好氛围，加强自我约束，真正地担负起社会责任。 **(2) 政府监管** 政府应积极完善企业社会责任的法律规则体系，推动企业将社会责任理念纳入经营活动。 **(3) 做好经营管理** 企业作为市场经济活动的主体，只有提高生产效率，取得经济效益，才能有回馈社会的资本。

参考范文

常怀感恩之心

老吕助教　芦苇

"投我以木桃，报之以琼瑶"，张祥青知恩图报的善行义举，诠释了当代企业管理者的责任与担当。可见，常怀感恩之心，方可行稳致远。

企业懂得感恩，才能长远发展。根据经济人假设，逐利是企业一切活动的出发点，即使是赈灾捐款等公益行为也是如此。回报社会的公益行为虽然没有获得实质上的经济收益，却使得企业的声誉提高，为企业日后的经济发展提供了便利。此外，企业"饮水思源"的精神，可以形成"光环"，向消费者传递良好的信号，并在消费者头脑中建立良好的预期。在光环效应的影响下，消费者对企业的产品也会给予较高评价。企业有了金字招牌，即使在激烈的市场竞争中，也可以保持获利性增长。

企业知恩图报，要先搞好经营管理。中化集团董事长宁高宁曾说："中国企业想承担社会责任，首先要把企业做好。只有在这个基础上，才能涉足其他责任。"企业作为市场经济活动的主体，只有提高生产效率，取得经济效益，才能有回馈社会的资本。若是效率低下，连年亏损，只能成为社会发展的负担，又何谈回报社会、尽责担当？

企业知恩图报，不能只是"嘴上说说"，更要落实在行动上。近年来，提到回报社会，很多企业表里不一、急功近利，动辄"蹭热度""博眼球"，妄图通过"多快好省"的作秀博得消费者的好感，让社会责任在企业管理中被当成装点门面的"花瓶"。然而，管理者应该知道，"说一套，做一套"的假公益、假感恩，终究无法长久。随着互联网时代的到来、信息透明度的提高，企业的不良行为终将无所遁形，遭到消费者的唾弃和法律的严惩。

"我帮人家，莫记心上；人家帮我，永世不忘。"企业作为社会经济的主体，应当常怀感恩之心，彰显企业担当。

（全文共 677 字）

2011 年在职 MBA 联考论说文母题思路详解

真题原题

论说文：阅读下列报道，写一篇 700 字左右的论说文，题目自拟。（35 分）

第6章 在职MBA联考论说文真题超精解

2010年春天，已持续半年的干旱让云南很多地方群众的饮水变得异常困难，施甸县大亮山附近群众家里的水管却依然有清甜的泉水流出，他们的水源地正是大亮山林场。乡亲们深情地说："多亏了老书记啊，要不是他，不知道现在会是什么样子。"

1988年3月，61岁的杨善洲从保山地委书记的岗位上退休，婉拒了省委书记劝其搬至昆明安度晚年的邀请，执意选择回到家乡施甸县种树。20多年过去了，曾经山秃水枯的大亮山完全变了模样：森林郁郁葱葱，溪流四季不断；林下山珍遍地，枝头莺鸣燕歌……

一位地委书记，为何退休后选择到异常艰苦的地方去种树？

"在党政机关工作多年，因工作关系没有时间去照顾家乡父老，他们找过多次，我也没给他们办一件事。但我答应退休后帮乡亲们办一两件有益的事，许下的承诺就要兑现。至于具体做什么，考察来考察去，还是为后代绿化荒山比较现实。"关于种树，年逾八旬的杨善洲这样解释。

审题立意（"克罗特"审题立意法）

步骤	内容	分析
K	抓关键 （key words）	主题词：兑现承诺。 关键句：我答应退休后帮乡亲们办一两件有益的事，许下的承诺就要兑现。
R	析原因 找寓意 （reasons）	材料讲述了云南保山地委书记杨善洲的先进事迹。在退休后，他选择兑现当年许下的承诺，回到家乡施甸县大亮山种树，为家乡百姓绿化荒山。杨善洲的一言一行，无不体现出其为人民群众干实事的责任之心。他用数十年如一日的扎实工作，留下了青山绿水，更留下了宝贵的精神财富。考生可以从责任、承诺、为人民服务等角度进行立意。
O	定对象 （objects）	材料中未出现带有寓意的对象，故此部分无须考虑。
A	辨态度 （attitude）	材料讲述了杨善洲的先进事迹。命题人虽未表现出明确的态度，但杨善洲尽职尽责、为人民服务的精神应该被支持和倡导，考生的观点和角度也应该符合主流价值观。此题宜认同材料的观点，不宜反驳材料的观点。
T	定立意 （theme）	结合以上四步分析，本题可以确定立意为：承担社会责任、为人民服务。

母题母理分析

序号	步骤	分析
1	目标与收益	(1) 经济人假设 组织勇于承担社会责任，可以使组织的声誉提高，为日后的经济发展提供便利。 (2) 品牌效应 组织尽职尽责的行为可以向社会提供品牌背书，从而向消费者传递积极的信号，这有利于企业创造未来的获利性增长。 (3) 短期利益 组织面对责任"走走过场"、疲疲沓沓的恶劣行为，在短期内未必会被消费者发现，使得逃避责任的组织能以相对低廉的成本获得利润。
2	成本与风险	(1) 利益损失 组织想要承担责任，就势必投入时间、人力、金钱，这也意味着要损失一部分利润。 (2) 信息不对称 在信息不对称的情况下，企业尽职尽责的良好行为，可能未必会被大众了解。 (3) 破坏企业形象 随着互联网的发展、信息透明度的提高，企业逃避社会责任的行为被曝光的可能性极大，这对企业品牌会造成无法逆转的伤害。
3	条件与约束	(1) 资源稀缺 企业可能会因为资源的限制，在社会责任建设上滞后，或是没有能力去承担责任。 (2) 主观因素 很多管理者并非不知尽责担当的重要性，但由于谋求私利、贪图安逸，难免畏首畏尾、推脱责任。
4	方法与行动	(1) 定位理论 企业应当准确分析市场现状，寻找到合理定位，履行社会责任。 (2) 自我约束 企业越大，社会责任就越大。企业内部应加强激励与监督机制建设，让责任意识由浅入深、由弱到强，培养"负重任、敢作为"的良好企业氛围。 (3) 政府监管 政府在制度监管上也应给予企业必要的"压力"，完善法律体系，加大执法力度，避免企业履职尽责"说一套，做一套"。

参考范文

承担社会责任，彰显企业担当

老吕助教　张英俊

杨善洲为家乡百姓绿化荒山的善行义举，彰显出"全心全意为人民服务"的家国情怀。管理者作为企业的掌舵人，更要增强社会责任之心，把使命担在肩膀上。

企业要想发展，责任不能缺席。企业勤勉履职、扎实尽责的行为可以向社会提供品牌背书，形成"光环"，从而向消费者传递积极的信号，并在消费者头脑中建立良好的预期。在光环效应的影响下，消费者对该企业的产品也会给予较高评价，这有利于企业在激烈的市场竞争中脱颖而出，创造未来的获利性增长。

当然，让企业知责尽责，并不容易。在责任面前，企业敷衍应付、畏首畏尾的现象屡见不鲜。在这些"只想掌权不想履责"的企业看来，承担责任是一项长期的攻坚工作，大量的时间、人力、金钱的投入，势必会导致利润受损。若是在面对社会责任时"走走过场"，就能以相对低廉的成本获得利润。而由于市场信息不对称，企业逃避社会责任的行为，在短期内未必会被消费者发现。所以，管理者若是在问题面前私利当先、贪图安逸，企业难免要陷入"遇到问题往上推，工作责任往下甩"的怪圈之中。

有责当尽责，失责必问责。想要真正地把责任之心落到实处，管理者必须充满内在"定力"，建立、健全激励机制，让责任意识由浅入深、由弱到强，培养"负重任、敢作为"的良好企业氛围。政府在制度监管上也应给予企业必要的"压力"，完善法律体系、加大执法力度，避免企业履职尽责"说一套、做一套"。让监管制度到位、奖罚得当，才能激励企业更好地尽其责、成其事。

责任重于山岳，能者方可担之。企业要全力做好为社会谋福祉的"摆渡人"，为企业的高质量发展凝聚力量。

（全文共 659 字）

2012 年在职 MBA 联考论说文母题思路详解

真题原题

论说文：阅读下列报道，写一篇 700 字左右的论说文，题目自拟。（35 分）
2012 年 7 月 6 日《科技日报》报道：
我国主导的 TD-LTE 移动通信技术已于 2010 年 10 月被国际电信联盟确立为国际 4G 标准。TD-LTE 是我国自主创新的第三代移动通信技术 TD-CDMA 的演进技术。TD-CDMA 的成功规模商用为 TD-LTE 的快速发展奠定了坚实的基础。目前，TD-LTE 已形成由中国主导、全球广泛参与的产业链,全球几乎所有通信系统和芯片制造商都已支持该技术。

在移动通信技术的 1G 和 2G 时代,我们只能使用美国和欧洲的标准。通过艰难的技术创新,到 3G 和 4G 时代,中国自己的通信标准已经成为世界三大国际标准之一。

审题立意("克罗特"审题立意法)

步骤	内容	分析
K	抓关键 (key words)	主题词:创新。 关键句:通过艰难的技术创新,到 3G 和 4G 时代,中国自己的通信标准已经成为世界三大国际标准之一。
R	析原因 找寓意 (reasons)	通过技术创新,中国的通信标准成为世界三大国际标准之一,在国际市场上也有了一席之位;中国的移动通信产业能够实现从低端到高端、从"中国制造"到"中国创造"、从国内走向国际的转型升级,无不得益于技术创新,由此可见创新的重要性。考生以创新为角度进行立意即可。
O	定对象 (objects)	材料中未出现带有寓意的对象,故此部分无须考虑。
A	辨态度 (attitude)	材料中,通过技术创新,中国创造了移动通信的国际标准,由此可见创新的重要意义:创新可以化被动为主动,可以让企业在竞争中抢得先机。材料中命题人对创新持积极态度,此题宜认同材料观点,不宜反驳材料观点。
T	定立意 (theme)	结合以上四步分析,本题可以确定立意为:积极创新。

母题母理分析

序号	步骤	分析
1	目标与收益	(1)经济人假设 企业积极创新,可以避免与其他企业的直接竞争,从而创造出新的需求和利润。 (2)品牌效应 勇于创新的企业可以向社会提供品牌背书,从而确保自己的产品可以建立"强势品牌",保持获利性增长。 (3)马太效应 创新可以使优势企业巩固地位,形成竞争优势,使强势企业进一步获得竞争优势;同时,相对弱势的企业也可以通过创新"另辟蹊径",避免被激烈的竞争所淘汰。 (4)创造需求 企业只有不断创新,打造差异化产品,形成差异化优势,才能增强竞争力,确保不被竞争对手赶超。

续表

序号	步骤	分析
2	成本与风险	（1）机会成本 　　创新意味着需要承担巨大的机会成本。创新需要投入人力、物力、财力，而这些用于创新的投入，本可以用于企业经营的其他方面。 （2）沉没成本 　　创新需要大量资源的投入，但这种投入预期并不确定，一旦创新失败，之前的投入可能都会成为沉没成本，造成难以挽回的损失。 （3）安泰效应 　　企业研发新产品，也需要原有业务条线产生的现金流做支撑。企业若是为了追求超额的利润而盲目创新，忽略甚至脱离了企业现有的产品和业务条线，将会带来更大的损失。 （4）劣币驱逐良币 　　如果绝大多数企业都出于风险考虑，选择跟随模仿而非积极创新，将会导致市场产品严重同质化，市场创新也随之停滞，最终形成劣币驱逐良币的现象。
3	条件与约束	（1）资源稀缺 　　企业的时间、技术、经济等资源都是稀缺的，企业可能会因为资源的限制，只能固守现状，没有能力和条件去开拓创新。 （2）路径依赖 　　创新的风险和成本太大，固守现状倒是看起来省时、省力，在短期内也可以获得利润。 （3）信息不对称 　　由于信息不对称，企业创新产品的市场预期存在极大不确定性。企业很可能在"创"出新产品时，消费者的偏好又发生改变，企业花费了巨大人力、物力、财力创新出的产品也可能变成"过时品"。
4	方法与行动	（1）强化理论/洛克忠告 　　企业要健全创新激励制度，鼓励创新、包容失误，让企业内部的创新源泉充分涌流。 （2）政府监管 　　政府要制定更有针对性的法律、更严格健全的制度来保障创新企业的权益，并进一步加大政策支持力度，助力企业提升创新过程中的风险防范能力。

参考范文

唯创新者行稳致远

老吕助教　崔二胖

通过技术创新，我国在移动通信领域实现了从追赶到同行的历史性跨越。可见，谁走好了创新这步先手棋，谁就能占领先机，赢得优势。

创新，是引领企业经济发展的必然选择。当前，新一轮科技革命和产业变革方兴未艾，市场需求变幻莫测，企业间的利益冲突也变得前所未有的频繁。企业只有释放创新活力，打造创新产品，才能抓住发展机遇，形成差异化优势，进而在激烈的市场竞争中脱颖而出，创造获利性增长。

但提到创新，很多企业说起来头头是道，做起来缩头缩脑，这是为何？无非是为"险"所困。"新"的另一头拴着"险"——创新就意味着人力、物力、财力的投入，但这种投入的收入预期并不确定，创新的结果也未必尽如人意。一旦创新失败，之前的投入可能都会成为沉没成本，造成难以挽回的损失。当创新之路和自身利益产生了冲突，企业难免心生动摇、止于短视，要么选择故步自封，要么加紧模仿抄袭。

然而管理者应该知道，创新没有捷径，容不得虚假投机。固守现状也好，跟风模仿也罢，确实都可以获得眼下的不菲收益，可若是长期满足于现状和止步于"舒适区"，一味地受制于短期利益，只会加速丧失核心竞争力，无法在厮杀激烈的红海竞争中立足。创新之路，必须脚踏实地，不能有半点侥幸心理。

创新意识的培养，除了脚踏实地，还需要健全预防机制。企业要健全创新激励制度，培养"鼓励创新、允许试错"的宽容氛围，让企业内部的创新源泉充分涌流。政府须坚定不移地走创新强国之路，加快形成以创新为主要引领和支撑的经济体系和发展模式，为创新型企业保驾护航。

创新兴则国家兴，创新强则国家强，创新久则国家持续强盛。管理者要积极推进创新驱动发展战略，用创新为企业发展和社会进步赋能。

（全文共694字）

2013年在职MBA联考论说文母题思路详解

真题原题

论说文：阅读以下资料，给全国的企业经理写一封公开信，并在信前添加合适的标题文字，700字左右。(35分)

改革开放以来，中国经济发展的速度举世瞩目。据国际货币基金组织的统计，在188个国家与地区中，1980年，我国按美元计算的GDP位列第11位，只是美国的7.26%，日本的18.63%；从2010年起位列世界第2位，成为世界第二大经济体；到2012年，我国的GDP是美国的52.45%，日本的137.95%，与30年前不可同日而语。然而，从能源消耗看，形势非常严峻，1980年，我国能源消耗总量为6.03亿吨标准煤，到2012年增加到36.20亿吨，为1980年的6倍；按石油进口的排名，1982年我国在世界排名中第43，从2009年起上升到第2位，而且面临继续上升的困境。与能源消耗相关的污染问题也频频现于报端，引起全国民众和政府的极大关注。能源消耗和污染问题已经成为阻碍我们实现中国梦的两个难关，对此，我们要群策群力，攻坚克难。

审题立意（"克罗特"审题立意法）

步骤	内容	分析
K	抓关键 （key words）	主题词：能源消耗、污染问题。 关键句：能源消耗和污染问题已经成为阻碍我们实现中国梦的两个难关，对此，我们要群策群力，攻坚克难。
R	析原因 找寓意 （reasons）	改革开放以来，中国经济发展的速度举世瞩目，但随之产生的能源消耗和环境污染两大问题也频频现于报端，已然成为阻碍我国实现"中国梦"的两个难关。在践行环保理念、节能降耗减污的路上，每个人都应该是参与者和践行者，而非旁观者和局外人。考生可以对能源消耗和环境污染问题产生的原因、恶劣影响加以简单论述，并着重针对"解决能源消耗和环境污染问题"提出自己的观点和建议。
O	定对象 （objects）	材料要求给全国的企业经理写一封公开信，对象当然就是企业经理们。
A	辨态度 （attitude）	面对日益严峻的能源消耗与环境污染问题，企业作为经济发展的主体，在追求"小我"利益的同时，更要顾全"大我"的发展。材料中命题人对"节约能源、保护环境"持积极支持态度，考生可以围绕"减少能耗污染，助力'中国梦'"进行立意论述。
T	定立意 （theme）	结合以上四步分析，本题可以确定立意为："解决能源消耗和污染问题，刻不容缓""节能减污，企业要以身作则"。

母题母理分析

序号	步骤	分析
1	目标与收益	（1）经济人假设 企业减少能源消耗，可以有效降低成本、提升收益，实现经济利润的最大化。 （2）可持续发展 保护环境就是保护经济社会发展潜力和后劲的过程。企业践行节能减排、环境保护，可以把生态环境优势转化为经济发展的优势，有利于企业的长远持续发展。
2	成本与风险	（1）机会成本 降耗、减污需要投入人力、物力、财力，而这些投入本可以用于企业经营的其他方面，这些都是企业需要承担的机会成本。 （2）信息不对称 在信息不对称的情况下，企业践行环保理念、节能降耗减污的良好行为，可能未必会被大众了解。 （3）安泰效应 经济的发展脱离不了环境的支持，环境给企业的发展带来庇护和保障。若是环境恶化、资源枯竭，再积极的经济发展趋势、再先进的技术创新，也都犹如无源之水、无本之木。
3	条件与约束	（1）资源稀缺 企业的时间、技术、经济等资源都是稀缺的，企业可能会因为资源的限制，在环境保护和节能减排的行动上有所滞后。 （2）公共地悲剧 若是每个人都希望得到更多而一味地索取，面对不断增加的需求，有限的资源只会走向枯竭，进而损害所有人的利益，导致"公共地悲剧"的发生。 （3）科斯定律 企业自身践行环保理念的成本相对较小，所以企业应该肩负起节能减污的主要责任。
4	方法与行动	（1）自我约束 企业要加强自我约束，强化节能减污的环保意识，在追求经济效益的同时，也要重视环境保护。 （2）宣传教育 通过宣传教育，让个体和组织在经营管理中厚植环保意识，让人人成为减污降耗的参与者和践行者。 （3）洛克忠告 企业要加强节能降耗管理、强化污染防治力度，建立起责任清晰、措施到位的节能目标责任和评价考核制度，切实做到节能、降耗、减污。 （4）技术创新 企业要淘汰落后的生产技术，大力推进新技术应用和产能优化升级，扩大高科技手段在环保领域的应用，通过全新技术降低能耗、治理污染，以科技创新引领生态环境保护。 （5）政府监管 政府要建立、健全法律监督体系，让践行环保者得甜头，让破坏环境者吃苦头。

参考范文

让我们从"转调"做起

吕兵兵

实现"中华民族伟大复兴"的中国梦，需要全国人民行动起来，凝聚起奋勇向前的正能量。全国的企业经理们，你们掌管着国家发展的"引擎"，你们的努力，关系到国民经济的健康发展，至关重要。

过去的三十年，通过你们的努力，国家的经济发展取得了举世瞩目的成就。但是，我们也要看到，我们付出了能源消耗和环境污染的巨大代价。因此，转方式、调结构，实现产业层次的优化升级，是我国经济发展最迫切的任务。换言之，也是你们最迫切的任务。

首先，请你们摒弃成本概念，做出"暂时的牺牲"，降低能源消耗。要加快淘汰落后产能，加大装备、科研、管理等方面的投入，大力引进先进技术、先进设备，实现生产能力的升级换代。短期来看，这需要你们加大投入，但同时能提升企业的生产效率和市场竞争力，为你们应对更激烈的竞争，特别是国际竞争，打下基础。

其次，请你们主动延伸产业链条，做好"尾巴"文章。一者，要加强自身的污染处理能力，尽最大可能降低污染物排放度。二者，你们企业中很多的污染物，其实也是一种资源，可以通过技术处理，转化为可利用的资源。比如味精、屠宰等行业很多的废料、废渣，经过菌化处理，就可以变成生物肥料。这几年，很多企业在这方面加大投入，不仅降低了污染排放度，还找到了新的利益增长点，受益良多。

最重要的是，请你们以国家利益为重，以科技为先导，向高新技术、精密仪器、新能源、机械制造等"高精尖"行业进军，树立国际视野，参与国际竞争，打响"中国制造"品牌，挺起"中国梦"的脊梁。当前，我国的高铁制造、通信技术、水力发电、核能等行业已经领跑全世界，既为我们拿到了国际订单，也让世界重新认识了中国。

让我们从"转调"做起，行动起来！

（全文共 698 字）